Für alle Westerwälder Dialektsprecher

Christian Heger

Wäller Platt

Geschichte, Grammatik und Wortschatz des Westerwälder Dialekts

Dargestellt am Beispiel der regionalen Mundart nördlich von Limburg an der Lahn

Husum

Umschlaggestaltung:

vorn: Panoramaaufnahme des Dorfes Dorchheim im Westerwald, Fotografie von Wendelin Heftrich, 1950er-Jahre (Archiv Detlef Schmidt, mit freundlicher Genehmigung von Ute Heftrich)

hinten: Erntepause in Dorchheim, Aufnahme aus der ersten Hälfte des 20. Jahrhunderts (Archiv Detlef Schmidt)

Über den Autor:

Christian Heger wuchs in den 1980er- und 1990er-Jahren in Dorchheim im Westerwald auf und erlernte die dortige Mundart noch nachträglich als Jugendlicher durch die Möglichkeit zu tagtäglichem Sprechtraining mit Großeltern, Eltern und anderen Familienangehörigen. Nach dem Abitur an der Fürst-Johann-Ludwig-Schule in Hadamar studierte und promovierte er an der Johannes-Gutenberg-Universität in Mainz. Angeregt zu diesem Buch wurde er vor allem durch seine drei jüngeren Geschwister, die nun keine Ausrede mehr dafür haben, kein Platt zu sprechen.

Bibliografische Information der Deutschen Nationalbibliothek

Die Deutsche Nationalbibliothek verzeichnet diese Publikation in der Deutschen Nationalbibliografie; detaillierte bibliografische Daten sind im Internet über http://dnb.dnb.de abrufbar.

5. durchgesehene Auflage 2024

Gesamtherstellung: Husum Druck- und Verlagsgesellschaft
Nordbahnhofstraße 2, D-25813 Husum – www.verlagsgruppe.de

ISBN 978-3-89876-813-9

Inhaltsverzeichnis

„Jede Provinz liebt ihren Dialekt,
denn er ist doch eigentlich das Element,
in welchem die Seele ihren Atem schöpft."

(Johann Wolfgang von Goethe, 1749–1832)

„Tradition ist nicht die Anbetung der Asche,
sondern die Weitergabe des Feuers."

(Gustav Mahler, 1860–1911)

„Mit jeder Sprache, die ausstirbt,
wird ein Bild des Menschen ausgelöscht."

(Octavio Paz, 1914–1998)

Vorwort

Eines Abends saß ich mit Freunden bei Tisch in einer Wohnung in Berlin-Neukölln, es gab leckeres Essen, und aus irgendeinem Grund kamen wir auf das Thema Dialekt zu sprechen. Unter anderem waren eine Japanerin und eine Mexikanerin anwesend, die nun ganz unversehens in den Genuss einer kleinen Lehrstunde über deutsche Mundarten kamen. Am Beispiel des Wortes „ich“ dozierte man in lustigem Wechsel zunächst Berlinerisch „icke“, Ostfriesisch „äsch“ und Bayerisch „ie“; jedoch sorgte die Westerwälder Form „eisch“, die ich zum Besten gab, aufgrund ihrer lautlich stärksten Abweichung für das meiste Amüsement. Als man mich fragte, was denn dann bitteschön das lautlich ähnliche Pronomen „euch“ in meiner Mundart heiße, erntete die wahrheitsgemäße Antwort „auch“ noch stärkeres Gelächter. Die logische Anschluss-Frage nach dem Dialekt-Pendant zum hochdeutschen „auch“ ließ nicht auf sich warten: Ich überlegte kurz und antwortete: „aach“. Nun gab es bei allen – mich selbst eingeschlossen – vor Prusten kein Halten mehr …
Wo und wann immer ich in den letzten Jahren neue Bekanntschaften machte, ging damit immer auch eine Erweiterung meiner mundartlichen Kenntnisse einher. Von einem Studienkommilitonen lernte ich, dass man in der Pfalz „heben“ statt „halten“ sagt, eine Mitbewohnerin aus Sachsen verstand ich anfangs fast „goornie“ (gar nicht) und eine Freundin aus Thüringen überraschte mich mit ihrer Aussprache des Wortes „Serfjedde“. In Berlin, wo man die Zahl „elf“ gerne mal in „öllf“ verwandelt oder von „so ne Sachen“ (statt „solche Sachen“) spricht, eignete ich mir mit Begeisterung über den Bekanntenkreis ein paar Fetzen süddeutsches Alemannisch an – „weil dess isch scho au enn subba Sach“! Und am Rosenmontag „uff der Meenzer Fassenacht“ wurde es sogar toleriert, dass ich mit meinem im Rheinland aufgewachsenen Kumpel einen Song der Black Fööss auf Kölsch intonierte. All diesen Erfahrungen gemeinsam war die grundsätzlich positive und ganz selbstverständliche Haltung, mit der man den Dialekt benutzte: Ganz offenkundig mochte keiner den seinen missen.
Diesen Impuls aufgreifend, möchte das vorliegende Buch einen kleinen Beitrag zur Heimatgeschichte des Westerwaldes leisten. Mit der Mundart rückt es einen Aspekt des regionalen Brauchtums in den Fokus, der wie kein zweiter davon lebt, dass er jenseits des musealen Archivierens aktiv und engagiert gepflegt und benutzt wird. Denn natürlich kann ein Buch allein keine Sprache am Leben erhalten; und erst recht kann es sie nicht in ihrer Vollständigkeit darstellen. Selbst ein Mammutwerk wie der Duden vermag das nicht. Vermutlich wird der eine oder andere Leser daher beliebte mundartliche Ausdrücke und Redensarten vermissen oder sie in anderer Lautung als der ihm bekannten wiederfinden. Dies kann (und muss) in dem Bewusstsein in Kauf genommen werden, dass selbst solche Fehlstellen und Abweichungen immer dann fruchtbar sind, wenn sie dazu anregen, sich mit den Geheimnissen und Finessen der eigenen Sprache zu beschäftigen.
Dieses Buch verdankt sein Entstehen übrigens genau dem gleichen Impuls: Die anfängliche Wortsammlung begann in der Absicht, etwas zu dokumentieren, mit dem sich augenscheinlich noch nicht viele Leute bewusst beschäftigt hatten. Je länger aber die Arbeit an dem Thema dauerte, desto mehr tat sich ein ganz eigener Kosmos auf, mit grammatikalischen Zusammenhängen und feinen sprachgeschichtlichen Entwicklungslinien. Tatsächlich kann man als Platt-Interessierter durchaus Literatur zum Thema finden – allerdings muss man genau wissen, wo man (zumeist in spezialisierten Bibliotheken, Archiven und

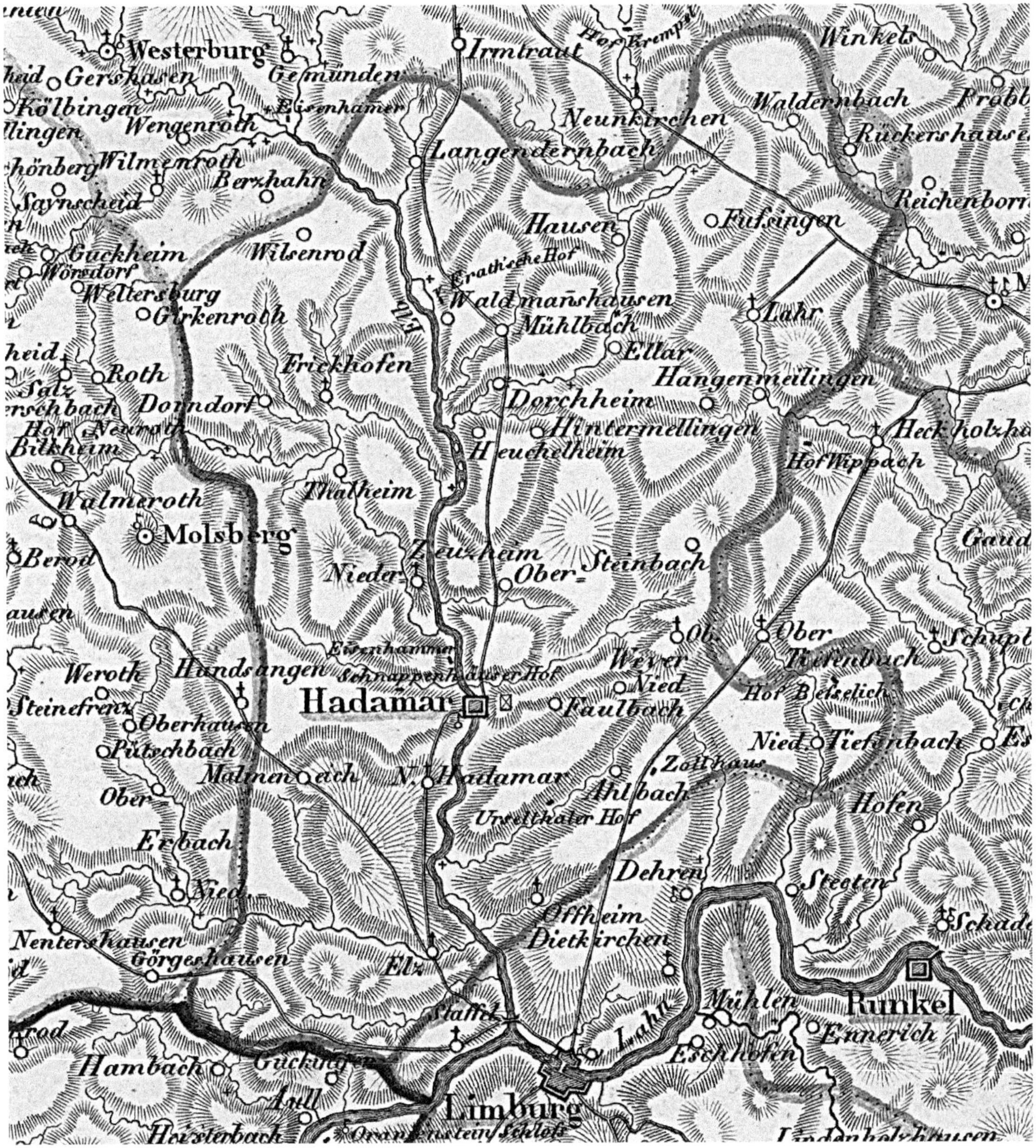

Abb. 1:
Das Amt
Hadamar im
Jahr 1828

Antiquariaten) danach suchen muss. Auch hier soll dieses Buch – vor allem das Literaturverzeichnis am Ende – hilfreiche Tipps vermitteln. Besonders hervorheben möchte ich in diesem Zusammenhang die lesenswerten Arbeiten der beiden Dialekt- und Heimatforscher Hans Friebertshäuser (1929–2015) und Walter Rudersdorf (1926–2015), deren Lektüre jedem Interessierten wärmstens empfohlen sei.

Unter Einheimischen ist der regionale, typisch-unverkennbare Dialekt als „Wäller Platt“ (oder auch, etwas verständlicher, „Westerwälder Platt“) bekannt. Auf den nachfolgenden Seiten wird er anhand der Ortsmundart des Dorfes Dorchheim (Gemeinde Elbtal) beispielhaft für den nordwestlichen Teil des Landkreises Limburg-Weilburg dokumentiert. Dieses Gebiet, das anders als der Großteil des Westerwaldes noch zum Bundesland Hessen gehört, besitzt in historischer und damit auch sprachlicher Hinsicht viele Gemeinsamkeiten: Im Mittelalter wurden die heutigen Gemeinden Dornburg, Elbtal und Waldbrunn zu einer Verwaltungseinheit – dem sogenannten „Amt Ellar“ – verschmolzen, das 1816 mit dem benachbarten „Amt Hadamar“ (heute: Gemeinden Hadamar und Elz) fusionierte. Der so entstandene Bezirk umfasste mit Blick auf die heutigen Kreisgrenzen alle Ortschaften im direkten Norden der Kreisstadt Limburg an der Lahn (vgl. Abb. 1).

Vorausgeschickt seien an dieser Stelle noch einige kurze Bemerkungen zur Begrifflichkeit: In der Bundesrepublik wird das Wort „Platt“ – wenn es um Dialekte geht – von der Bevölkerung in erster Linie mit dem in Norddeutschland verbreiteten Dialekt Niederdeutsch in Verbindung gebracht. Außerhalb der jeweiligen Regionen wissen nur wenige, dass es aber auch ein Siegerländer, ein Hunsrücker oder eben ein Wäller Platt gibt – Dialekte, die sich allesamt vom niederdeutschen „Plattdeutsch“ stark unterscheiden. Der Ausdruck „Platt“ verweist dabei keineswegs, wie man meinen könnte, auf eine minderwertige, sehr einfache und ungelenke Sprachform. Vielmehr handelt es sich um ein Lehnwort aus dem Mittelniederländischen, mit dem man früher die Sprache des einfachen Volkes (griechisch „dialektos“ = Redeweise) von der ausgefeilten Ausdrucksweise der gehobenen Stände abgrenzte. „Platt“ bedeutet demnach so viel wie „einfach“, „deutlich“, „klar“, „jedermann verständlich“ (vgl. Bargstedt, S. 47). Im Idealfall sollen diese Begriffe auch für die nachfolgenden Erläuterungen gelten, die – gerade im zweiten Kapitel – notgedrungenermaßen hier und dort etwas ins grammatikalische Detail gehen. Angestrebt wurde ein Nachschlagewerk, das auch zum Stöbern einlädt. Vor allem aber soll es dazu animieren, die Scheu vor dem Erlernen der heimischen Mundart abzulegen.

Die vorliegende Studie verdankt ihr Entstehen der finanziellen Unterstützung durch die Gesellschaft für bedrohte Sprachen e. V., den Kreisausschuss des Landeskreises Limburg-Weilburg sowie den Westerwald Touristik-Service, deren zuständigen Entscheidungsträgern an dieser Stelle sehr herzlich gedankt sei. Dem langjährigen Elbtaler Bürgermeister Hubert Lenz, der das Unterfangen als 1. Vorsitzender des Geschichts- und Kulturkreises Elbtal unterstützt hat, möchte ich ebenso meinen Dank aussprechen wie den Mitarbeitern des Forschungszentrums Deutscher Sprachatlas an der Universität Marburg, die mir mit fachlichem Rat zur Seite standen. Margarete Mücke (Krefeld) danke ich für ihre Hilfe beim Entziffern der in alter deutscher Kurrentschrift ausgefüllten Dialekt-Erhebungsbögen zum Deutschen Sprach- und Wortatlas, Markus Uhl (Berlin) für die grafische Bearbeitung der Abbildungen. Christine Klein aus Westerburg bin ich für die Abdruckerlaubnis ihres Textes über die Westerwälder Tracht zu Dank verpflichtet. Die Gemeindeverwaltungen Dornburg und Hadamar haben mich großzügigerweise mit heimatkundlicher Sekundärliteratur unterstützt, ebenso der Kultur- und Geschichtsverein Ellar. Für fachkundigen Rat danke ich auch den beiden Elbtaler Heimatforschern Detlef Schmidt und Oliver Teufer.

Ein großes Dankeschön gebührt schließlich meiner Familie: Neben meinen Eltern Franz Heger und Renate Burkhardt-Heger, die oft mit spontanen Aussprache-Checks aushalfen, verdienen besonders die versierten Dorchheimer Platt-Sprecher Ludwig Burkhardt (mein Opa mütterlicherseits) sowie Gertrud und Elisabeth Hartgen (die Cousinen meiner Oma mütterlicherseits) eine Erwähnung, die mir mit ihren lebenslangen Platt-Kenntnissen und zahlreichen Korrekturhinweisen in mehreren Frage-Sessions zur Seite standen. Nicht zuletzt ist auch aus dem Wortschatz meiner beiden Omas Anni Heger und Ludmilla Burkhardt viel in das vorliegende Buch mit eingeflossen. Ihrem Andenken soll der Band gewidmet sein. Bei der langjährigen Arbeit zu diesem Buch konnte ich immer wieder erstaunt feststellen, wie stringent und bis ins kleinste Detail meine Gewährsleute eine Sprache ganz intuitiv anwenden, von der sie ihr ganzes Leben lang weder ein Wort gelesen noch geschrieben haben. Erst dadurch wurde ich auf so manche nuancierte lautliche Unterschiede (etwa zwischen dem hochdeutschen „gestern“ und dem mundartlichen „geassdern“) aufmerksam, die mir die Verschriftlichung enorm erleichtert haben. Manchmal erlauben sich solche alteingesessenen Dialekt-Profis – bewusst oder unbewusst – im Alltag sogar die eine oder andere künstlerische Frei-heit im Sprachgebrauch. Man könnte sagen: Sie betreiben Platt-Poesie. In diesem Sinne: „Loosd ed auch schmagge!“

Dorchheim, im Herbst 2015 C. H.

I. Wie schweddsd dau da? – Was heißt hier eigentlich „Platt“?

Eine Sprache verschwindet: Zur aktuellen Situation der Westerwälder Mundart

Der Westerwälder Dialekt, von seinen Sprechern gemeinhin als „Platt“ bezeichnet, schwindet. Obwohl er von den Einheimischen aller bis in die 1950er-Jahre geborenen Jahrgänge noch ganz selbstverständlich als Muttersprache erlernt wurde, ist er seither von der deutschen Hochsprache in fast allen Lebensbereichen verdrängt worden. Zwar können viele der ab circa 1960 geborenen Westerwälder den Dialekt der älteren Verwandten und Bekannten noch recht problemlos verstehen, aber aktiv sprechen können sie ihn nicht mehr. Das hat seine Gründe: In einer Zeit erhöhter Mobilität, weiter Transport- und Kommunikationswege und zunehmend sogar internationaler Verflechtungen ist eine Sprache, die nur mündlich von einer Generation zur nächsten weitergegeben wird und die nur innerhalb einer überschaubaren lokalen Gemeinschaft überhaupt verstanden wird, offenkundig nicht mehr zeitgemäß. Oft bestehen schon in den Dörfern der erweiterten Nachbarschaft deutliche Unterschiede, was einzelne Begriffe oder Aussprachelaute anbelangt, sodass die Vorstellung nur skurril anmuten kann, man würde sich auf Platt in der globalisierten Welt von heute – etwa mit Gesprächspartnern aus Übersee oder dem fernen Osten – verständigen wollen. Wie fast alle deutschen Dialekte besitzt auch das Wäller Platt keine schriftlich festgelegten Regeln, keine verbindlichen Rechtschreibwörterbücher oder Grammatik-Leitfäden. Der Dialekt lebt – wie es auch der Begriff „Mundart“ deutlich umschreibt – als gesprochene Sprache, in der unmittelbaren direkten Unterhaltung, nicht auf dem Papier und schon gar nicht in der akademischen Lehrstube. Das macht es schwierig, über ihn zu schreiben, denn aufgrund seiner großen Varianzbreite, die teilweise schon von Dialektsprecher zu Dialektsprecher innerhalb desselben Ortes zu spüren ist, gibt es keine gesicherten Schreibweisen. Zudem lassen sich manche charakteristischen Laute des Wäller Platt mit den vertrauten Mitteln der deutschen Schriftsprache nur schwer darstellen bzw. bedürfen einer näheren Erläuterung.

Auch wenn es ein Buch über *das* Wäller Platt in seiner Gesamtheit aus diesen Gründen nicht geben kann, soll die vorliegende Studie doch zumindest den sprachlichen Rahmen des Dialekts in Geschichte, Grammatik und Wortschatz abstecken. Sie ist als Versuch gedacht, jene mündlich umherstreunende, mal polternd-schroffe und spitzbübisch-direkte, mal von großer zwischenmenschlicher Anteilnahme und persönlicher Nähe geprägte Sprache namens Wäller Platt für die Mit- und Nachwelt festzuhalten. Dies geschieht in der Überzeugung, dass diese unverkennbare, lautlich kuriose und von Außenstehenden kaum zu verstehende Sprache auch heute noch einen Wert und eine Berechtigung hat: Was ihr an Weltläufigkeit fehlt, das macht sie problemlos wett durch eine Form von Vertrautheit, die sich wohl am besten mit dem heutzutage leider etwas kitsch- und klischeebelasteten Begriff „Heimat“ beschreiben lässt. Diese Heimat tritt einem oft erst dann ins Bewusstsein, wenn sich das, was man lange Zeit als ganz selbstverständlich hingenommen hat, an anderen Orten mit zahlreichen Einflüssen aus allen anderen möglichen Kulturkreisen mischt: Bei all der bunten Vielfalt und der enormen Bereicherung, die diese Erfahrungen des Austauschs bieten, ist es schön zu wissen, woher man selbst kommt, wo die eigenen Wurzeln liegen. Wer etwa in Großstädten wie Berlin tagtäglich nicht nur auf Menschen aller Nationalitäten trifft, sondern auch auf Schwaben, Badener, Sachsen und Rheinländer, dem prägt sich die Vielfalt der Sprachen und Dialekte unweigerlich ein. Gerade das aber regt zur Beschäftigung mit der Frage an, was für ein wundersames menschliches Kommunikationsmittel die Sprache eigentlich ist – und auf welche wunderbare Weise sie die Menschen zusammenführt. Das gilt für das Wäller Platt, das nie irgendwo offiziell gelehrt wurde, nicht minder. Bis in die zweite Hälfte des 20. Jahrhunderts hinein lieferte es all das, was die dörfliche Gemeinschaft zur Verständigung brauchte: Fachbegriffe für Haus, Hof und Landwirtschaft, Berufsbezeichnungen, Begriffe für die heimische Tier- und Pflanzenwelt, für wichtige Lebensereignisse sowie für feststehende Feste und Bräuche im Kirchen- und Kalenderjahr. Und auch wenn ein beträchtlicher Teil dieser alten Lebenswelt inzwischen verschwunden ist – vor allem, was das Vokabular überkommener Arbeitsprozesse anbelangt –, so hat der nicht-fachspezifische Grundwortschatz der Mundart doch seine Anwendbarkeit nicht eingebüßt: Noch immer wird er in der Region benutzt, trifft man auf Plattsprecher in Bus und Bahn, Café, Arztpraxis und Kirche. Platt ist zum gegenwärtigen Zeitpunkt keine tote Sprache, doch wird sie innerhalb der allermeisten Familien nicht mehr aktiv weitergegeben. Ihr Aussterben ist also absehbar, falls nicht ein Umdenken innerhalb der Gemeinden einsetzt und massive Bemühungen ergriffen werden, den Dialekt zu retten. Die statistische Uhr für solche Maßnahmen, die vermutlich mindestens den Dialekt-Unterricht im Wahlpflichtbereich der regionalen Schulen umfassen müssten, tickt: Während die beiden Marburger Dialektforscher Hans Friebertshäuser und Heinrich J. Dingeldein Mitte der 1980er-Jahre noch feststellen konnten, dass mehr als die Hälfte der hessischen Bevölkerung einen Dialekt spricht (vgl. Friebertshäuser / Dingeldein 1989, Tafel 1), dürfte sich dieser Wert inzwischen rapide reduziert haben. Schon damals gaben rund 75 Prozent der befragten Eltern an, mit ihren Kindern nur noch – ausschließlich oder überwiegend – Standarddeutsch zu sprechen. Für die Westerwälder Region bezifferte ein Beitrag aus der SWR-Landesschau (17. Juni 2015) den aktuellen Dialektsprecher-Anteil nur noch auf 12 Prozent.

Den somit zu attestierenden schleichenden Verlust der Mundarten darf man zunächst einmal bedauern, macht doch das Schwinden von Vielfalt die Welt auch im sprachlichen Bereich erkennbar ärmer. Das gilt im Großen übrigens wie im Kleinen: Tatsächlich sind mehr als 98 Prozent der rund 6000 Sprachen, die gegenwärtig auf der Erde gesprochen werden, Regional- und Minderheitensprachen. Rund die Hälfte davon hat weniger als 100 000 Sprecher und ist damit akut vom Aussterben bedroht. Schätzungsweise werden rund 90 Prozent aller Sprachen in den nächsten 100 Jahren verschwinden.

Angesichts solcher Zahlen nützt den Dialekten auch die wissenschaftliche Erkenntnis nur bedingt, dass sich der Erwerb einer weiteren Sprache nachweislich (man vergleiche etwa die Pisa-Studie aus dem Jahr 2010) sehr positiv auf die intellektuellen und kognitiven Fähigkeiten gerade junger Menschen auswirkt. Trotzdem bleibt es schwierig vermittelbar, warum man einer Sprache wie dem Wäller Platt angesichts der globalen Verbreitung von wirtschaftlich und touristisch relevanten Weltsprachen wie Englisch, Französisch oder Spanisch noch seine Aufmerksamkeit schenken sollte. Bei aller Klage über den Dialektschwund kann ein rein rückwärtsgewandtes Plädoyer für den Erwerb des Dialekts als alleinige Erstsprache – wie es früher der Fall war – folglich schon aus ganz rationalen Gründen nicht die Konsequenz sein: Während früher die Menschen oft ihr ganzes Leben lang die heimische Dorfgemeinschaft nicht verließen, erfordern es die heutigen Zeitumstände, dass Kinder zuallererst eine Sprache lernen, mit der sie sich lebenslang –

sowohl privat wie beruflich – überregional problemlos verständigen können. Neben der deutschen Hochsprache stellt das heute die Weltsprache Englisch sicher, die sich inzwischen auf fast dem gesamten Erdkreis verbreitet hat. Unter kommunikativen Gesichtspunkten ist dies zweifellos ein sehr großer Erfolg.

Doch Sprache ist eben doch auch mehr als reines Verständigungswerkzeug, sie hat auch eine zutiefst emotionale Komponente. Und genau hier füllt die heimatliche Mundart in der globalisierten Welt von heute eine große Leerstelle. „Gemoijje" heißt eben nicht nur „Guten Morgen", sondern in diesem Ausdruck klingt auch immer so viel mit – von der Landschaft, Haus und Dorf, eigenen Erlebnissen und vor allem von den Leuten, die man selbst so begrüßt(e) oder die einen von sich aus so anrede(te)n. Jenseits aller „platten" ideologischen Verklärung vermittelt Platt Zugehörigkeit – zur Familie, zur Region, zur dörflichen Gemeinschaft. In gewisser Weise spricht man nicht nur Platt, sondern Platt spricht immer auch mit einem selbst – und das mit lautmalerisch markanten Begriffen, die in der deutschen Hochsprache ihresgleichen suchen: Unter Wörtern wie „Bobbaijjer", „verschammeräijjern", „riwwele" oder auch „alleweil" fällt es schwer, sich das am schönsten klingende herauszusuchen. Kindliche Kosenamen wie „Schdubbe" oder salopp-verknappte Begrüßungsformeln wie „Wie daa?" zählen ebenso zum vertrauten Erinnerungs-Inventar wie Wendungen, die von den nicht immer einfachen Lebensverhältnissen auf dem Land, vor allem nach dem Zweiten Weltkrieg, künden („Oarmmedei", „die oarmme Juurn").

Nun liegt es im Naturell des Menschen, dass er den Wert einer Sache oft erst dann zu schätzen lernt, wenn sie bedroht oder nicht mehr selbstverständlich ist. Dementsprechend stehen die älteren Generationen, die bis heute ganz unbekümmert unter Altersgenossen Platt sprechen, dem sprachlichen Verschwinden vergleichsweise nüchtern gegenüber. Für sie stellt der Dialekt in aller Regel kein besonders schützenswertes Gut dar, sondern etwas, das sie von Geburt an ganz selbstverständlich muttersprachlich erlernt, mit dem sie sich sonst aber nicht näher beschäftigt haben. Etwaige Bemühungen zur ausdrücklichen Pflege oder Kultivierung ihrer Sprache mussten ihnen auch insofern abwegig erscheinen, als die Mundart im 20. Jahrhundert – insbesondere nach dem Zweiten Weltkrieg – als etwas Rückständiges, Provinzielles, Unkultiviertes galt. Wer als gebildet erscheinen und es beruflich zu etwas bringen wollte, der bemühte sich um ein möglichst korrektes „Hochdeutsch" – ein Kommunikationsmittel, das man in der ländlichen Region traditionellerweise nicht in der Familie, sondern erst als Zweitsprache in der Schule lernte.

Nicht zuletzt unter dem Eindruck wissenschaftlicher Studien, die auf dialektbedingte Schwierigkeiten im Deutschunterricht hinwiesen, wurde etwa seit den frühen 1960er-Jahren in den Westerwälder Familien mit den Kindern in der überregionalen deutschen Standardsprache gesprochen. Die nachfolgenden Generationen wuchsen so zwar in permanentem Kontakt mit der Mundart auf, die Eltern, Großeltern usw. ja nach wie vor sprachen, lernten aber nicht mehr, sie sich selbst aktiv anzueignen. Seit rund einem halben Jahrhundert – je nach Dorf und Familie mal früher, mal später – ist der Traditionsfaden der mündlichen Weitergabe damit abgerissen.

Das Interesse für den heimischen Dialekt aber war damit keineswegs gänzlich erloschen: Tatsächlich hat die Mundart – nicht nur im Westerwald, sondern deutschlandweit – zwischenzeitlich mehrere Renaissancewellen erlebt, die erste ab Mitte der 1970er-Jahre. In der Folge wurden von staatlicher und medialer Seite, aber auch aus der betroffenen Bevölkerung heraus mehrere Maßnahmen zum Erhalt des Dialekts in die Wege geleitet. Dazu zählten etwa Mundartsprechertreffs, themenspezifische Festivals oder eigene Dialekt-Rubriken in regionalen Zeitungen. Es wurden in Mundart verfasste Gedichtbände, Lieder- und Kochbücher herausgegeben, Filme gedreht, regional-

Abb. 2: „Der Pate“ auf Dorndorfer Platt (De Patt off Platt): Filmbeitrag zum Wettbewerb „Platt Machen! Dreh' Hollywood auf Wäller Art“ des Westerwald Touristik-Services 2013 (Szenenfoto)

sprachliche Gottesdienste gehalten und Vereine zur Brauchtumspflege gegründet (vgl. Abb. 2). Plötzlich erkannte man, dass Platt zu sprechen eine Fähigkeit war, die man nicht länger als selbstverständlich ansehen konnte. Bemerkenswerterweise wurde sie nun gerade dadurch aufgewertet, dass die Gruppe der kompetenten Dialektsprecher begrenzt war. In einer Zeit, in der sich die gesamte Welt durch immer neue Kommunikationsmittel fortwährend schneller miteinander vernetzte und auch das Weltgeschehen immer stärker als komplex miteinander verwobenes globales Ganzes in den Fokus der öffentlichen Wahrnehmung rückte, wurde das Regionale und mit ihm auch die Mundart zu einem Gegenpol des Beschaulichen, des Rückzugs und der vertrauten, überschaubaren Verhältnisse. Gerade die enorme mediale Grenzenlosigkeit verstärkte offensichtlich das Bedürfnis, zu wissen, woher man kam, und dies – nicht zuletzt durch die eigene (Aus-)Sprache – auch selbstbewusst zu zeigen.

Auch wenn die jungen Westerwälder den alten Basisdialekt ihrer Vorfahren nicht mehr erlernt haben, so ist doch auch ihre gegenwärtige Sprache übersät mit sprachhistorischen Spuren. Aus den alten Ortsdialekten hat sich die heutige Umgangssprache der Region entwickelt, die viele Merkmale von früher noch enthält, etwa den Wegfall der auslautenden Buchstaben -e (bei Substantiven, zum Beispiel „Sach“ statt „Sache“) und -n (bei Verben, zum Beispiel „mache“ statt „machen“). Die Kirche wird in weiten Teilen des Westerwaldes auch von der jungen Generation beispielsweise als „Kiersch“ ausgesprochen, statt „man“ steht „mer“, „iss“ ersetzt das hochsprachliche „ist“ und auch für „ja“ ist weiter „joo“ gebräuchlich. In all diesen Beispielen ist das sprachliche Erbe des Dialekts noch lebendig – übrigens auch in der neuhessischen Ausgleichssprache des Rhein-Main-Gebiets, die Außenstehende aufgrund ihrer medialen Präsenz (vom „Blauen Bock“ über Badesalz bis hin zu Bodo Bach) oft fälschlicherweise mit dem Hessischen an sich identifizieren. Parallel dazu haben sich die alten Laute des Dialekts, die oft noch aus mittelalterlichen Frühformen der deutschen Sprache herrühren, inzwischen den gängigen Ausspracheregeln der heutigen Hochsprache angenähert, sodass – je nach der individuellen Redesituation – Kompromisslösungen im Streuungsfeld zwischen Dialekt und Hochsprache angewendet werden. „Nichts“ heißt eben dann nicht mehr „naud“, sondern „niggs“, aus „das“ wird statt „dodd“ nun „dadd“ und zwischen „kannst du“ und „kaas de“ hat sich „kannste“ etabliert. Der kritische Ausruf „Das ist nichts!“ heißt im traditionellen Wäller Platt „Dodd eass naud!“, in der modernen regionalen Umgangssprache hingegen „Dadd iss niggs!“. Welche der drei Varianten man benutzt, entscheidet sich in Abhängigkeit von den Erfordernissen der jeweiligen Redesituation bzw. vom Gesprächspartner. Die heutige Umgangssprache erfüllt dabei eine ähnliche Funktion wie früher das ursprüngliche, ortsgebundene Platt: Sie stellt unmittelbare Verständigung zwischen Gleichaltrigen sicher und vermittelt zugleich regionale (nunmehr räumlich weiter gefasste) Identität.

Dennoch wird der Verlust der alten Reinform – wissenschaftlich als Kern- oder Basisdialekt bezeichnet – gerade von den Jüngeren allgemein bedauert. Bei all ihren Limitationen und auch grammatikalischen Reduktionen (es gibt zum Beispiel fast keinen Genitiv) ist die Sprache heute fast schon „cool“. Zum einen hört sie sich für ungeübte Ohren – nicht erst in populären lautlichen Beispielsätzen wie „Wu wulld er da hauh auer Haa hie huh?“ („Wo wollt ihr denn heute euer Heu hin haben?“) – sehr merkwürdig an und ist, vor allem bei schneller Aussprache, fast unverständlich. Das macht sie zu einer wunderbaren Insider-Sprache, die sicherstellt, dass der Nachbar im Restaurant am Nebentisch selbst dann nichts versteht, wenn man sich offen über seine Prahlerei vor den ihm gegenübersitzenden Geschäftskollegen amüsiert. Zum anderen ist diese Sprache rückständig auch im positiven Sinne: Da sie viele Merkmale älterer Stufen deutscher Sprachentwicklung aufweist – speziell des Alt- oder Mittelhochdeutschen –, erlaubt sie Einblicke in die Sprach- und Kulturgeschichte und vermittelt Eindrücke davon, wie Deutsch früher zuweilen geklungen hat. Nicht umsonst kann man auf alten nassauischen Karten, etwa aus dem frühen 17. Jahrhundert, noch auf Ortsnamen wie Huichelum (Heuchelheim), Eller (Ellar) oder Dalem (Thalheim) stoßen, die sich bis heute im Dialekt in ähnlicher Weise erhalten haben. In diesem Sinne erfüllt Platt eine ähnliche Funktion wie für die heutigen romanischen Sprachen (Italienisch, Spanisch, Französisch, Portugiesisch etc.) das klassische Latein: Wer etwa bei der Lektüre hochmittelalterlicher Texte auf Wörter wie „bruoder“ oder „kunnen“ stößt, der kann sich selbige im Rückgriff auf seine Plattkenntnisse („brourer“ = Bruder, „kunne“ = können) sehr leicht erschließen. Das macht – neben vielen anderen Gründen – den Dialekt auch für Sprachwissenschaftler interessant, die sich seiner Erforschung seit langer Zeit widmen. Ein kurzer Überblick soll das Wäller Platt im Folgenden innerhalb der deutschen Dialektlandschaft einordnen und die wichtigsten Etappen, Projekte und Institutionen der regionalen Mundartforschung vorstellen.

Zur Verortung des Wäller Platt in der deutschen Dialektlandschaft

Das heutige deutschsprachige Gebiet in Mitteleuropa ist infolge jahrhundertelanger sprachlicher Entwicklungsprozesse entstanden. Es erstreckt sich neben Deutschland gegenwärtig vor allem noch auf Österreich, die deutschsprachige Schweiz und einige kleinere angrenzende Gebiete (Luxemburg, Liechtenstein, Ostbelgien, Elsass, Lothringen und Südtirol). Die heutige deutsche Sprache – im Alltag oft „Hochdeutsch“ genannt – wird wissenschaftlich als „Neuhochdeutsch“ bezeichnet. Als eines ihrer ersten bedeutenden Schriftzeugnisse wird oft Martin Luthers Bibelübersetzung in der ersten Hälfte des 16. Jahrhunderts angeführt. Mit ihr bemühte sich der Reformator aus Wittenberg um eine überregionale Verständlichkeit, die Lesern in möglichst vielen Teilen des historisch zerklüfteten Heiligen Römischen Reiches Deutscher Nation zugute kommen sollte. Dieses lockere föderale Gebilde, das als ein Vorläufer der heutigen Bundesrepublik bis ins Jahr 1806 existierte, hat gerade durch seine Kleinteiligkeit – sein Bestehen aus zahlreichen souveränen Kleinstaaten – maßgeblich zur Vielfalt der deutschen Dialektlandschaft beigetragen.

Neben einer einheitlichen, in der Schule erlernten und nach festen Regeln zu verwendenden Schriftsprache zerfällt der Verbreitungsbereich des Neuhochdeutschen im Hinblick auf seine Dialekte in drei unterschiedliche Sprachräume (vgl. Abb. 3, S. 16). Diese zeichnen sich jeweils durch eine Anzahl historisch bedingter Gemeinsamkeiten aus, auf die im Folgenden noch weiter eingegangen wird: Der Norden Deutschlands beherbergt die niederdeutschen, der Süden hingegen die oberdeutschen Dialek-

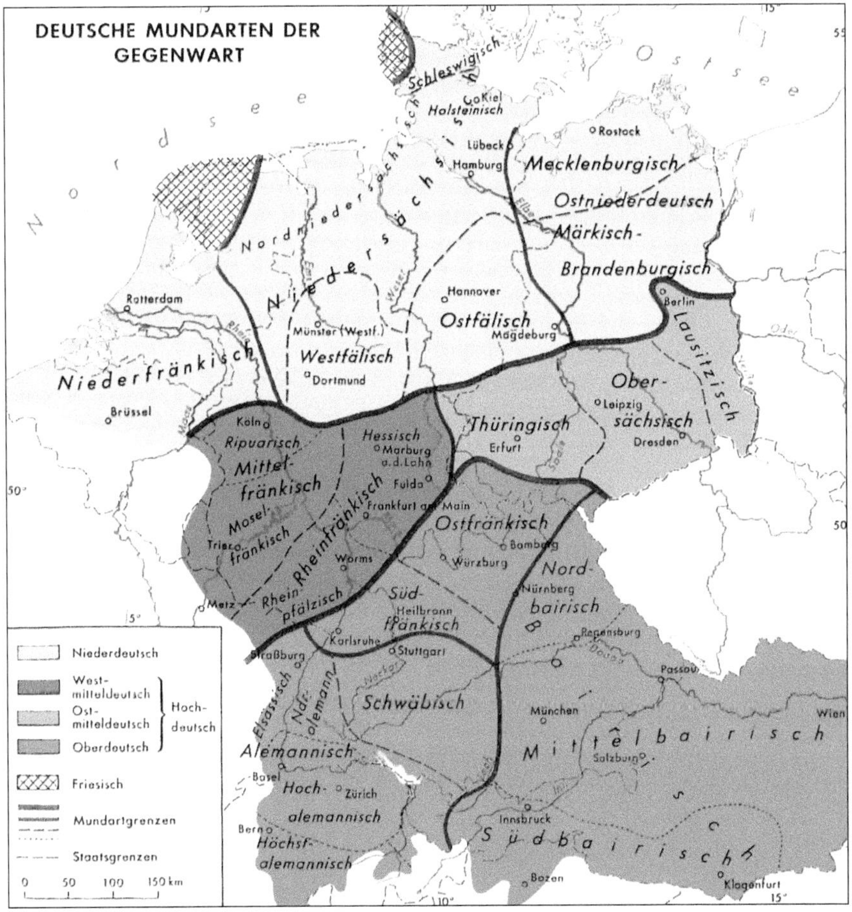

Abb. 3: Die heutige deutsche Mundart-Landschaft

te. Dazwischen befindet sich der mitteldeutsche Dialektraum, der sich vor allem über die Bundesländer Saarland, Rheinland-Pfalz, Hessen, Thüringen und Sachsen erstreckt. Zur Abgrenzung solcher Dialekträume werden von der Sprachwissenschaft sogenannte Isoglossen herangezogen, kartografisch nachvollziehbare Grenzlinien zwischen zwei unterschiedlichen Ausprägungen eines sprachlichen Merkmals. Das Gebiet des Mitteldeutschen wird gemeinhin von der sogenannten Benrather Linie im Norden und der Mainlinie im Süden abgegrenzt. Erstere verläuft anhand der Verbreitung der beiden dialektalen Wortvarianten „machen"/„maken" von Aachen über den namensgebenden Düsseldorfer Stadtteil Benrath bis nach Frankfurt an der Oder im Osten. Letztere zieht sich anhand der Unterscheidung von „apfel"/„appel" von Speyer über Eisenach bis nach Plauen und überquert dabei mehrmals den Main. Folglich sprechen Dialektsprecher nördlich der Benrather Linie das hochsprachliche Wort „machen" als „maken" aus, während südlich davon auch im Dialekt „machen" gebräuchlich ist. Analog dazu wird das hochsprachliche Wort „Apfel" in den Dialekten nördlich der Mainlinie in der Regel als „Abbel" ausgesprochen, südlich davon steht hingegen „Apfel". Diese Kategorisierung schließt weitere Binnendifferenzierungen innerhalb der einzelnen Dialekträume gewiss nicht aus, sondern bezieht sich jeweils nur auf ein charakteristisches Merkmal, in dem Fall die Unterscheidung „ch/k" für „machen" bzw. „pf/pp" für „Apfel". Ob es nun in Teilen des mitteldeutschen Gebietes „machen", „mochen" oder „mache" heißt bzw. „Appel", „Abbel" oder „Aabel" spielt dabei keine Rolle (bzw. wäre ein Ansatzpunkt für eine weitere Untergliederung). Entscheidend ist jeweils, ob sich der standardsprachliche ch- bzw. pf-Laut im Inlaut (also innerhalb des Wortes) sprachhistorisch gegenüber den älteren Wortformen (mit „k“ bzw. „pp“) durchgesetzt hat. Isoglossen differenzieren also anhand eines einprägsamen und oft weitverbreiteten Beispielwortes, das in der Regel stellvertretend für ein ganzes Bündel dialektaler Verschiedenheiten steht, inwieweit sich benachbarte Regionen in ihren sprachlichen Eigenarten voneinander unterscheiden.

Sieht man von einem Teilstück am obersten nördlichen Rand ab, der noch zu dem für Norddeutschland charakteristischen niederdeutschen Sprachraum gehört, zählt das heutige Bundesland Hessen zum mitteldeutschen Sprachgebiet. Innerhalb dieses Gebiets unterscheidet man zwischen den west- und den ostmitteldeutschen Dialekten, die man in etwa anhand des Verlaufs der ehemaligen innerdeutschen Grenze voneinander abgrenzen kann. Das Westmitteldeutsche wiederum zerfällt in die beiden großen Teilbereiche des Mittelfränkischen (im Westen) und des Rheinfränkischen (im Osten). Mittelfränkische Dialekte sind das Ripuarische (gebräuchlich etwa in Ostbelgien und Nordrhein-Westfalen, etwa Kölsch) und das Moselfränkische (gebräuchlich etwa im Saarland, Hunsrück, Eifel

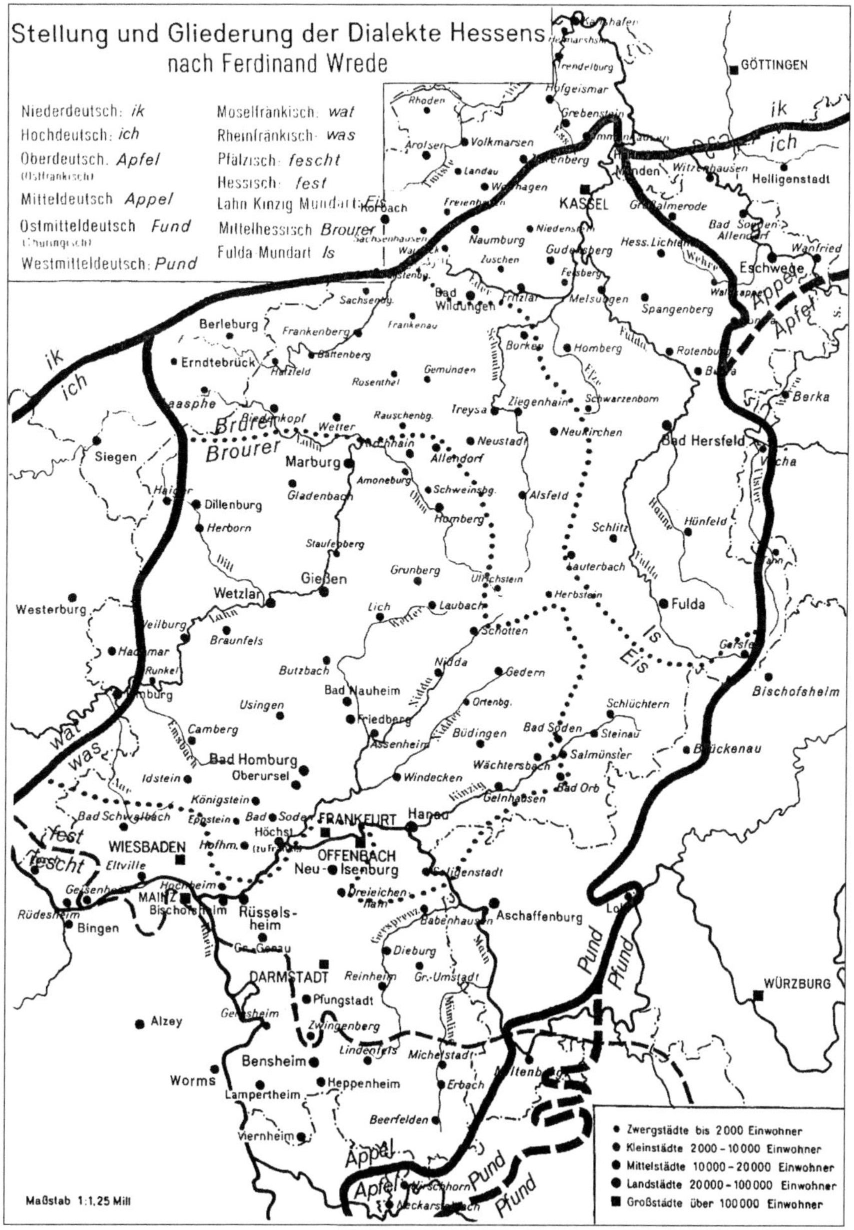

Abb. 4: Stellung und Gliederung der Dialekte Hessens nach Ferdinand Wrede

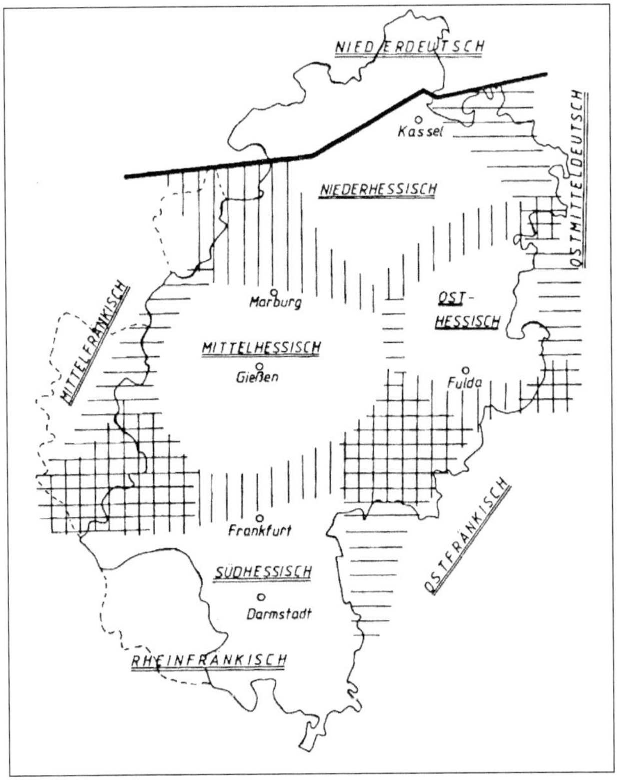

Abb. 5: Die Dialektgliederung Hessens

und Siegerland). Rheinfränkische Dialekte sind neben dem in Frankreich gesprochenen Lothringisch das Pfälzische und – zumindest nach klassischer dialektologischer Vorstellung – das Hessische. Auf der Landkarte wird die westmitteldeutsche Dialektlandschaft durch den sogenannten Rheinischen Fächer geprägt (vgl. Abb. 4, S. 17).

Innerhalb des Hessischen werden gemeinhin vier Dialekträume unterschieden (vgl. Friebertshäuser 1987, S. 53f. und Abb. 5):

1. Das Mittelhessische, das in der Nord-Süd-Ausdehnung nördlich von Marburg bis an den Main und – östlich Frankfurt – bis an den nördlichen Rodgau reicht; in der West-Ost-Achse erstreckt es sich von Limburg und dem Westerwald bis Gelnhausen, zum Kinzigtal und zum Vogelsberg. Die Wetterau bildet das Zentrum.
2. Das Osthessische gilt im Gebiet östlich des Vogelsbergs mit Fulda als Mittelpunkt und einer Nord-Süd-Ausdehnung von der Schwalm bis zum nördlichen Spessart.
3. Das Niederhessische reicht von Kassel im Nordosten bis zum Quellengebiet der Eder im Westen und bis zur Schwalm im Südosten.
4. Das Südhessische vereint alle Mundarten südlich des Mains – ausgenommen einige Mundarten des nördlichen Rodgaus – und südlich des Mainzer Rheinknies.

Alle diese vier Dialekträume, die teilweise auf historische Herrschaftsbereiche, Grenzmarken und Handelswege zurückgehen, weisen in ihren Kerndialekten eine Fülle charakteristischer Eigenarten auf – von der Lautung über den Wortschatz und den Satzbau bis hin zu den Sprichwörtern und Redensarten. Im Westen grenzt die sogenannte dat-das-Isoglosse das Hessische vom Moselfränkischen, im Osten die Pund-Pfund-Isoglosse von den ostmitteldeutschen Dialekten ab. Im Hessischen heißt es demnach „das" und „Pund". Das zentrale mittelhessische Gebiet wird ferner von der Brourer-Brurer-Isoglosse umrahmt: Im mittelhessischen Dialekt steht folglich „Brourer" für das hochsprachliche „Bruder", während die umliegenden Regionen den standardisierten u-Laut auch im Dialekt verwenden.

Behält man diese Untergliederungen im Hinterkopf, so kommt man zu dem Schluss, dass der nordwestliche Teil des Landkreises Limburg-Weilburg ein dialektales Übergangsgebiet darstellt. Obwohl noch zum Bundesland Hessen gehörig, mischen sich bereits Elemente des Moselfränkischen von Westen her in den hessischen Dialekt. Tatsächlich liegt die Grenze zu Rheinland-Pfalz nur wenige Kilometer entfernt: Schon die Dörfer aus der erweiterten Nachbarschaft wie Irmtraud, Berzahn und Salz liegen jenseits von ihr – wie auch der Großteil des Westerwalds, jenes Mittelgebirges, nach dem die gesamte Region benannt ist. Erkennen lässt sich die Vermischung vor allem an den Signalwörtern „dodd“, „wodd“ und „edd“, die im Gegensatz zu den hochsprachlichen Varianten „das“ (oder auch dem im Rhein-Main-Gebiet populären umgelauteten „des“), „was“ und „es“ im übrigen Teil Mittelhessens stehen. Interessanterweise verläuft die entsprechende Isoglosse direkt an den Grenzen des historischen Verwaltungsbezirks „Amt Hadamar“ – von Limburg an den westlichen Gebietsgrenzen von Runkel und Beselich entlang bis hinauf nach Mengerskirchen. Der Teil des Landkreises Limburg-Weilburg, der westlich davon liegt, wird daher in der Sprachwissenschaft dem moselfränkischen (und damit dem mittelfränkischen) Dialektgebiet zugeschlagen, das sich seinerseits weiter untergliedern lässt (vgl. Abb. 6). Dabei gilt es freilich zu beachten, dass sonst kaum wesentliche Unterschiede zum im Osten benachbarten Mittelhessischen bestehen. Der Dialektologe Peter Wiesinger bezeichnet in seiner vielbeachteten Studie über die hessischen Sprachräume die dat-das-Isoglosse so denn auch nur als Differenzierungsgrenze 4. Grades (vgl. Wiesinger, S.119). Folglich ist eine Verständigung von Sprechern des Wäller Platt mit den einheimischen Mitgliedern der angrenzenden Dialekträume – von Gießen und Marburg bis hin nach Neuwied und ins Siegerland – in der Regel möglich: Bei allen Unterschieden im Detail überwiegen in der Region die sprachlichen Gemeinsamkeiten. Sehr viel schwieriger haben es hingegen zugezogene Dialektunkundige, die – nur mit dem Rüstzeug der deutschen Hochsprache ausgestattet – zuweilen verloren in der Westerwälder Sprachlandschaft dastehen. Nicht umsonst haben die beiden Sprachforscher Joachim Herrgen und Jürgen Erich Schmitt festgestellt, dass es neben dem Niederdeutschen vor allem das Mittelfränkische ist, das – vom Südrand des deutschen Sprachgebiets, besonders der deutschsprachigen Schweiz, einmal abgesehen – den relativ höchsten Abstand zu der deutschen Standardsprache zeigt (vgl. Lenz, S. 17).

Blickt man auf die sprachwissenschaftlich-institutionelle Erforschung des westmitteldeutschen Dialektraums zurück, so fällt einem als erste markante Figur der in Düsseldorf geborene Germanist und Bibliothekar Georg Wenker (1852–1911) ins Auge. In den 1870er-Jahren begann er mit den Erhebungs-Arbeiten zu einem materialreichen Mammutwerk, das bis heute weltweit seinesgleichen sucht: Von 1876 an versendete der frisch Promovierte Fragebögen mit 40 hochsprachlichen Mustersätzen (den sogenannten „Wenkersätzen“) an alle Schulorte des Deutschen Reiches. Vor Ort sollten die Lehrer diese Sätze, die nach sprachwissenschaftlich relevanten Kriterien zusammengestellt wurden, in lautlich möglichst akkurater Art und Weise in die ortsübliche Mundart übertragen. Bis 1887 wurden über 40 000 Wenkerbogen von den Lehrern ausgefüllt und nach Marburg zurückgesendet (vgl. Abb. 7, S. 20). Auf der Grundlage dieses riesigen Materialbestandes wurden anschließend bis 1923 insgesamt 1643 farbige Karten angefertigt, auf denen die regionale Verteilung einzelner sprachlicher Phänomene detailgetreu (und von Hand gezeichnet) abgebildet wurde. Auf diese Weise wurde die Vielfalt und Verteilungssystematik der deutschen Dialektlandschaft

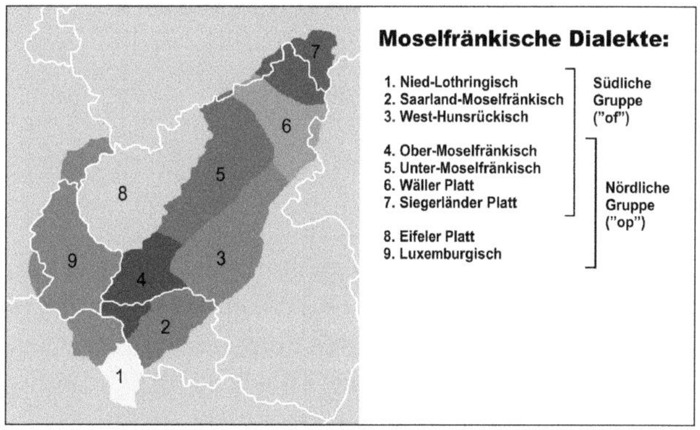

Abb. 6: Übersicht über die moselfränkischen Dialekte

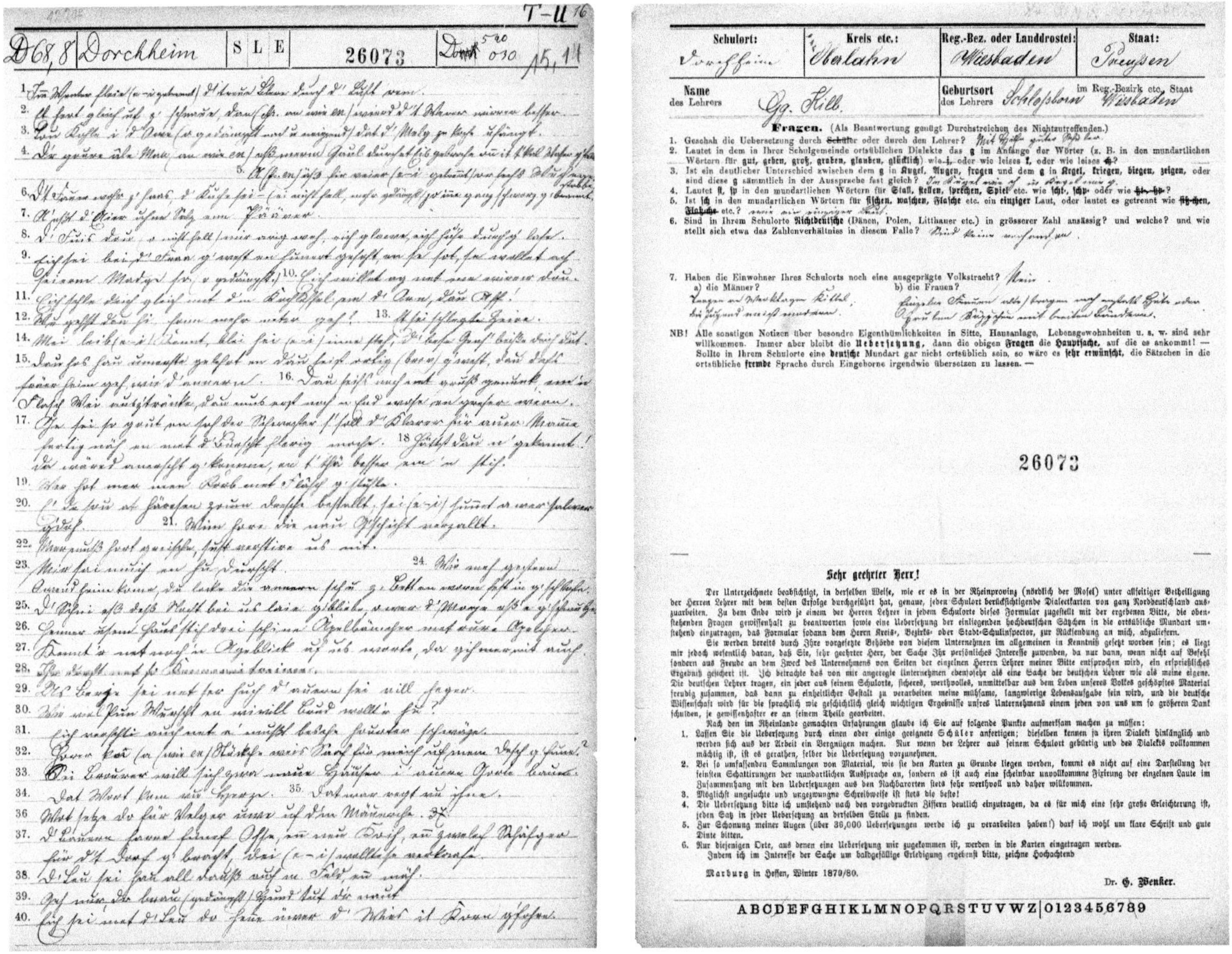

Abb. 7: Erhebungsbogen des Deutschen Sprachatlas aus Dorchheim, um 1870/80

erstmals anschaulich dargestellt. Das umfangreiche Material, das nachträglich auch noch um die deutschsprachigen Gebiete jenseits der damaligen Reichsgrenzen erweitert wurde, bildete fortan unter der Bezeichnung „Deutscher Sprachatlas“ (DSA) die Grundlage für weitere dialektspezifische Forschungen. Erst 2003 wurde das sonst nur der Fachwelt zugängliche Werk für die breite Öffentlichkeit verfügbar gemacht. Mit interaktiven Funktionalitäten versehen, kann es heute als digitales Angebot über die Website www.regionalsprache.de eingesehen werden.

Ein wichtiges Nachfolgeprojekt des DSA war der ähnlich benannte „Deutsche Wortatlas“ (DWA), der von Bernhard

Mitzka, einem Schüler Georg Wenkers, betreut wurde. Die entsprechenden Erhebungen wurden deutschlandweit von 1939 bis 1942 vorgenommen und im Anschluss in 22 Bänden (1951–1980) publiziert. Anders als der DSA dokumentierte der DWA nicht in erster Linie die lautlichen Varianten hochsprachlicher Wörter, sondern legte seinen Fokus auf den regional vorherrschenden Wortschatz. Die versendeten Bögen umfassten 188 Einzelwortabfragen sowie elf mundartlich zu übersetzende Sätze. Begriffe, die abgefragt wurden, waren beispielsweise „Euter der Kuh", „Handwerker, der die Möbel anfertigt", „Laken (für das Bett)" oder „Zahnschmerzen" (vgl. Abb. 8, S. 22). Ähnliche Wort-Erhebungen wurden später auch in kleinerem regionalem Rahmen durchgeführt. Aus diesen Projekten entstanden etwa die Sprachatlanten „Wortgeographie der städtischen Alltagssprache in Hessen" (1988, vgl. Abb. 9, S. 24) oder der „Rheinische Wortatlas" (1997), der als einer seiner östlichsten Belegorte Beselich-Obertiefenbach angibt. Wer sich die Vergleichslisten aus solchen Sammelwerken anschaut, der merkt sehr schnell, wie stark sich ein Gefühl des sprachlichen Fremdelns einstellt, wenn statt der gewohnten plötzlich regional ungebräuchliche Begriffe auftauchen – zum Beispiel „Dachboden" statt „Speicher", „Sonnabend" statt „Samstag" oder „Fleischer" statt „Metzger".

Die Tatsache, dass Georg Wenker 1888 zum Leiter des Forschungsinstituts für deutsche Sprache an der Universität Marburg berufen wurde, erwies sich übrigens speziell für die hessische Dialektforschung als sehr glückliche Fügung. Unter seinem Nachfolger Ferdinand Wrede (1863–1934), der den DSA zwischen 1912 und 1933 betreute, wurde die personelle Anbindung der regionalen Sprachforschung an die gesamtdeutsche Grundlagenforschung weiter zementiert: Auf Bitten der Berliner Akademie der Wissenschaften wurde Wrede bei seinem Amtsantritt auch mit dem redaktionellen Aufbau eines „Hessen-Nassauischen Wörterbuchs" (HNW) betraut, das als langfristiges Projekt den gesamten mundartlichen Wortschatz der Region dokumentieren sollte. Aus diesem Projekt heraus entstand – ergänzt um andere Aufgaben der sprachlichen Landesforschung – die Marburger Arbeitsstelle Sprache in Hessen / Hessen-Nassauisches Wörterbuch. Nach Wredes Tod ging deren Leitung nacheinander an die Sprachwissenschaftler Luise Berthold (ab 1934), Hans Friebertshäuser (ab 1971) und Heinrich J. Dingeldein (ab 1994) über. Nach kommissarischer Überbrückung durch Alexander Werth (ab 2016) leitete Bernd Vielsmeier seit 2021 die Arbeitsstelle. Ihm folgte 2024 Nathalie Mederake. Die ungeheuren Dimensionen des Projekts bei gleichzeitig beschränkten personellen und finanziellen Mitteln haben dazu geführt, dass das HNW auch über 100 Jahre nach seinen Anfängen noch nicht abgeschlossen ist. Die fertiggestellten Abschnitte sind heute unter dem leicht modifizierten Titel „Hessen-Nassauisches Volkswörterbuch" sowohl als archivarische Printausgaben als auch online im Volltext über das Landesgeschichtliche Informationssystem des Bundeslandes Hessen (www.lagis.de) abrufbar. Das dort präsentierte Material kann als verbürgt für den Zeitraum des ersten Drittels des 20. Jahrhunderts gelten. Bislang bearbeitet wurden die Buchstaben L–Z. Ebenso wie der DSA basiert auch das HNW auf Fragebogenerhebungen bei den örtlichen Volksschullehrern, aber auch auf freien Einsendungen aus der Bevölkerung sowie auf Erkundungen vor Ort. Die Materialbasis umfasst einen nach Stichworten alphabetisch geordneten Zettelbestand mit ca. 1 Million Einträgen. Informationen zur Verbreitung eines Wortes werden dabei kombiniert mit zugehörigen Beispielsätzen, Redensarten, Sprichwörtern usw. Mit zum Gebiet des HNW gehören auch die ehemalige hessen-darmstädtische Provinz Oberhessen sowie einige kleinere Randgebiete. Der Arbeitsbereich erstreckt sich somit von der hessisch-thüringischen Grenze bis zum Rhein, von der Werra bis zum Main (vgl. Friebertshäuser 1987, S. 154, und Abb. 10, S. 25). Mit dem „Südhessischen Wörterbuch" (SHW, 1925 begonnen, 2010 abgeschlossen) und dem „Frankfurter Wörterbuch"

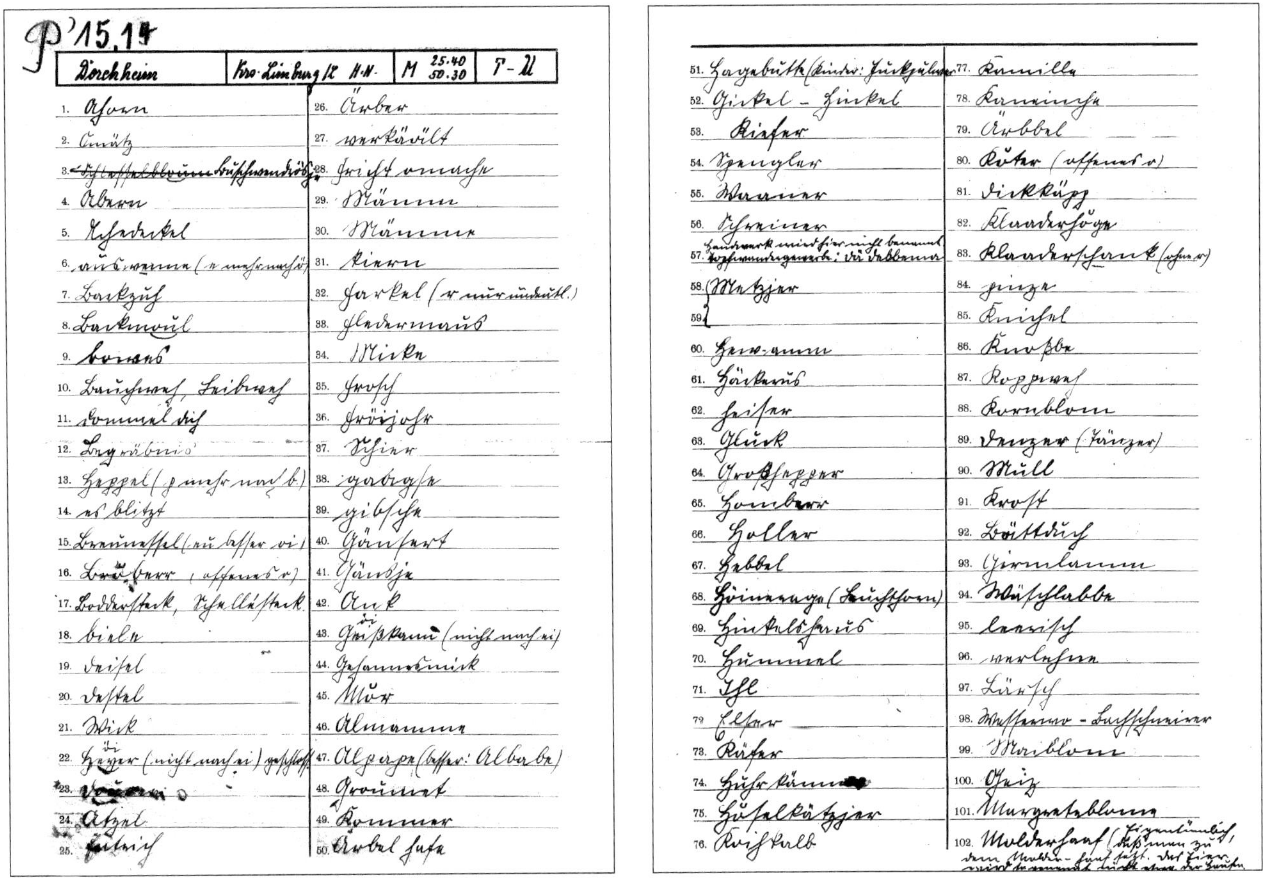

Abb. 8: Erhebungsbogen des Deutschen Wortatlas aus Dorchheim, um 1939–42

(FW, 1971 begonnen, 1985 abgeschlossen) folgten zwei weitere, ähnlich angelegte Projekte für die benachbarten hessischen Dialekträume. Das „Rheinische Wörterbuch“ (RWB, 1928 begonnen, 1971 abgeschlossen) wiederum dokumentiert die dialektale Nachbarregion im Westen. Ergänzend dazu sind über die Jahre – oft von mundartlich interessierten Laien und daher ohne sprachwissenschaftlichen Anspruch – eine Vielzahl von Ortswörterbüchern vorgelegt worden, die den Wortschatz innerhalb eines Dorfes, einer Stadt oder eines erweiterten Landstrichs dokumentieren. Die beiden ältesten bedeutenden Werke aus der Westerwälder Region sind das „Westerwälder Idiotikon“ (1800) des Pfarrers Karl Christian Ludwig Schmidt sowie das Werk „Volkssprache und Volkssitte in Nassau“ (1860) des Lehrers Joseph Kehrein. Beide Publikationen sind inzwischen auch online frei zugänglich. Der Begriff „Idiotikon“ leitet sich aus dem Griechischen ab („idios“ = eigen) und bezeichnet Wörterbücher, die sich ausschließlich auf

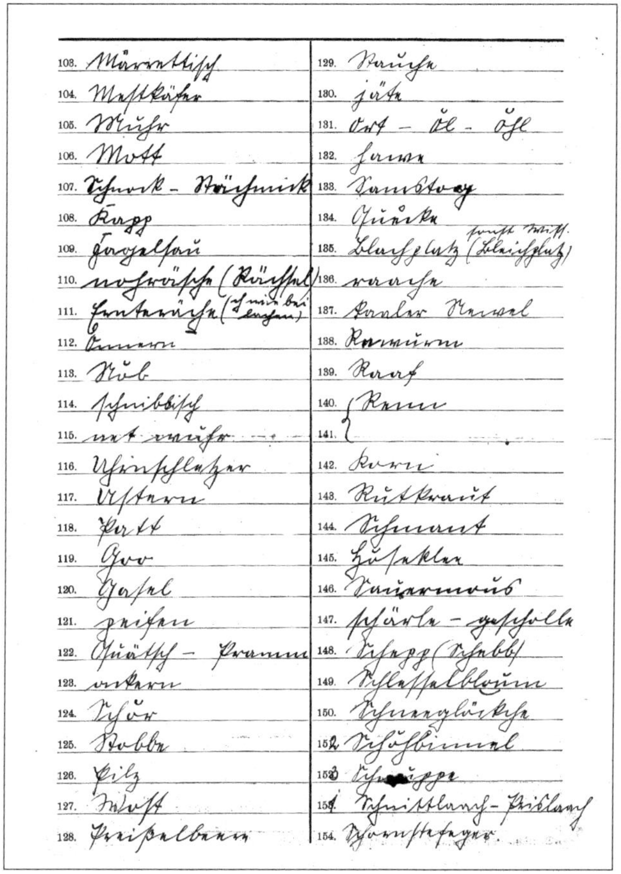

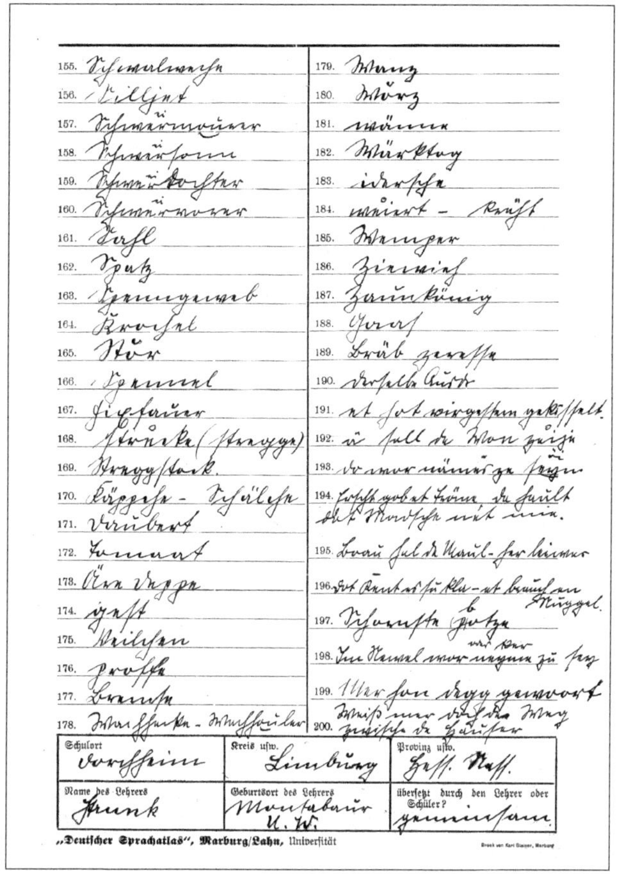

Schulort	Kreis usw.	Provinz usw.
	Limburg	
Name des Lehrers	**Geburtsort des Lehrers**	**übersetzt durch den Lehrer oder Schüler?**
	Montabaur U. W.	

„Deutscher Sprachatlas", Marburg/Lahn, Universität

das mundartliche Wortgut beschränken. Aus dem nördlichen Kreis Limburg-Weilburg ist in diesem Zusammenhang die Studie „Mundart im Wandel" (1985) von Walter Heep und Ännchen Jung-Meisel erwähnenswert, die den bei Schmidt und Kehrein enthaltenen Wortschatz mit dem zeitgenössischen Mundart-Gebrauch im Dorf Dornburg-Langendernbach zur Zeit der 1980er-Jahre abgleicht. Auf diese Weise lässt sich der lexikalische Schwund im Wäller Platt eindrücklich dokumentieren: Den beiden Autoren zufolge haben sich aus dem alten Vokabular-Bestand von Schmidt aus dem Jahr 1800 rund 180 Jahre später nur noch 58 Prozent der Wörter erhalten. Seither dürfte sich diese Entwicklung weiter fortgesetzt und beschleunigt haben.

Parallel zu den Dialektwörterbüchern entstanden speziell in der ersten Hälfte des 20. Jahrhunderts – oft als Dissertationen an den Universitäten Marburg und Gießen – eine ganze Reihe sogenannter Orts- und Landschaftsgrammatiken, in denen Laute, Formen und Syntax kleinteiliger Dia-

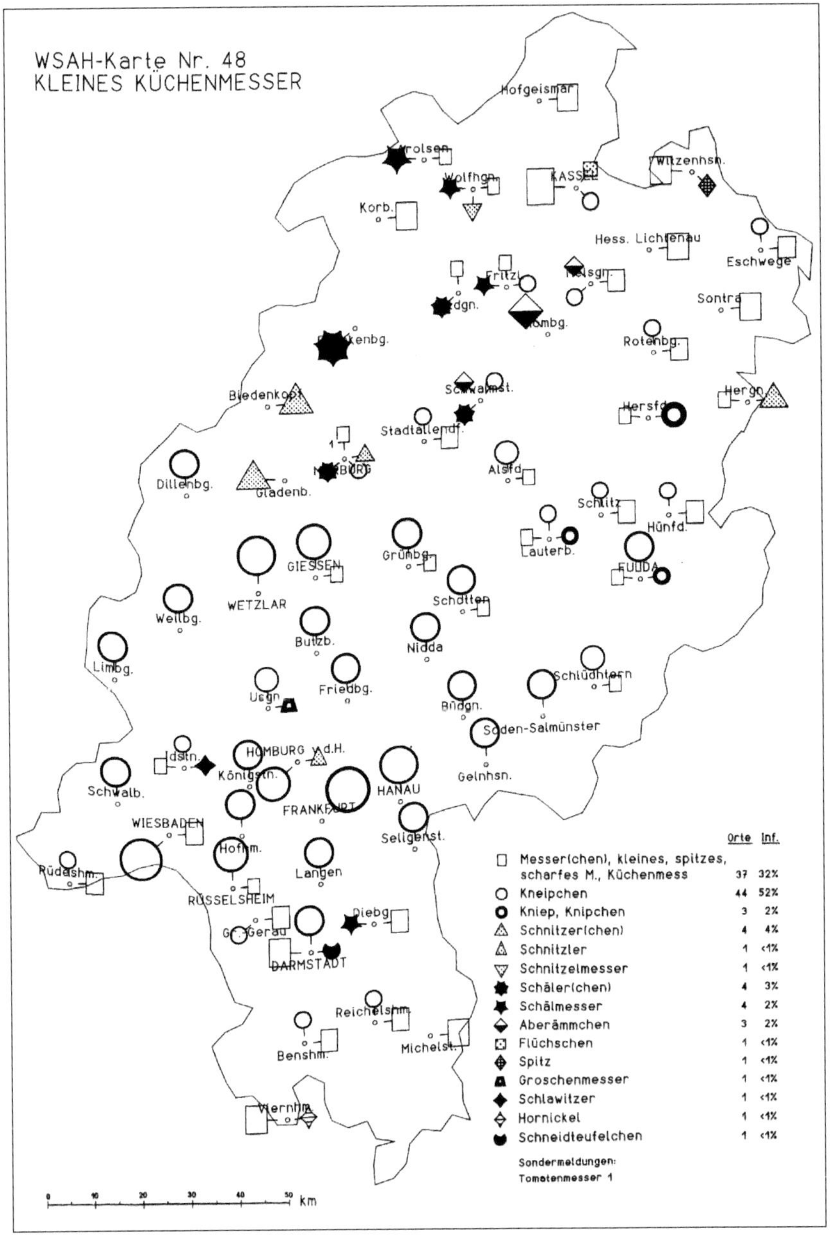

lekt-Regionen beschrieben wurden. Für das Wäller Platt der Limburger Gegend ist die teils hand-, teils maschinenschriftlich vorliegende Studie von Heinrich Schwing mit dem Titel „Beiträge zur Dialektgeographie der mittleren Lahn" aus dem Jahr 1921 die geografisch nächstliegende. Sie basiert auf der Mundart des Dorfes Selters bei Weilburg, bezieht aber ein breites umliegendes Gebiet mit ein, dessen westliche Grenze mit einer Beuge etwa entlang der kartografischen Verbindungslinie zwischen Westerburg und Runkel verläuft. Schwing hatte für seine Arbeit bereits rund 100 Dörfer bereist, als er 1914 durch den Ausbruch des Ersten Weltkrieges zum vorzeitigen Abbruch seiner Studien gezwungen wurde. Der nordwestlichste Teil des heutigen Landkreises Limburg-Weilburg, also das alte Amt Hadamar, bildet sowohl nach Westen als auch nach Süden hin einen Randpunkt des von ihm untersuchten Gebietes (vgl. Abb. 11, S. 26). Hier hatte sich, wie Schwing im Ergebnis feststellte, die Mundart zum damaligen Zeitpunkt am besten und am differenziertesten erhalten.

Während es an Studien zu den Regionen direkt im Westen und im Süden von Schwings Untersuchungsbereich

Abb. 9: Übersichtskarte zu den hessischen Dialektbezeichnungen für „kleines Küchenmesser"

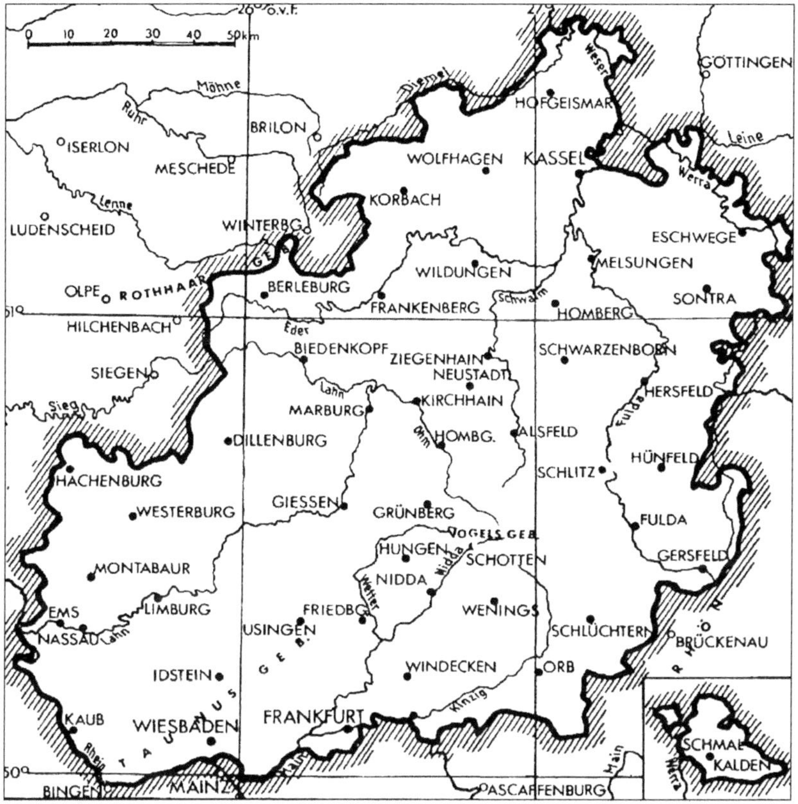

Abb. 10: Der Arbeitsbereich des Hessen-Nassauischen Wörterbuchs

fehlt, sind aus dem weiteren Umkreis Emil Hommers „Studien zur Dialektgeographie des Westerwaldes“ (1915), Wilhelm Krohs „Beiträge zur nassauischen Dialektgeographie“ (1915) sowie Friedrich Wilhelm Bleyers „Beiträge zur Dialektgeographie des südwestlichen Westerwaldes“ (1936) anzuführen. Hommer behandelt das Gebiet des Hohen Westerwalds westlich von Hachenburg mit dem Zentrum Altenkirchen, Kroh hingegen ein weites Areal östlich davon, das sich zwischen den Städten Wetzlar und Siegen erstreckt (mit den lokalen Unterzentren Dillenburg, Herborn und Rennerod). Bleyer wiederum rückt den Landkreis Neuwied und die Stadt Driedorf in den Fokus seiner Studie. Die Zahl solcher Einzeluntersuchungen ging nach dem Einsetzen des Dialektschwunds in der Mitte des 20. Jahrhunderts rapide zurück, wobei nicht alle Teilareale des Marburger Forschungsbereichs restlos erfasst werden konnten (vgl. Abb. 12, S. 26). Eine gesonderte Erwähnung verdient gleichwohl noch Joachim Hasselbergs „Differenzgrammatik Mittelhessisch / Hochsprache“ (1979), die die einzelnen lautlichen und grammatikalischen Eigenarten der Mundart vor allem im Kontext dialektbedingter Schulprobleme im Deutschunterricht skizziert und sie der Hochsprache gegenüberstellt. Der hauptsächliche Belegort der Studie ist Weilburg-Gaudernbach. Eine populärwissenschaftliche Einführung zum Thema „Moselfränkisch“ legte die Germanistin Alexandra Lenz in ihrem gleichnamigen Band aus dem Jahr 2006 vor – allerdings anhand der bereits beträchtlich entfernten Region Wittlich in der Eifel.

In diesem Sinne lässt sich sowohl in dialektgeografischer als auch in zeitlicher Hinsicht von einer Dokumentationslücke im Bereich der heutigen Westerwälder Mundart sprechen, die mit der vorliegenden Arbeit zumindest in Teilen geschlossen werden soll.

Im 21. Jahrhundert hat sich der Fokus der modernen wissenschaftlichen Dialektforschung von den im Schwinden begriffenen lokalen Basismundarten auf die weiträumigeren Umgangssprachen verschoben. Im Jahr 2000 schloss Jürgen Eichhoff, Professor an der Universität Wisconsin-Madison, so seinen 1977 begonnenen vierbändigen

„Wortatlas der deutschen Umgangssprachen“ ab, der an die Tradition des DSA und des DWA anknüpft. 2010 erschien der „Wortatlas zur Alltagssprache der ländlichen Räume Hessens“ von Heinrich J. Dingeldein. Schon drei Jahre früher wurde an der Universität Marburg das Projekt „Regionalsprache.de“ (REDE) initiiert. Mit einer Laufzeit von 19 Jahren und einem Fördergeldetat von insgesamt 14 Millionen Euro zählt es zu den größten geisteswissenschaftlichen Forschungsprojekten seiner Zeit in Deutschland. Ziel des Projekts ist die Erhebung und umfassende Analyse der regionalen Sprachvariation in der Bundesrepublik. Die Daten sollen gemeinsam mit den bisherigen wissenschaftlichen Ergebnissen der Dialektologie in einer interaktiven Forschungsplattform für jedermann im Internet zur Verfügung stehen. Mit Hilfe ausgefeilter technologischer Methoden soll sprachlicher Wandel online dokumentiert und analysiert werden.

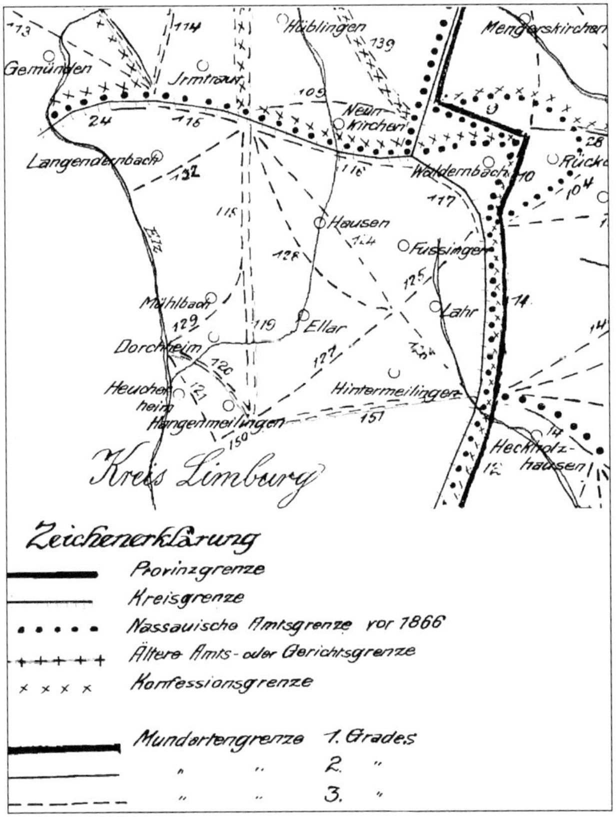

Abb. 11: Ein Ausschnitt des von Heinrich Schwing untersuchten Dialektgebietes der mittleren Lahn

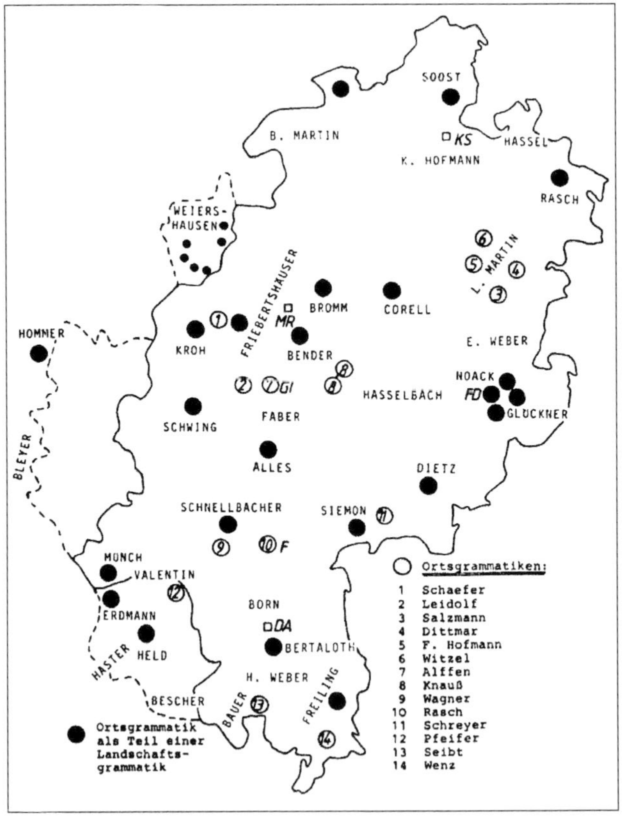

Abb. 12: Übersicht über die mittelhessischen Orts- und Landschaftsgrammatiken

II. Wodd mer weasse muss ... – Grammatik und Struktur des Wäller Platt

Vorbemerkung zur Schreibweise

Wer immer über Dialekt schreiben will, steht vor der Schwierigkeit, eine Schreibweise zu finden, die die Lautung des mundartlichen Wortschatzes möglichst präzise darstellt, gleichzeitig aber die Lesbarkeit nicht aus den Augen verliert. Dies gilt umso mehr, falls er nicht nur für ein sprachwissenschaftliches Fachpublikum, sondern vor allem auch für die interessierte regionale Öffentlichkeit schreibt. Da ein Rückgriff auf die zwar sprachwissenschaftlich exakte, aber für Laien nur sehr schwer verständliche Lautschrift des Internationalen Phonetischen Alphabets (IPA) unzweckmäßig erschien, kommt mit der im folgenden Teil dieses Buches angewendeten Schreibweise eine Kompromisslösung zum Einsatz: Um eine möglichst hohe Verständlichkeit sicherzustellen, wurde bei der schriftlichen Darstellung der Dialektbegriffe auf die Buchstaben des hochsprachlichen Standardalphabets zurückgegriffen. Eine Ausnahme wurde nur für das unbetonte *e* (Reduktionsvokal) gemacht, das zur Verdeutlichung der Lautung im Wort verkehrt herum als sogenanntes Schwa (ə) geschrieben wird. Auf eine zusätzliche Unterscheidung zwischen unbetontem *e* und unbetontem *a* (ɒ) – etwa als Auslaut in hochsprachlichen Vergleichswörtern wie *bitte* (ə) und *bitter* (ɒ) – wurde aufgrund der lautlichen Ähnlichkeit verzichtet. *ɒ* entspricht in diesem Buch lautlich in der Regel der Schreibweise *ər*. Ansonsten werden lange Vokale durch Verdopplung (*aa, ee, oo* etc.) verdeutlicht, kurze durch Verdopplung des nachfolgenden Konsonanten (*ann, igg, uff* etc.). Anders als in der Schriftsprache wird das *h* nach einem Vokal nicht mit dehnender Wirkung, zuweilen aber aus kosmetischen Gründen eingesetzt (als Ersatz für gegenüber dem Standarddeutsch weggefallene Konsonanten). Bei auf kurze Vokale folgendem *r* wird gelegentlich auch der übernächste Konsonant verdoppelt, wenn das *r* selbst kaum zu hören ist (etwa bei *hart / hordd, warm / woarmm* etc.), bei *ə* wird auf eine zusätzliche anschließende Konsonantenverdopplung in der Regel verzichtet. Da eine Verdopplung der Laute *ch* und *sch* im Schriftbild sehr ungewohnt ist, wurden diese bei vorhergehendem Kurzvokal stattdessen in Kapitälchen gesetzt (*uCH, iSCH* etc.). Dialekttypische Mischvokale (*ea, äi, ou, ui*) werden in der Regel kurz und schwungvoll betont, lediglich der *oa*-Laut wird meist etwas gedehnt. Zur Eingängigkeit wird – vor allem als Bindeglied zwischen zwei Silben im Inlaut – zuweilen ein doppeltes *h* oder *j* hinter diese Laute gesetzt.

Buchstaben, die in der Hochsprache uneinheitlich ausgesprochen werden (zum Beispiel *v* und *z*), wurden – wo sich dies anbot – durch andere Buchstabenkombinationen ersetzt, um einen möglichst eindeutigen Eindruck von der Lautung zu geben (zum Beispiel *v* = *f* oder *w*, *z* = *s* / *ds* / *dds*). Davon abgesehen wurde sich um eine möglichst an das vertraute Schriftbild der Hochsprache angeglichene Schreibweise bemüht. Da das *r* auch in der Hochsprache nach einem Vokal in der Regel in Richtung *a* vokalisiert wird (*Herd* wird also gebunden als H-e-a-d ausgesprochen, *Horn* als H-o-a-n, *Kur* als K-u-a etc.), wird hier für den Dialekt, bei dem es sich genauso verhält, kein abweichendes Lautsymbol verwendet. Bei mehrsilbigen Wörtern ist der Vokallaut, auf dem die Betonung liegt, unterstrichen.

Zur Verdeutlichung von Aussprachepausen bzw. Trennstellen bei der Betonung wird gelegentlich ein senkrechter Trennstrich (|) eingesetzt – vor allem zur Abgrenzung von aus der Hochsprache bekannten Konsonantenbindungen. So wird in der Hochsprache die Kombination von *n* und *g* in einem Wort oft weich gebunden (etwa im Verb *singen* oder im Substantiv *Erfahrung*), im regionalen Dialekt gibt es aber Fälle, wo dies nicht der Fall ist (etwa im Verb *schi̱nng|gə* oder im Substantiv *Hi̱nng|gəl*, bei denen in der zweiten Silbe wieder neu mit hörbarem *g* angesetzt wird; man kann sich hier auch ein ganz schwaches *k* vorstellen). Auch wenn sich alle lautlichen Feinheiten des Wäller Platt mit diesem Rüstzeug nicht zu Papier bringen lassen, so mag es für die hiesigen populärwissenschaftlichen Zwecke doch ausreichen.

Zur Lautung

Zur geschichtlichen Entwicklung

Seit dem Beginn der Dialektforschung wurde vor allem der lautliche Bereich (Phonologie) zur Abgrenzung der einzelnen Dialekte voneinander herangezogen. Während sonstige Unterschiede im Bereich von Wort- und Satzgrammatik (Morphologie bzw. Syntax) auf Anhieb eher schwer ersichtlich sind, fallen Ähnlichkeiten im phonologischen Bereich unmittelbar ins Auge oder – in diesem Fall besser gesagt ins Ohr. Um die Charakteristika der Dialektlaute zu verstehen, ist ein kurzer Ausflug in die Geschichte der deutschen Sprache unumgänglich.

Deutsch zählt zur germanischen Sprachfamilie, die sich im Zuge der sogenannten ersten Lautverschiebung in der zweiten Hälfte des ersten vorchristlichen Jahrtausends aus der indoeuropäischen Ursprache heraus entwickelte. Die Germanen siedelten seit dem zweiten Jahrtausend vor Christus in Westeuropa – vom südlichen Skandinavien bis hin zur unteren Elbe. Von ihren Nachbarn, den Slawen und Kelten, unterschieden sie sich in Sprache, Kultur und Religion. Aus einer gemeinsamen germanischen Ursprungssprache entstanden im Laufe der Zeit in einem mehrstufigen Prozess mehrere unterschiedliche Einzelsprachen. Im Bereich der heute verbreiteten germanischen Sprachen unterscheidet man die nordgermanischen wie Dänisch, Schwedisch, Norwegisch und Isländisch von den westgermanischen wie Englisch, Niederländisch und Deutsch. Die deutsche Sprache entwickelte sich dabei in Folge der sogenannten zweiten Lautverschiebung um das Jahr 500 nach Christus: Durch verschiedene lautliche Veränderungsprozesse – vor allem im Bereich der sogenannten Verschlusslaute wie *p*, *t*, *k* – entstand damals das Althochdeutsche, das sich von den anderen Sprachen der germanischen Sprachfamilie und der gemeinsamen (nicht überlieferten, aber durch vergleichende sprachhistorische Forschung rekonstruierten) Ausgangssprache unterschied. Dieser Verschiebungsprozess, der etwa im achten Jahrhundert nach Christus abgeschlossen war, wurde allerdings nicht in allen Regionen des deutschsprachigen Gebiets in gleicher Weise mitvollzogen. Während er im oberdeutschen Sprachraum (Süddeutschland, etwa südlich des Mains) vollständig umgesetzt wurde, verblieb der niederdeutsche Sprachraum (Norddeutschland, nördlich der sogenannten Benrather Linie, die etwa von Aachen bis Frankfurt an der Oder verläuft) im ursprünglichen Stadium. Im zwischen diesen beiden Sprachräumen liegenden mitteldeutschen Bereich, in dem auch das Wäller Platt zu verorten ist, wurde die zweite Lautverschiebung teilweise, aber nicht vollständig durchgeführt.

Abweichend vom allgemeinen Sprachgebrauch, wo er gleichbedeutend neben „Hoch-“, „Standard-“ oder „Schriftsprache“ steht, wird der Begriff „Hochdeutsch“ in der sprachwissenschaftlichen Forschung als Sammelbezeichnung für die oberdeutschen und mitteldeutschen Sprachräume verwendet. Systematisch lässt sich somit zusammenfassen:

Historische Abfolge:

Indoeuropäisch (um 3400 v. Chr.)

Germanisch (um 500 v. Chr.)

Althochdeutsch (um 750)

Mittelhochdeutsch (um 1050)

Frühneuhochdeutsch (um 1350)

Neuhochdeutsch (um 1650)

Deutsch heute:

Niederdeutsch

Mitteldeutsch } Hochdeutsch
Oberdeutsch }

Mitteldeutsche Dialekte:

zwei westmitteldeutsche Dialektgruppen:

1. Mittelfränkisch: Ripuarisch, Moselfränkisch
2. Rheinfränkisch: Hessisch, Pfälzisch, Lothringisch

ferner die ostmitteldeutschen Dialekte

Schaut man sich die verschiedenen historisch verwandten Sprachen einmal in einer Reihe von Einzelbegriffen vergleichend an, so lassen sich lautliche Zusammenhänge und Parallelen sehr schnell feststellen. Wie aus der folgenden Übersicht (vgl. Bargstedt, S. 40f.) einiger germanischer Sprachen ersichtlich ist, wurde die zweite Lautverschiebung im Wäller Platt so etwa in einigen Wörtern (zum Beispiel *schlafen*, *sitzen* und *machen*) mitvollzogen, in anderen (zum Beispiel *Pfeffer*, *Tag*, *das* und *was*) hingegen nicht. Die (alt-)germanischen Formen sind rekonstruiert.

Germanisch	**Englisch**	**Althochdeutsch**	**Niederdeutsch**	**Wäller Platt**	**Hochsprache**
piper	pepper	pfeffar	peper	Peffər	Pfeffer
slēpan	sleep	sla-fan	slapen	schloofə	schlafen
etan	eat	ezzan	eten	earsə	essen
sētōn	sit	sizzen	sitten	siddsə	sitzen
katta	cat	kazzo	Katt	Kadds	Katze
makōn	make	mahho-n	maken	maCHə	machen
daga-	day	tago	Dag	Doag	Tag
wība-	wife	wib	Wief	Weib	Weib
þat	that	daz	dat	dodd	das
hwat	what	waz	wat	wodd	was

Das Wäller Platt hat die Lautverschiebung des alten p unter anderem nach den Konsonanten *r* und *l* durchlaufen. Es heißt daher etwa *Duurf* und *hallfə* und nicht *Dorp* und *helpen*, wie es etwa weiter nördlich in der Kölner Region anzutreffen ist. In vielen übrigen lautlichen Umgebungen hingegen ist das alte *p* – abgeschwächt als *b* – erhalten (etwa in *Kubb* / *Kopf*, *Hoob* / *Hof*, *klubbə* / *klopfen*). Das alte t ist nur noch in einigen wenigen, gleichwohl für den Dialekt sehr charakteristischen Fällen erhalten, neben *dodd* und *wodd* etwa auch in häufigen Abwandlungen wie *əd* / *es*, *ied* / *ins*, *neadd* / *nicht* etc.
In Ergänzung zur zweiten Lautverschiebung, die die Konsonanten betraf, spielt für den Westerwälder Dialekt auch im Bereich der Vokale ein sprachhistorischer Wandlungsprozess eine bedeutende Rolle. Dieser datiert in die Zeit des Hochmittelalters und umfasst zwei gegenläufige Prozesse beim Übergang vom Mittelhochdeutschen zum Frühneuhochdeutschen: zum einen die sogenannte Monophtongierung (elftes Jahrhundert), zum anderen die sogenannte Diphtongisierung (zwölftes Jahrhundert). Im ersten Fall wurden aus den mittelhochdeutschen Doppellauten *ie* (noch als *äi* wie in engl. „say" gesprochen), *ou* und *iu* die neuhochdeutschen Einzellaute *ie* (langes *i*), *u* und *ü*. Im zweiten Fall entwickelten sich die langen mittelhochdeutschen Vokale *î*, *û* und *iu* zu den neuhochdeutschen Doppellauten *ei*, *au* und *eu*/*äu*. Wie ein vergleichender Blick auf die lautlichen Entsprechungen zwischen Wäller Platt und der heutigen deutschen Hochsprache im Folgenden noch zeigen wird, hat diese Mundart viele jener Prozesse nicht mitgemacht. So heißt es etwa hier weiterhin *Bräib* statt *Brief*, *dinn* statt *dein*, *uff* statt *auf* etc. Zudem hat das Wäller Platt einige lautliche Sonderwege in Abweichung von der Entwicklung der heutigen Standardsprache beschritten.
Generell lässt sich feststellen, dass die modernen neuhochdeutschen Vokale und auch Diphthonge sich nicht immer auf nur einen entsprechenden mittelhochdeutschen Vokal zurückführen lassen. Das macht es zuweilen schwierig, beim direkten Vergleich der heutigen Hochsprache mit dem Dialekt eindeutige Regeln im Bereich der Lautentsprechungen zu erkennen. In seinem Werk „Das hessische Dialektbuch" (Friebertshäuser 1987, S. 59) verdeutlicht Hans Friebertshäuser die Problematik anhand des Ausdrucks „die kleine Pfeife". Obgleich in der Hochsprache beide Wörter den *ei*-Laut aufweisen, steht im Dialekt *die klaa Peif*. Das *ei* in *kleine* wird also zu einem langen *a*, während das *ei* in *Pfeife* lautlich unverändert bleibt. Die Ursache dafür liegt in den mittelhochdeutschen Formen dieser Wörter begründet: „kleine" geht vokalisch auf mittelhochdeutsches *ei* („kleine") zurück, „Pfeife" hingegen auf mittelhochdeutsches *î* („phîfe"). Somit ist es die Lautungszugehörigkeit der Wörter im Mittelhochdeutschen, die noch heute für ihre Aussprache in Dialekten wie dem Wäller Platt verantwortlich ist. Dies berücksichtigend, soll im Folgenden ein kurzer Überblick über den Lautbestand des Dialekts gegeben werden.

Vokale und Umlaute

Wie soeben skizziert, ist das Referenzsystem für das Wäller Platt (WP) im Bereich der Vokale das Mittelhochdeutsche (Mhd.), da der Dialekt die lautlichen Entwicklungsprozesse hin zum Frühneuhochdeutschen nicht oder auf andere Weise nachvollzogen hat. Dennoch wird zur größeren Anschaulichkeit nachstehend der Vergleich mit geeigneten Beispielwörtern aus der aktuellen deutschen Hochsprache angestellt, die ihr mitteldeutsches Erbe in verschiedenen Ausprägungen noch in sich trägt.
Obgleich die beiden Umlaute *ö* und *ü* – das *ä* fällt im Wäller Platt mit dem *e* zusammen – in der regionalen Mundart traditionell selten sind, fehlen sie doch nicht gänzlich. Allerdings wird in den relativ seltenen Fällen ihres Auftretens das *ö* in Richtung *e* und das *ü* in Richtung *i* ausgespro-

chen. Bei den betroffenen Wörtern handelt es sich meist um gehobene Ausdrücke oder aber Spezial- und Fachbegriffe, teils aus Fremdsprachen oder zur Bezeichnung fremdländischer Gegenden und Dinge. Zuweilen wurden sie früher auch durch andere dialektale Wörter und Umschreibungen ersetzt. Hier einige Beispiele: *erlösen / ərlösə, König / KöniSCH, Löwe / Löwə, Malheur / Mallör, Gebühr / Gəbühr, Künstler / Künnsdlər, Türkei / Türrkei, üben / üwə* etc. Auch die Zahl *fünf / fümmf* steht mit ü.

A lang: Mhd. *â* wird im WP zu *oo* oder *oa*

Das hochsprachliche lange *a* erscheint im Wäller Platt häufig als langes *o* („oo“): *braten / broorə, da / doo, ja / joo, nach / nooh, Nadel / Nool, rasen / roosə, Schaf / Schoof, schlafen / schloofə, Sprache / Schbrooch, Straße / Schdroos* etc. Teilweise steht dafür aber auch – mit nach wie vor erkennbarem *a*-Laut in der ausgehenden Klangtönung – der aus dem Althochdeutschen herrührende Laut *oa*. Diese sogenannte a-Verdumpfung findet sich in der gegenwärtigen deutschen Hochsprache nicht, sehr wohl aber im Englischen (in Wörtern wie „saw“, „claw“ und „law“) oder im Französischen (in den Endsilben von Wörtern wie „Arrangement“, „Liaison“ und „Restaurant“): *aber / oawwər, Ader / Oarər, Ameise / Oamedds, baden / boarə, Hase / Hoas, klagen / kloahə, Kohlrabi / Kullroawə, Nagel / Noal, sagen / soah, Schal / Schoal* etc.

kurz: Mhd. *a* wird im WP zu *a*

Das hochsprachliche kurze *a* erscheint auch im Wäller Platt in der Regel als kurzes *a* („a“): *Apfel / Abbəl, Backe / Bagg, Hacke / Hagg, Kanne / Kann, Pappe / Babb, passen / bassə, Schatten / Schaddə, Traktor / Draggdor* etc.

Ä lang: Mhd. *ae* wird im WP zu *ee*

Das hochsprachliche lange *ä* erscheint im Wäller Platt in der Regel als langes *e* („e“): *beschädigen / bəscheedischə, Erkältung / Fərkeelung, erzählen / fərzeelə, jäten / jeerə, Käfig / Keefisch, Käse / Kees, nähen / neehə, Säge / Seeh* etc.

kurz: Mhd. *ä* wird im WP zu *e*

Das hochsprachliche kurze *ä* erscheint im Wäller Platt in der Regel als kurzes *e* („e“): *abschätzig / oa|scheddsiSCH, Äpfel / Ebbəl, Bäche / BeSCH, Dächer / DeSCHer, Fäßchen / Fessjə, Geschäft / Gəscheffd, Kätzchen / Keddsjə, kräftig / kreffdiSCH, schwätzen / schweddsə, Städte / Schdedd* etc.

E lang: Mhd. *ê*, offenes *ë* und offenes *e* werden im WP zu *ie* oder *ee*

Das hochsprachliche lange *e* erscheint im Wäller Platt häufig als langes *i* („ie“): *gehen / gieh, kehren / kiehrn, Lehre / Liehr, mehr / mieh, Schere / Schier, Schnee / Schnie, schwer / schwier, stehen / schdieh, Verkehr / Fərkiehr* etc. Gelegentlich findet sich der von der Hochsprache gestützte lange *e*-Laut („ee“) aber auch in der Mundart: *beten / beerə, bewegen / bəweehə, Kollege / Kolleesch, Leben / Leewə, Leder / Leerər, Nebel / Neewəl, neben / neewə, wegen / weehə* etc.

kurz: Mhd. *ë* und geschlossenes *e* werden im WP zu *e, ee* oder *i*

Das hochsprachliche kurze *e* („e“) wird in der Regel im Dialekt beibehalten: *melden / mellə, schmecken / schmeggə, stecken / schdeggə, Teller / Dellər, Zelle / Zell, Zwetschge / Kweddsch* etc. Gelegentlich erscheint durch Vokaldehnung auch langes *e* („ee“): *Brett / Breed, Dreck / Dreerg, Eltern / Eelərn, Flecken / Fleergə, gelb / geel, gerecht / gəreeschd, Keller / Keer, klettern / kleerərn, Schnecke / Schneel, Zettel /*

Zeel etc. Vor den sogenannten Nasallauten *m* und *n* steht kurzes *i* („i“): *Bremse / Brimms, denken / dinng|gə, Engel / Inngəl, Enkel / Inng|gəl, Ente / Innd, Grenze / Grinnds, kennen / kinnə, lenken / linng|gə* etc.

I lang: Mhd. *ie* wird im WP zu *äi*, Mhd. offenes *i* wird im WP. zu *ie*

Das hochsprachliche lange *i* erscheint im Wäller Platt häufig als *äi*, ein für die örtliche Mundart sehr typischer Laut, der in der Hochsprache nicht existiert, sehr wohl aber im Englischen (zum Beispiel im Anruf „Hey!“ oder in Verben wie „say“, „may“ oder „pray“): *Bier / Bäijjər, Brief / Bräib, disputieren / dissbədäijjərn, Fliege / Fläijj, gießen / gäise, hier / häijj, lieb / läib, Knie / Knäijj, ziehen / zäijjə* etc. In anderen Fällen, die sich sprachgeschichtlich durch eine abweichende Lautung im Mittelhochdeutschen erklären lassen, bleibt es jedoch auch in der Mundart beim langen *i*-Laut („ie“): *Biene / Bie, Birne / Bier, Frieden / Frierə, Kirche / Kiersch, Krieg / Kriesch, schieben / schiewə* etc.

kurz: Mdh. *i* wird im WP zu *i* oder *ea*

Das hochsprachliche kurze *i* erscheint im Wäller Platt häufig ebenfalls zum Teil als *i* („i“): *bitter / birrər, Brille / Brill, sitzen / siddsə, Spritze / Schbridds, stinken / schdinng|ge, Tisch / DiSCH, wichtig / wiSCHdiSCH, wild / will* etc. Gelegentlich steht aber auch infolge einer regionalen Vokalsenkung die in der Hochsprache nicht gebräuchliche nasalierte Lautung *ea*, die in französischen Wörtern wie „Teint“, „Refrain“ oder „Terrain“ vorkommt: *binden / beannə, blind / bleannd, finden / feannə, Finger / Feanngər, gewinnen / gəweannə, gewiss / gəweass, Gift / Geaffd, Griff / Greaff, Kind / Keannd, singen / seanngə, Wind / Weannd* etc.

O lang: Mhd. *ô* wird im WP zu *uu*

Das hochsprachliche lange *o* erscheint im Wäller Platt in der Regel als langes *u* („uu“): *bloß / bluus, Franzose / Frannzuus, groß / gruus, hoch / huuch, Kloß / Kluus, Korb / Kuurb, los / luus, Not / Nuud, rot / ruud, Tor / Duur* etc.

kurz: Mhd. *o* wird im WP zu *o* oder *u*

Das hochsprachliche kurze *o* erscheint im Wäller Platt in der Regel ebenfalls als kurzes *o*: *Bordstein / Borrdschdaa, frostig / frossdiSCH, Karton / Kaddonng, Kollege / Kolleesch, motzig / moddsiSCH, Ochse / Oggs, Rosine / Rosien* etc. Gelegentlich steht durch regionale Vokalhebung auch kurzes *u* („u“): *besonders / bəsunnərs, fromm / frumm, Hochzeit / HuCHdsəd, Holz / Hullds, kommen / kummə, Polster / Pullsdər, Sonne / Sunn* etc.

Ö lang: Mhd. *oe* wird im WP zu *ie*, Mhd. offenes *ö* wird im WP zu *ee*

Das hochsprachliche lange *ö* erscheint im Wäller Platt in der Regel als (meist langes) *i* („ie“): *anstößig / uh|schdiesisch, Brötchen / Briedschjə, Höhe / Hieh, hören / hiern, schön / schie, stören / schdiern, verwöhnen / fərwienə* etc. Daneben erscheint aufgrund abweichender sprachgeschichtlicher Ursprünge aber auch ein langes *e* („ee“): *benötigen / bəneerischə, blöd / bleed, böse / bees, Höfe / Heeb, Klöße / Klees, Öfen / Eewə, Vögel / Feel* etc.

kurz: Mhd. *ö* wird im WP zu *e* oder *i*

Das hochsprachliche kurze *ö* erscheint im Wäller Platt in der Regel als kurzes *e* („e“), das aber immer leicht in Richtung ö klingt: *Böcke / Begg, Frösche / FreSCH, Löcher / LeSCHər, Röcke / Regg, Völker / Fellgər, Wölfe / Wellf, Wörter / Werrdər* etc. Zuweilen steht durch regionale Vokalhebung auch kurzes *i* („i“): *Hölzer / Hilldsər, Köpfe / Kibb, Knöpfe / Knibb, Töpfe / Dibbə* etc.

U lang: Mhd. *uo* wird im WP zu *ou*

Das hochsprachliche lange *u* erscheint im Wäller Platt in der Regel als *ou*, das sich historisch aus dem Mittelhochdeutschen durch unterbliebene Monophtongierung bei gleichzeitiger Lautverkehrung erhalten hat. Dieser für die Mundart ebenfalls sehr charakteristische Laut entspricht im Klang englischen Wörtern wie „show“, „grow“ oder „glow“. Er wird nicht gedehnt, sondern meist schwungvoll ausgesprochen: *Beruf / Bərouf, gut / goud, husten / houssdə, Mut / Moud, rudern / roufə, Ruhe / Rouh, Schnur / Schnouhhər, Schuh / Schouh, Stuhl / Schdoul, tun / dou* etc.

kurz: Mhd. *u* wird im WP zu *u*

Das hochsprachliche kurze *u* erscheint im Wäller Platt in der Regel ebenfalls als kurzes *u* („u“): *Brunnen / Brunnə, dulden / dulldə, nutzen / nuddsə, Pfund / Punnd, Puppe / Bubb, putzen / buddsə, Russe / Russ, Schulter / Schullər* etc.

Ü lang: Mhd. *üe* wird im WP zu *ui*, Mhd. offenes *ü* wird im WP zu *ie*

Das hochsprachliche lange *ü* erscheint im Wäller Platt in der Regel als (meist langes) *ui*. Dieser Klang ist in der Hochsprache so gut wie ungebräuchlich und kommt nur in onomatopoetischen Ausdrücken wie „hui“ und „pfui“ oder auch im Adjektiv „ruhig“ vor. Er wird schwungvoll ausgesprochen: *bemühen / bəmuijjə, berühmt / bəruihmd, Füße / Fuis, prüfen / pruifə, Rübe / Ruib, rühren / ruijjərn, sprühen / spruijjə* etc. Gelegentlich erscheint aufgrund abweichender sprachgeschichtlicher Ursprünge aber auch ein langes *i* („ie“/„ih“): *bügeln / bielə, Bürste / Bierschd, dafür / dofier, Mühle / Miehl, Schürze / Schierds, Tür / Dier, Züge / Ziesch, Zügel / Ziehl* etc.

kurz: Mhd. *ü* wird im WP zu *i*

Das hochsprachliche kurze *ü* erscheint im Wäller Platt in der Regel als kurzes *i* („i“), das aber häufig leicht in Richtung *ü* klingt: *Brücke / Brigg, bücken / biggə, Büchse / Biggs, Büsche / BiSCH, Früchte / FriSCHd, Füchse / Figgs, Hütte / Hidd, Nüsse / Niss, wünschen / winnschə* etc.

Diphthonge

EI Mhd. *ei* wird im WP zu *aa*, Mhd. *î* wird im WP zu *ei*

Das hochsprachliche *ei* erscheint im Wäller Platt in der Regel als langes *a* („aa“): *allein / allaa, Bein / Baa, Bəscheid / Bəschaad, breit / braad, daheim / dahaam, einig / aahnisch, Stein / Schdaa, Teil / Daal, weich / waasch, Weide / Waa* etc. Gelegentlich kommt aufgrund abweichender sprachgeschichtlicher Ursprünge aber auch in der Mundart ein langes *ei* vor: *bleiben / bleiwə, fein / feih, Geige / Geih, Kreide / Kreih, meiden / meidə, Teich / Deisch, Teig / Deig, Wein / Weih, weiter / weirər, Zeitung / Zeirunng* etc.

AU Mhd. *ou* wird im WP zu *aa*, Mhd. *u* wird im WP zu *au*

Das hochsprachliche *au* erscheint im Wäller Platt in der Regel – in Analogie zum Diphtong *ei* – ebenfalls als langes *a* („aa“): *auch / aach, Auge / Aachə, erlauben / ərlaawə, Frau / Fraa, glauben / glaawə, hauen / haachə, Rauch / Raach, Staub / Schdaab, taub / daab, Taufe / Daaf* etc. Gelegentlich kommt aufgrund abweichender sprachgeschichtlicher Ursprünge aber auch in der Mundart ein *au* vor: *bauen / bauhə, brauchen / brauchə, braun / brau, draußen / dausə, hinaus / naus, kauen / kauhə, sauber / sauwər, übellaunig / iwwəllauniSCH* etc.

ÄU/EU Mhd. *iu* wird im WP zu *äu* bzw. *eu*, Mhd. *öu* wird im WP zu ee oder aa

Das hochsprachliche *äu/eu* erscheint auch im Wäller Platt in der Regel als *äu/eu*: *Beule / Beul, heulen / heulə, läuten / läurə, Leute / Leuh, teuer / deuhhər* etc. Unter anderem ist auch schwungvolles *au* zu beobachten: *euer / auhhər, Feuer / Fauhhər, heute / hauh, neu / nau, räumen / raumə, Schneune / Schauhhər* etc. Darüber hinaus stehen in Abhängigkeit von der mittelhochdeutschen Lautung auch langes e („ee) – etwa in *Bäume / Beem* – oder langes *a* („aa“): *Heu / Haa, streuen / schdraahə, träumen / draamə* etc.

Konsonanten

Im Bereich der Konsonanten sind die Unterschiede zur Hochsprache geringer ausgeprägt als bei den Vokalen, Umlauten und Diphthongen. Häufig kommt es jedoch vor, dass harte Konsonanten durch ihre entsprechend weichere Entsprechung im Alphabet abgemildert werden (*f* wird zu *w*, *p* wird zu *b*, *t* wird zu *d*, *z* wird zu *ds* etc.). Hinzu kommen einige andere Abweichungen in Sonderfällen. Bei allen nicht eigens aufgeführten Konsonanten (speziell *h*, *j*, *l*, *m*, *n*, *w* sowie dem *sch*) entspricht die Lautung in der Regel der Hochsprache; *qu*, *v*, *x*, *y*, *z* werden abgerundet, ansonsten aber lautgleich als *gw*, *f/w*, *ggs/gs*, *i/ie* und *ds/dds/z* wiedergegeben. Die Referenzsprache im Konsonantismus ist das (West-)Germanische, also die frühe Sprachstufe vor der zweiten Lautverschiebung (hin zum Althochdeutschen), die im Wäller Platt nur teilweise mitvollzogen wurde.

B Zwischen Vokalen und nach *r* und *l* vor einem Vokal oder Diphthong steht für *b* für gewöhnlich *w*: *Abend / Oowənd, aber / oawwər, Arbeit / Orrwəd, bleiben / bleiwə, oben / oowə, Rüben / Ruiwə, schieben / schiewə, Schnabel / Schnoawəl, selber / sallwər, Trubel / Druwwəl* etc.

CH Nach den hellen Vokalen *i* und *e* sowie nach *l* und *r* steht für *ch* in der Regel *sch*: *Durcheinander / Durrschənannər, gefährlich / gəfihrliSCH, Kelch / Kellsch, Kirche / Kiersch, kriechen / kriSCHə, Licht / LiSCHd, rechnen / reSCHnə* etc. Während der hochsprachliche *ich*-Laut somit fehlt, ist der *ach*-Laut im Dialekt erhalten geblieben (*Bach / BaCH, kochen / koCHə, Kuchen / KuCHe, rauchen / raachə*) etc.

CK *ck* wird in der Regel zu *gg*: *Backe / Bagg, Brücke / Brigg, bücken / biggə, drücken / driggə, Gockel / Giggəl, gucken / guggə, jucken / juggə, nackt / naggiSCH, Perücke / Perrigg, pflücken / pliggə, spucken / schbuggə* etc.

D Zwischen Vokalen hört man für *d* oft ein *r*: *Ader / Oarər, Bruder / Brourər, Faden / Foarəm, Feder / Feerər, Frieden / Frierə, Juden / Jurrə, Laden / Loarə, Leder / Leerər, ledig / leeriSCH* etc. Bei vielen Verben variiert die Aussprache mit *d* oder *r* – *meiden* beispielsweise als *meidə* oder *meirə* etc. – je nach Dialektsprecher.

F Im Inlaut zwischen Vokalen wird *f* hin und wieder zu *w* abgemildert: *liefern / liwwərn, Ofen / Oowə, Stiefel / Schdiwwəl, Teufel / Deiwəl, Ufer / Ouwər* etc. Am Wortende steht hingegen nach langem Vokal vereinzelt *b* bzw. *bb*: *Hof / Hoob, scharf / schobb, schief / schebb* etc.

G *g* klingt im Inlaut zwischen Vokalen und nach *r* zumeist wie *j* oder *h*: *Ärger / Aijjər, Bogen / Buuhə, kriegen / kräijj, Magen / Moahə, Morgen / Moijjə, Regen / Reehə, Spiegel / Schbäil* etc. Nach *i* oder am Wortende nach *r* wird *g* zu *sch*: *arg / aarISCH, diesig / diesISCH, nötig / neerISCH* etc. Die Wortendung *-igen* wird folglich im Allgemeinen zu *-ISCHE*: *beherzigen / bəherrdsISCHə, beschädigen / bəscheedISCHə, erledigen / ərleedISCHə, huldigen / hulldISCHə, kündigen / kinnISCHə, predigen / preedISCHə* etc.

K *k* bleibt am Wortanfang bzw. am Anfang des Wortstamms in der Regel *k*. Gebundenes *k* in der Wortmitte wird hingegen in der Regel zu *g*: *Haken / Hoagə, Schnake / Schnoag, Schokolade / Schuggəload, Wolke / Wullg* etc. Die Lautfolge *nke* wird zu *ng|ge* abgeschwächt, wobei der zweite *g*-Laut wieder neu angesetzt wird: *dunkel / dunng|gəl, Enkel / Inng|gəl, lenken / linng|ge, schenken / schinng|gə, Schinken / Scheanng|gə, zanken / zinng|gə* etc.

N Nach Vokalen und Diphthongen am Wortende hat das *n* sehr häufig die Tendenz abzufallen: *allein / allaa, fein / feih, hin / hie, Mann / Maa, Stein / Schdaa, Riemen / Räimə, stürzen / schdierrdsə, werfen / werrfə* etc.

P *p* wird in der Regel zu *b*: *disputieren / dissbədäijjərn, Gestrüpp / Gəschdribb, Knüppel / Knibbəl, Körper / Kerrbər, Opa / Obba, Papa / Babba, Papier / Bobbaijjər, Pappe / Babb, passen / bassə, Puppe / Bubb* etc.

PF *pf* wird im In- und Auslaut in der Regel zu *bb*: *Apfel / Abbəl, hüpfen / hibbə, klopfen / klubbə, Knopf / Knubb, Kopf / Kubb, rupfen / rubbə, Schnupfen / Schnubbə, tröpfeln / dribbələ, Tropfen / Drubbə, Zapfen / Zabbə, Zopf / Zubb*. Im Anlaut wird das *pf* vor einem Vokal in der Regel zu *p*: *Pfanne / Pann, Pfeife / Peif, Pfingsten / Pinngsdə, Pflaster / Plassdər, Pfund / Punnd* etc.

R Im Unterschied zur Limburger Gegend wird das *r* im Siegerland und im hohen Westerwald retroflex – d. h. ähnlich wie im Englischen (zum Beispiel in „right“) – als rollendes *r* ausgesprochen. Zur Verdeutlichung gibt es populäre Beispiel-Konstruktionen wie *Heannərr Rrennərruu rreeschs rrimm* (Hinter Rennerod rechts rum) oder *Rrunngəlrruiwə-Rrobbmaschie* (Runkelrüben-Rupfmaschine). In den östlichen Bereichen an der hessischen Grenze ist hingegen die standardsprachliche Aussprache verbreitet.

S In der Verbindung *st* erscheint *s* nach einem *r* in der Regel als *sch*: *Bürste / Bierschd, Durst / Duurschd, einverstanden / iefərschdannə, erst / ierschd, Karst / Koorschd, Wurst / Wurrschd* etc. Ein aus dem Moselfränkischen herrührender Sonderfall betrifft die sächlichen Fürwörter wie *das / dodd* oder *was / wodd*, bei denen sich statt *s* noch *dd* findet. Ein standardsprachlich scharf ausgesprochenes *ß* wird in der Westerwälder Mundart in der Regel – zumal im Inlaut – zum weichen, abgerundeten *s*: *heiß / haas, Straße / Schdroos etc.*

T Bis auf einige wenige Ausnahmen am Wortanfang wird *t* in der Regel zu *d*: *Altar / Alldoor, Arbeit / Oarrwədd, Betrag / Bədroag, Brett / Breed, Bürste / Bierschd, Garten / Goardə, husten / houssdə, Karton / Kaddonng, Mut / Moud, Tier / Däijjər, Tüte / Dudd* etc. Nach *n* und seltener *l* verschwindet *t* bisweilen ganz: *alt / aal, Eltern / Eelərn, halten / haalə, hinten / hean-nə, unten / innə*. Zwischen Vokalen hört man häufig ein *r*: *Atem / Oorəm, beeten / beerə, bieten / bäirə, klettern / kleerərn, Schlitten / Schlirrər, treten / dreerə, Wetter / Weerər* etc. Bei den Verben variiert die Aussprache dabei zuweilen von Sprecher zu Sprecher zwischen *d* und *r* (also zum Beispiel *wittern* als *widdərn* oder *wirrərn*).

Endungen

Im Wäller Platt ist bei Substantiven das in der Hochsprache gebräuchliche stammauslautende unbetonte *e* (ə) abgefallen: *Affe / Aff, Beule / Beul, Blume / Bloum, Flasche / FlaSCH, Gasse / Gass, Rolle / Rull, Sprache / Schbrooch, Wiese / Wies* etc. Dafür tritt das *ə* in diesen Fällen durch den Wegfall des abschließenden *n* als Pluralendung in Erscheinung: *Affen / Affə, Beulen / Beulə, Blumen / Bloumə, Flaschen / FlaSCHə, Gassen / Gassə, Rollen / Rullə, Sprachen / Schbroochə, Wiesen / Wiesə* etc. Es fällt allerdings in jenen Fällen weg, in denen der Plural durch eine Umlautung im Stammsilbenvokal gebildet wird: *Fuß → Füße / Fous → Fuis, Kuh → Kühe / Kouh → Kuih, Nagel → Nägel / Noal → Naal, Rock → Röcke / Rogg → Regg, Schrank → Schränke / Schannk → Schinnk* etc. Zuweilen endet im Dialekt die Pluralform auch auf *-ər*: *Betten / Beddər, Dinge / Deanngər, Hemden / Himmər etc.*
Der Stammausgang *-en*, der vor allem bei Verben häufig ist, verliert im Dialekt generell das *n*, wenn kein *r* vorausgeht: *bauen / bauhə, Haufen / Haafə, hinten / heannə, Kuchen / KuCHə, machen / maCHə, oben / oowə, raten / roorə* etc.
Hochsprachliche Infinitiv-Endungen auf *-eln* werden im Westerwälder Dialekt zu *-ələ*: *buddeln / buddələ, grübeln / griwwələ, häkeln / heekələ, nuckeln / nuggələ, kritzeln / griddsələ, pinkeln / pinng|gələ*. Endungen auf *-ieren* werden in alter Dialekt-Form häufig zu *-äijjərn*: *studieren / schduräijjərn, tapezieren / dabbəzäijjərn, traktieren / draggdäijjərn* etc. Allerdings setzt sich *-iern* für diese Verben auch im Dialekt zunehmend durch. Gelegentlich steht es bereits ausschließlich in moderner Form: *kapieren / kabbiern, krepieren / krebbiern, markieren / marggiern, rasieren / rassiern* etc. Die zuweilen bei Partizipien vorkommende Endung *-net* erscheint im Dialekt mitunter als *-ənd* bzw. gerundet zu *-eend*: *ausgerechnet / ausgəreSCHənd, begegnet / bəgeend, geregnet / gəreend* etc.
Die schriftsprachliche Verniedlichungsform (Diminutiv) *-chen* wird im Wäller Platt in der Regel zu *-je* bzw. *-schjə*: *Bröckchen / Breggəlschjə, Brötchen / Breedschjə, Bübchen / Buihschjə, Plätzchen / Bleddsjə, Schälchen / Scheelschjə* etc.

Einflüsse aus anderen Sprachen

Auf die sprachhistorisch begründete Nähe des Wäller Platts zum Englischen wurde bereits hingewiesen. Bedingt durch die Begeisterung der oberen Klassen für die französische Sprache und Kultur fand seit dem Dreißigjährigen Krieg (1618–1648) aber auch eine ganze Reihe französischer Ausdrücke Eingang in die deutsche Hochsprache, die schließlich von dort aus auch in die einzelnen Mundarten drangen. Der ländliche Dialektraum stand freilich vor allem während der Besatzung durch die Truppen Napoleons zu Beginn des 19. Jahrhunderts unter besonderem französischem Einfluss. Dieser klingt heute noch im relativ häufigen Gebrauch von Wörtern wie den folgenden nach: *Bagage / Bagaasch, Bredouille / Bredulljə, Buffet / Biffee, Chaiselongue / Schesslonng, Chaussee / Schossee, Garage / Garaasch, parterre / baderr, partout / baduu, retour / reduur, Tour / Duur, Trikot / Driggo, vis-à-vis / wiesawie* etc. Nicht unerheblich ist auch der Einfluss des Jiddischen. Diese Sprache der europäischen Juden schwand in Deutschland bereits im 18. Jahrhundert, hat aber ebenfalls im mundartlichen Wortschatz ihre Spuren hinterlassen: *ausballdoowərn* (= aushecken), *Maggə* (= Beschädigung), *Maloochə* (= Arbeit), *meschuggə* (= verrückt), *Schlamassəl* (= *Notlage*), *Uuds* (= *Spott*) etc. In Dornburg-Frickhofen gab es unter Hausierern im 19. Jahrhundert sogar eine eigene Geheimsprache, die sogenannte Frickhöfer Krämersprache, über die zahlreiche hebräische Ausdrücke aus dem Rotwelschen, der Sprache des fahrenden Volkes, in den Dialekt gelangten. Den einheimischen Händlern diente sie auf Verkaufsreisen als Ge-

heimsprache in der Fremde. In jedem Wort wurde der Anfangskonsonant ans Wortende versetzt und anschließend der Vokal *a* angehängt. Aus *Wu giehs də hienə?* (*Wo gehst du hin?*) wurde so *Uwa iehsga əda ienəha?*
Wie beim Erlernen anderer Fremdsprachen auch, muss man sich als Platt-Sprecher übrigens vor einigen sogenannten „falschen Freunden" in Acht nehmen, bei denen es Unterschiede zwischen der standardsprachlichen und der mundartlichen Wortbedeutung gibt: So bezeichnet der Dialektausdruck *Uhr* beispielsweise keineswegs die hochdeutsche *Uhr*, sondern das hochdeutsche *Ohr*. Die hochdeutsche *Uhr* hingegen heißt *Auhhər*. Geiches gilt etwa für *Bier / Bäijjər* bzw. *Birne / Bier*. Zu Irritationen bei Außenstehenden mag auch das häufig zu hörende berüchtigte mundartliche Partizip *gəhuurd* führen, das aber nichts mit käuflichen Liebesdiensten zu tun hat, sondern schlicht *gehört* meint. Manche hochsprachlichen Wörter fallen im Dialekt auch lautlich zusammen: Das Platt-Wort *Fluuch* kann wahlweise entweder für den *Flug* oder den *Fluch* stehen. Zwischen *Kirsche* und *Kirche* gibt es ebensowenig einen hörbaren Unterschied in der mundartlichen Aussprache (*Kiersch*) wie etwa zwischen *säen* (*seehə*) und *sägen* (*seejə*).

Zur Deklination

Anders als in der deutschen Schriftsprache unterscheiden sich die Substantive in ihrer Endung nicht mehr in Abhängigkeit vom Kasus, in dem sie stehen. Die Aufgabe übernehmen Adjektive und Pronomen. Der Genitiv ist – bis auf familienbezogene Namen wie *Müllərsch Peedər* (für *Peter Müller*), *Schmitts Maria* (für *Maria Schmitt*) etc. – im Dialekt weggefallen. Er wird durch Dativwendungen ersetzt: *Peters Haus* wird zu *dodd Haus fumm Peedər* (*das Haus vom Peter*) oder *deem Peedər sei Haus* (*dem Peter sein Haus*). Statt *deinetwegen* usw. steht in der Regel *weehə dir*, statt *wessen* die Hilfskonstruktion *wimm sei*. Genitiv-Rückstände sind hier und da aber noch in einzelnen feststehenden Wendungen (etwa *unser einer / uusər aahnər*, *tagsüber / doagsiwwər* oder *unterwegs / innərweegs*) zu erkennen. Manchmal ist das Platt hier sogar förmlicher als die heute gebräuchliche Hochsprache. Will beispielsweise ein Handwerker seinem Kollegen auf einer Baustelle mitteilen, dass er bestimmte Arbeitsmaterialien noch reichlich dabei hat, so lautet die entsprechende Wendung im Dialekt: *deer huhn eisch nər noch meadd* (*derer habe ich noch mit*).

Adjektive und Artikel

Adjektive bilden in starker Deklination, d. h. ohne vorhergehenden bestimmten Artikel, die folgenden Endungen:

Singular	**Maskulinum**	**Femininum**	**Neutrum**
Nominativ	gruusər Brourər	gruus Schwessdər	gruusəs Keannd
Dativ	gruusəm Brourər	gruusər Schwessdər	gruusəm Keannd
Akkusativ	gruusən Brourər	gruus Schwessdər	gruusəs Keannd

PLURAL	Maskulinum	Femininum	Neutrum
Nominativ	gruusə Bruirər	gruusə Schwessdərn	gruusə Keann
Dativ	gruusə Bruirər	gruusə Schwessdərn	gruusə Keann
Akkusativ	gruusə Bruirər	gruusə Schwessdərn	gruusə Keann

Bei schwacher Deklination, d. h. mit vorhergehendem bestimmtem Artikel (*der/die/das*), sind alle Formen identisch bis auf den weiblichen Nominativ und Akkusativ Singular. Das dort bereits abgefallene abschließende *ə* schwindet allerdings zunehmend auch bei den Maskulin- und Neutrumformen im Nominativ Singular. Dies lässt sich besonders bei Substantivierungen feststellen: *Meine Schwester hat drei Söhne. Der Große geht schon in die Schule → Mei Schwessdər hood drei Bouwə. Dee Gruus giehd schuu ie də Schuul.* Die bestimmten Artikel können zuweilen auch unbetont ausgesprochen werden (*dee* wird dann zu *dər*, *die* zu *də*, *dodd* zu *əd* usw.). Bei einigen Substantiven findet sich im Dialekt ein vom Schriftdeutschen abweichendes Geschlecht: *der Bach = die BaCH, das Klo = dee Klo, der Mensch = dodd Minnsch* (hier im Sinne von *die Frau*), *der Salat = die Soload* usw.

SINGULAR	Maskulinum	Femininum	Neutrum
Nominativ	dee gruusə Brourər	die gruus Schwessdər	dodd gruusə Keannd
Dativ	dem gruusə Brourər	dər gruusə Schwessdər	dem gruusə Keannd
Akkusativ	dee gruusə Brourər	die gruus Schwessdər	dodd gruusə Keannd
PLURAL			
Nominativ	die gruusə Bruirər	die gruusə Schwessdərn	die gruusə Keann
Dativ	deenə gruusə Bruirər	deenə gruusə Schwessdərn	deenə gruusə Keann
Akkusativ	die gruusə Bruirər	die gruusə Schwessdərn	die gruusə Keann

Mit vorhergehendem unbestimmtem Artikel (*ein/eine/ ein*) lauten die Formen wie folgt:

SINGULAR	Maskulinum	Femininum	Neutrum
Nominativ	ən gruusə Brourər	ən gruus Schwessdər	ə gruus Keannd
Dativ	əm gruusə Brourər	nər gruusə Schwessdər	əm gruusə Keannd
Akkusativ	ən gruusə Brourər	ən gruus Schwessdər	ə gruus Keannd

Eine Besonderheit im Gegensatz zur Hochsprache stellt – wie anhand der vorstehenden Übersicht erkennbar – der Abfall des auslautenden *-n* bei *ein* in Abhängigkeit vom Geschlecht des nachfolgenden Substantivs dar: Während es in der Schriftsprache sowohl *ein Mann, ein Junge, ein Baum* (maskuline Substantive) als auch *ein Kind, ein Mädchen, ein Gebüsch* (neutrale Substantive) heißt, steht im Dialekt *ən Maa, ən Bou, ən Baam* gegenüber *ə Keannd, ə Maadschjə, ə GəbiSCH*.

Die Steigerung von Adjektiven entspricht in puncto Umlautung der Hochsprache: *groß, größer, am größten* wird zu *gruus, griesər, umm griesdə*. Gelegentlich kann allerdings eine exclusiv dialektspezifische Umlautung auftreten: *klein, kleiner, am kleinsten* wird so beispielsweise zu *klaa, kleenər, umm kleensdə*. Darüber können in Einzelfällen zur besonderen Hervorhebung noch dialektale Wortattribute beigefügt werden: Für das hochsprachliche Adjektiv *klitschnass* existiert beispielsweise in der Mundart als Steigerung von *nass* der Begriff *kleddsch|nass* oder auch *baddsch|nass*. Im Kontext von stumpfen Verletzungen, die mit blauen Flecken einhergehen, spricht man mundartlich von *bliddsə|bloo*, also *blitzblau*. Apropos Farbe: Im Wäller Platt bezeichnet das Adjektiv *gwiddə|geel* einen tief gelben (also *quittengelben*) Farbton. Der Platt-Spezialausdruck *griddsə|groo* ist in etwa gleichbedeutend mit dem hochsprachlichen *aschgrau*. Zum hochsprachlichen *giftgrün* gibt es – in Analogie zur Farbe Grau – die mundartliche Entsprechung *griddsə|gruih*. Etwas strahlend Weißes ist *schlooh| weiß*, etwas tief Schwarzes *roawəschwoardds* (*rabenschwarz*). Sehr trockenes Brot ist *rabbəl|droijj*, ein ganz dünnes Mädchen *rabbəl|deer*. Ist jemand sehr gesättigt, dann ist er *deagg|soad* oder auch *babb|soad*. Sitzt ein Mensch ganz aufrecht, so sitzt er *kierdsə|schdragg* (*kerzengerade*). Herrscht tiefste Neumondnacht, so ist es *zabbə|deusdər* (*zappenduster*).

Personalpronomen

Personalpronomen stehen stellvertretend für bereits vorher genannte bzw. bekannte Personen. Ebenso wie bei den Artikeln existieren im Wäller Platt eine stark betonte und eine schwach betonte Form nebeneinander: *ich* ist wahlweise *eisch* oder *iSCH* (teilweise sogar enttont bis hin zu *əsch*), *du* ist *dau* oder *də*, *er/sie/es* ist *hee/säih/idd* (auffällig ist hier die Ähnlichkeit zum englischen *he/she/it*) oder *ə/sə/əd*, *wir* ist *mir* oder *mər*, *ihr* ist *ihr* oder *ər*, *sie* ist *säih* oder *sə*. Zur Verabschiedung sagt man so beispielsweise zu seinem Gesprächspartner nicht *Eisch maCHə meisch!*, sondern *Eisch maCHə miSCH!* (= *Ich mache mich [heim]!*).
Im Dialekt treten allerdings die hochsprachlichen Demonstrativpronomen *der/die/das* als *dee/die/dodd* im allgemeinen Sprachgebrauch an die Stelle der (betonten) Personalpronomen: Der Beispielsatz *Er geht über die Straße* heißt so üblicherweise *Dee giehd iwwwər die Schdroos*, aus *Sie sieht gut aus* wird *Die säihd goud aus*. Lediglich bei der gezielten Erkundigung nach einer fremden Person heißt es *Weer eass hee/säih/idd da?* (*Wer ist er/sie/es denn?*), wobei das Pronomen *es/idd* auch für Frauen (*dodd Minnsch = die Frau*) gebräuchlich ist.
Eine Differenzierung zwischen den Anredeformen *Du* und *Sie* gibt es im zeitgenössischen Westerwälder Dialekt übrigens nicht. Früher wurden allerdings Autoritäts- und Respektspersonen (darunter etwa die Großeltern) mit dem Pluralis Majestatis auf *Ihr* angeredet: Für *Darf ich Sie einmal etwas fragen?* stand dann beispielsweise *Durrf eisch Auch mool wodd freehə?* Nachstehend sind alle betonten und unbetonten Formen der Personalpronomen für die einzelnen Fälle (Nominativ, Dativ und Akkusativ) aufgelistet. Bei Reflexiv-Konstruktionen kommen in der Regel die unbetonten Varianten zum Einsatz:

		1. Sg.	2. Sg.	3. Sg.	1. Pl.	2. Pl.	3. Pl.
Nominativ							
Hochsprache	Westerwälder	bin ich	bist du	ist er / sie / es	sind wir	seid ihr	sind sie
Platt betont	Wessdərwellər	sein eisch	seis dau	eass dee / die / dodd	sein mier	seid ihr	sein die
Platt unbetont	Wessdərwellər	sein iSCH	seis də	eass ə / sə / əd	sein mər	seid ər	sein sə
Dativ							
Hochsprache	Das Buch gehört	mir	dir	ihm / ihr / ihm	uns	euch	ihnen
Platt betont	Dodd BuCH gəhierd	mier	dier	dimm / der / dimm	uus	auch	deenə
Platt unbetont	Dodd BuCH gəhierd	mər	dər	əm / ər / əm	uss	auCH	dennə
Akkusativ							
Hochsprache	Ich sehe	mich	dich	ihn / sie / es	uns	euch	sie
Platt betont	Eisch säih	meisch	deisch	dee / die / dodd	uus	auch	die
Platt unbetont	Eisch säih	miSCH	diSCH	ən / sə / əd	uss	auCH	sə

Possessivpronomen

Possessive Ausdrücke können aus syntaktischer Sicht sowohl als Attribut, z. B. *Dodd eass dimm sei Haus*, oder anstelle eines Substantivs, z. B. *Wimm gəhierd dodd Haus? – Dodd eass dimm seind*, gebraucht werden. Sie werden nach Zahl und Geschlecht des Substantivs, auf das sie sich beziehen, dekliniert. Charakteristisch ist die Einfügung eines zusätzlichen Dativ-Versatzstücks in der 3. Person Singular und Plural (*dimm / der / deenə*). Die Pluralformen sind in allen Fällen identisch.

1. Person Singular:

	Singular		
	Maskulinum	*Femininum*	*Neutrum*
Nominativ (Dodd eass …)	minn Brourər	mei Schwessdər	mei Keannd
Dativ (Eisch hallfə …)	mimm Brourər	meinər Schwessdər	meim Keannd
Akkusativ (Eisch kinnə …)	minn Brourər	mei Schwessdər	mei Keannd

	Plural		
	Maskulinum	*Femininum*	*Neutrum*
Nominativ (Dodd sei …)	mei Bruirər	mei Schwessdərn	mei Keann
Dativ (Eisch hallfə …)	mei Bruirər	mei Schwessdərn	mei Keann
Akkusativ (Eisch kinnə …)	mei Bruirər	mei Schwessdərn	mei Keann

2. Person Singular:

Singular			
	Maskulinum	*Femininum*	*Neutrum*
Nominativ (Dodd eass …)	dinn Brourər	dei Schwessdər	dei Keannd
Dativ (Eisch hallfə …)	dimm Brourər	deinər Schwessdər	dimm Keannd
Akkusativ (Eisch kinnə …)	dinn Brourər	dei Schwessdər	dei Keannd

Plural			
	Maskulinum	*Femininum*	*Neutrum*
Nominativ (Dodd sei …)	dei Bruirər	dei Schwessdərn	dei Keann
Dativ (Eich hallfə…)	dei Bruirər	dei Schwessdərn	dei Keann
Akkusativ (Eisch kinne …)	dei Bruirər	dei Schwessdərn	dei Keann

3. Person Singular (Maskulinum/Neutrum):

Singular			
	Maskulinum	*Femininum*	*Neutrum*
Nominativ (Dodd eass …)	dimm sinn Brourər	dimm sei Schwessdər	dimm sei Keannd
Dativ (Eisch hallfə …)	dimm simm Brourər	dimm seinər Schwessdər	dimm simm Keannd
Akkusativ (Eisch kinnə …)	dimm sinn Brourər	dimm sei Schwessdər	dimm sei Keannd

Plural			
	Maskulinum	*Femininum*	*Neutrum*
Nominativ (Dodd sei …)	dimm sei Bruirer	dimm sei Schwessdərn	dimm sei Keann
Dativ (Eisch hallfə …)	dimm sei Bruirer	dimm sei Schwessdərn	dimm sei Keann
Akkusativ (Eisch kinnə …)	dimm sei Bruirer	dimm sei Schwessdərn	dimm sei Keann

3. Person Singular (Femininum):

Singular			
	Maskulinum	*Femininum*	*Neutrum*
Nominativ (Dodd eass …)	der ihrn Brourər	der ihr Schwessdər	der ihr Keannd
Dativ (Eisch hallfə …)	der ihrm Brourər	der ihrər Schwessdər	der ihrm Keannd
Akkusativ (Eisch kinnə …)	der ihrn Brourər	der ihr Schwessdər	der ihr Keannd

Plural			
	Maskulinum	*Femininum*	*Neutrum*
Nominativ (Dodd sei …)	der ihr Bruirər	der ihr Schwessdərn	der ihr Keann
Dativ (Eisch hallfə …)	der ihr Bruirər	der ihr Schwessdərn	der ihr Keann
Akkusativ (Eisch kinnə …)	der ihr Bruirər	der ihr Schwessdərn	der ihr Keann

1. Person Plural:

Singular			
	Maskulinum	*Femininum*	*Neutrum*
Nominativ (Dodd eass …)	uusər Brourər	uusər Schwessdər	uusər Keannd
Dativ (Eisch hallfə …)	uusərm Brourər	uusər Schwessdər	uusərm Keannd
Akkusativ (Eisch kinnə …)	uusərn Brourər	uusər Schwessdər	uusər Keannd

Plural			
	Maskulinum	*Femininum*	*Neutrum*
Nominativ (Dodd sei …)	uusər Bruirər	uusər Schwessdərn	uusər Keann
Dativ (Eisch hallfə …)	uusər Bruirər	uusər Schwessdərn	uusər Keann
Akkusativ (Eisch kinnə …)	uusər Bruirər	uusər Schwessdərn	uusər Keann

2. Person Plural:

Singular			
	Maskulinum	*Femininum*	*Neutrum*
Nominativ (Dodd eass …)	auhhər Brourər	auhhər Schwessdər	auhhər Keannd
Dativ (Eisch hallfə …)	auhhərm Brourər	auhhrər Schwessdər	auhhərm Keannd
Akkusativ (Eisch kinnə …)	auhhərn Brourər	auhhər Schwessdər	auhhər Keannd

Plural			
	Maskulinum	*Femininum*	*Neutrum*
Nominativ (Dodd sei …)	auhhər Bruirer	auhhər Schwessdərn	auhhər Keann
Dativ (Eisch hallfə …)	auhhər Bruirer	auhhər Schwessdərn	auhhər Keann
Akkusativ (Eisch kinnə …)	auhhər Bruirer	auhhər Schwessdərn	auhhər Keann

3. Person Plural:

Singular			
	Maskulinum	*Femininum*	*Neutrum*
Nominativ (Dodd eass …)	deenə ihr Brourər	deenə ihr Schwessdər	deenə ihr Keannd
Dativ (Eisch hallfə …)	deenə ihrm Brourər	deenə ihrər Schwessdər	deenə ihrm Keannd
Akkusativ (Eisch kinnə …)	deenə ihrn Brourər	deenə ihr Schwessdər	deenə ihr Keannd

Plural			
	Maskulinum	*Femininum*	*Neutrum*
Nominativ (Dodd sei …)	deenə ihr Bruirər	deenə ihr Schwessdərn	deenə ihr Keann
Dativ (Eisch hallfə …)	deenə ihr Bruirər	deenə ihr Schwessdərn	deenə ihr Keann
Akkusativ (Eisch kinnə …)	deenə ihr Bruirər	deenə ihr Schwessdərn	deenə ihr Keann

Als Ersatz für Substantive werden possessive Ausdrücke vor allem in mündlicher Rede (familiärer/informeller Sprachstil) verwendet. Voraussetzung für solche Konstruktionen ist allerdings, dass das gemeinte Substantiv zuvor bereits genannt wurde. Die Verbformen von *gehören* (*gəhiern*) – also *gəhierd* (Singular) und *gəhiern* (Plural) – werden im Dialekt meist durch die griffigeren Formen von *sein* (*sei*) – also *eass* (Singular) und *sei* (Plural) – ersetzt:

Nominativ	**Akkusativ**
Wimm eass dee Hummər? – Dodd eass *minn.*	Eisch brauchə mool ən Hummər. – Dau kaas *minn* nummə.
Wimm eass die Zanng? – Dodd eass *mei.*	Eisch brauchə mool ən Zanng. – Dau kaas *mei* nummə.
Wimm eass dodd Gloas? – Dodd eass *meind.*	Eisch brauchə mool ə Gloas. – Dau kaas *meind* nummə.
Wimm sei die Schouh? – Dodd sei *mei.*	Eisch brauchə mool ə poar Schouh. – Dau kaas *mei* nummə.

In der Westerwälder Regionalsprache ist zudem die personale Dativform für besitzanzeigende Fürwörter sehr weit verbreitet. Statt der grammatikalisch korrekten Wendung *Dodd eass minn* (*Das ist meiner*) wird so beispielsweise häufig das umgangssprachliche *Dee eass mier* (*Der ist mir*) gebraucht.

Indefinitpronomen

Indefinitpronomen wie *man, jemand, eine/r/s, keine/r/s* etc. verweisen auf Personen oder Dinge, deren Identität nicht näher bestimmt ist. Im Folgenden wird ein Überblick über die je nach Geschlecht und Fall unterschiedlichen Formen von *eine/r/s* gegeben, die nicht zu verwechseln sind mit dem unbestimmten Artikel *ein/e* (siehe dazu die Beugung der Adjektive). Bei *keine/r/s* muss analog auch bei den Mundartformen jeweils nur ein *k* vorangestellt werden. *Keer* steht allerdings in der männlichen Einzahl stets in der Verbindung mit vorstehendem *goar* (*gar*) oder aber mit nachstehendem *Minnsch* (*Mensch*). Beispiele: *Wer fährt dorthin? Keiner!* = *Wer fiehrd dohienə? Goar keer!*; *Kein*

Mensch (also niemand) *weiß das!* = *Keer Minnsch waas dodd!* Die geschlechtlich nicht differenzierten Indefinitpronomen wie *jemand* (*eemə*) oder *niemand (neemə)* werden nicht konjugiert und sind in allen Formen gleich.

SINGULAR	Maskulinum	Femininum	Neutrum
Nominativ	einer / eer	eine / aah	eines / aahnd
Dativ	einem / imm	einer / aahner	einem / imm
Akkusativ	einen / inn	eine / aah	eines / aahnd

Sonstige Pronomen

Interrogativpronomen
Auch die Interrogativpronomen entsprechen weitgehend der Standardsprache. Für *welche/r/s* steht in der Regel *wodd fier* (*was für*): *Welche Bücher hast du denn schon gelesen?* = *Wodd fier BisCHər hohs dau daa schuu gəleesə?* Für den weggefallenen Genitiv (*wessen*) steht wie allgemein der Dativ (*wimm sei*): *Wessen Hose ist denn das?* = *Wimm sei Buggs eass'n dodd?*

Reflexivpronomen
Das hochdeutsche Reflexivpronomen *sich* wird auch im Westerwälder Dialekt beibehalten. Es wird nicht umgelautet und steht als *sisCH*. Gelegentlich kann ein enttontes *səsCH* auftreten, selten steht stark betontes *seisCH*. Die Formen im Einzelnen: misCH, disCH, sisCH, uss, auCH, sisCH.

Relativpronomen
Die Relativsatz-Konstruktionen haben sich inzwischen weitgehend an die Formen der deutschen Schriftsprache angeglichen. Früher war allerdings noch die Konstruktion mit dem umgangssprachlichen Ersatz-Pronomen *wo / wuu* vorherrschend, die man gelegentlich immer noch hört. Der Beispielsatz *Das war eine Zeit, in der es uns schlecht ging* hieße demnach *Dodd woar ən Zeid, wuu əd uus schleeschd ginng*.

Zur Konjugation

Das Konjugationsschema des Westerwälder Dialekts entspricht in der Regel dem der deutschen Hochsprache: Der Infinitiv endet durch Wegfall des in der Schriftsprache abschließenden *n* in der Regel auf *-ə*, nur in wenigen Ausnahmefällen steht *-n* oder ein langer Vokal ohne hörbaren Abschlusskonsonant (zum Beispiel *gehen / gieh, haben / huh, sein / sei, tun / dou*).

Im Folgenden werden mit *fuihlə* (*fühlen*) und *kleerərn* (*klettern*) zwei zu Anschauungszwecken geeignete Verben ohne Unregelmäßigkeiten beispielhaft durchdekliniert. Ergänzend wird jeweils die Passivform von *freehə* (*fragen*) mit angeführt.

Zeit-Formen

PRÄSENS

Die 1. Person Singular, die 1. Person Plural und die 3. Person Plural sind im Präsens in der Regel gleichlautend mit dem Infinitiv. Bei Verben, die im Dialekt-Infinitiv nicht auf *ə* enden, schließt die 1. Person Singular allerdings mit dem Wortstamm ab. Die 2. Person Singular (*du* bzw. *dau*) endet auf *s*, die 3. Person Singular (*er/sie/es* bzw. *dee/die/dodd*) sowie die 2. Person Plural (*ihr*) enden auf *d*.

	Hochsprache	**Wäller Platt**	**Hochsprache**	**Wäller Platt**
Infinitiv	fühlen	fuihlə	klettern	kleerərn
1. Ps. Sg.:	ich fühl-e	eisch fuihl-ə	ich kletter-e	eisch kleerər
2. Ps. Sg.:	du fühl-st	dau fuihl-s	du kletter-st	dau kleerər-s
3. Ps. Sg.:	er/sie/es fühl-t	dee/die/dodd fuihl-d	er/sie/es kletter-t	dee/die/dodd kleerər-d
1. Ps. Pl.:	wir fühl-en	mir fuihl-ə	wir kletter-n	mir kleerər-n
2. Ps. Pl.:	ihr fühl-t	ihr fuihl-d	ihr kletter-t	ihr kleerər-d
3. Ps. Pl.:	sie fühl-en	die fuihl-ə	sie kletter-n	die kleerər-n

Die Passivform wird – in allen Zeitformen – analog zur Hochsprache mit einer Form von *werden / weern* gebildet:

Hochsprache	**Wäller Platt**
Ich werde gefragt.	Eisch weern gəfreed.

In sogenannten invertierten Sätzen, bei denen (unbetonte) Pronomen hinter dem Verb stehen statt wie üblich davor, steht eine stark gebundene Form im Dialekt.

Hochsprache	**Wäller Platt**
fühle ich	fuihl isch
fühlst du	fuihls də
fühlt er / sie / es	fuihld ə / sə / əd
fühlen wir	fuihlə mər
fühlt ihr	fuihld ər
fühlen sie	fuihlə sə

Gelegentlich findet dabei eine Verschleifung durch Konsonantenwechsel statt. Aus *hat er* wird so beispielsweise *hohrə* (aber: *er hat* = *dee hohd*). Dies gilt auch bei anderen Zeitformen.

PERFEKT

Wie in der überregionalen deutschen Umgangssprache hat sich zur Beschreibung vergangener Zustände oder Begebenheiten das Perfekt als vorrangige Zeitform gegenüber dem Präteritum durchgesetzt. Es wird analog zur Schriftsprache mit *haben / huh* oder *sein / sei* gebildet. Das Partizip Perfekt wird bei den regelmäßigen Verben analog zum Deutschen durch Abtrennung der Infinitiv-Endung (im Dialekt *-e* oder *-n*) und Hinzufügung der Endung *-d* gebildet. Die Partizipien der unregelmäßigen Verben sind in der Tabelle am Ende des Kapitels verzeichnet. Sie enden in der Regel auf *-ə*.

Hochsprache		**Wäller Platt**	
Infinitiv	**Partizip**	**Infinitiv**	**Partizip**
fühl-en	ge-fühl-t	fuihl-ə	gə-fuihl-d
kletter-n	ge-kletter-t	kleerər-n	gə-kleerər-d

	Hochsprache	Wäller Platt	Hochsprache	Wäller Platt
Infinitiv	fühlen	fuihlə	klettern	kleerərn
1. Ps. Sg.	ich habe gefühlt	eisch huh gəfuihld	ich bin geklettert	eisch sei gəkleerərd
2. Ps. Sg.	du hast gefühlt	dau hohs gəfuihld	du bist geklettert	dau seis gəkleerərd
3. Ps. Sg.	er/sie/es hat gefühlt	dee/die/dodd hohd gəfuihld	er/sie/ist ist geklettert	dee/die/dodd eass gəkleerərd
1. Ps. Pl.	wir haben gefühlt	mir huhn gəfuihld	wir sind geklettert	mir sein gəkleerərd
2. Ps. Pl.	ihr habt gefühlt	ihr hohd gəfuihld	ihr seid geklettert	ihr seid gəkleerərd
3. Ps. Pl.	sie haben gefühlt	die huhn gəfuihld	sie sind geklettert	die sein gəkleerərd

Passivform:	Hochsprache	Wäller Platt
	Ich wurde gefragt.	Eisch wuur gəfreed.

Beim alltäglichen Gebrauch des Perfekts wird die Position des Hilfsverbs gelegentlich im Satz frei variiert. So kann beispielsweise der standardsprachliche Satzteil *weil er fortgegangen ist*, für den normalerweise im Dialekt *weil dee fordd ganngə eass* steht, mitunter auch zu *weil dee fordd eass ganngə* werden. Interessanterweise gibt es im Wäller Platt – durchaus in Analogie zur Schriftsprache *(Ich wurde/ward)* – zwei Präteritumformen von *werden*: *Eisch wuur/wouhhər*.

PRÄTERITUM

Die im Westerwälder Dialekt kaum gebräuchliche Präteritum-Form wird für die sogenannten schwachen Verben – also Verben ohne Lautwechsel in der Vergangenheitsform – mit den nachstehend aufgeführten Endungen gebildet. Da in der 2. Person Plural die Standard-Endung *-d* durch fehlende Umlautung mit der entsprechenden Präsensform zusammenfällt, kann man zur theoretischen Verdeutlichung behelfsweise auf die der Hochsprache entlehnte Hilfskonstruktion *-dəd* ausweichen, die sich aber im Sprachgebrauch für gewöhnlich nicht findet. Um eine eindeutige zeitliche Verortung zu gewährleisten, steht in diesem Fall die Perfektform.

	Hochsprache	Wäller Platt	Hochsprache	Wäller Platt
Infinitiv	fühlen	fuihlə	klettern	kleerərn
1. Ps. Sg.	ich fühl-te	eisch fuihl-d	ich kletter-te	eisch kleerər-d
2. Ps. Sg.	du fühl-test	dau fuihl-ds	du kletter-test	dau kleerər-ds
3. Ps. Sg.	er/sie/es fühl-te	dee/die/dodd fuihl-d	er/sie/es kletter-te	dee/die/dodd kleerər-d
1. Ps. Pl.	wir fühl-ten	mir fuihl-də	wir kletter-ten	mir kleerər-də
2. Ps. Pl.	ihr fühl-tet	ihr fuihl-d(əd)	ihr kletter-ten	ihr kleerər-d(əd)
3. Ps. Pl.	sie fühl-ten	die fuihl-də	sie kletter-ten	die kleerər-də

Bei starken Verben – also Verben mit Lautwechsel (Ablaut) in den Vergangenheitsformen – steht das Präteritum aufgrund der leichteren Erkennbarkeit häufiger. Hier sind die Endungsformen in der 1. und 3. Person Singular identisch. Eine Übersicht über die betroffenen Verben findet sich in der Tabelle am Ende des Kapitels. In der 1. und 3. Person Plural steht auslautendes *-ə* oder *-n* in Abhängigkeit vom Infinitiv. Die 2. Person Singular endet mit *-s*, die zweite Person Plural mit *-d*.

	Hochsprache	**Wäller Platt**	**Hochsprache**	**Wäller Platt**
Infinitiv	geben	geewə	fahren	foarn
1. Ps. Sg.	ich gab	eisch gobb	ich fuhr	eisch fouhhər
2. Ps. Sg.	du gab-st	dau gobb-s	du fuhr-st	dau fouhhər-s
3. Ps. Sg.	er/sie/es gab	dee/die/dodd gobb	er/sie/es fuhr	dee/die/dodd fouhhər
1. Ps. Pl.	wir gab-en	mir gobb-ə	wir fuhr-en	mir fouhhər-n
2. Ps. Pl.	ihr gab-t	ihr gobb-d	ihr fuhr-t	ihr fouhhər-d
3. Ps. Pl.	sie gab-en	die gobb-ə	sie fuhr-en	die fouhhər-n

Passivform:	**Hochsprache**	**Wäller Platt**
	Ich bin gefragt worden.	Eisch sei gəfreed wuurn.

PLUSQUAMPERFEKT

Das Plusquamperfekt wird ebenfalls analog zur Hochsprache mit den jeweiligen Vergangenheitsformen von *haben / huh* oder *sein / sei* gebildet. Im Plural steht statt *haddə* gelegentlich auch *harrə*.

	Hochsprache	**Wäller Platt**	**Hochsprache**	**Wäller Platt**
Infinitiv	fühlen	fuihlə	sein	sei
1. Ps. Sg.	ich hatte gefühlt	eisch hadd gəfuihld	ich war geklettert	eisch woar gəkleerərd
2. Ps. Sg.	du hattest gefühlt	dau hadds gəfuihld	du warst geklettert	dau woars gəkleerərd
3. PS. Sg.	er/sie/es hatte gefühlt	dee/die/dodd hadd gəfuihld	er/sie/es war geklettert	dee/die/dodd woar gəkleerərd
1. PS. Pl.	wir hatten gefühlt	mir haddə gəfuihld	wir waren geklettert	mir woarn gəkleerərd
2. Ps. Pl.	ihr hattet gefühlt	ihr hadd gəfuihld	ihr wart geklettert	ihr woard gəkleerərd
3. Ps. Pl.	sie hatten gefühlt	die haddə gəfuihld	sie waren geklettert	die woarn gəkleerərd

Passivform:	**Hochsprache**	**Wäller Platt**
	Ich war gefragt worden.	Eisch woar gəfreed wuurn.

FUTUR

Das Futur zur Beschreibung zukünftiger Ereignisse wird wie in der Schriftsprache mit den Formen von *werden / weern* gebildet. Das Futur II ist um Dialekt ungebräuchlich.

	Futur I		Futur II	
	Hochsprache	**Wäller Platt**	**Hochsprache**	**Wäller Platt**
Infinitiv	fühlen	fuihlə	fühlen	fuihlə
1. Ps. Sg.	ich werde fühlen	eisch weern fuihlə	ich werde gefühlt haben	eisch weern gəfuihld huh
2. Ps. Sg.	du wirst fühlen	dau wirrs fuihlə	du wirst gefühlt haben	dau wirrs gəfuihld huh
3. Ps. Sg.	er/sie/es wird fühlen	dee/die/dodd wirrd fuihlə	er/sie/es wird gefühlt haben	dee/die/dodd wirrd gəfuihld huh
1. Ps. Pl.	wir werden fühlen	mir weern fuihlə	wir werden gefühlt haben	mir weern gəfuihld huh
2. Ps. Pl.	ihr werdet fühlen	ihr weerd fuihlə	ihr werdet gefühlt haben	ihr weerd gəfuihld huh
3. Ps. Pl.	sie werden fühlen	die weern fuihlə	sie werden gefühlt haben	die weern gəfuihld huh

Passivform:	**Zeit**	**Hochsprache**	**Wäller Platt**
	Futur I	Ich werde gefragt werden.	Eisch weern gəfreed weern.
	Futur II	Ich werde gefragt worden sein.	Eisch weern gəfreed wuurn sei.

Modus-Formen

KONJUNKTIV

Im Wäller Platt fällt der Konjunktiv I mit dem umgangssprachlich stärker verbreiteten Konjunktiv II zusammen. Nur einige wenige Verben – die Hilfs- und Modalverben sowie einige starke Verben – haben eine eigene eindeutige Konjunktivform. Angegeben wird im Folgenden jeweils die 1. Person Singular. Die restlichen personalen Endungen entsprechen den entsprechenden Indikativ-Präsensformen.

brauchen / ich bräuchte	brauchə / eisch bräuschd
dürfen / ich dürfte	durrfə / eisch dirffd
geben / ich gäbe	geewə / eisch geeb
haben / ich hätte	huh / eisch hedd
kommen / ich käme	kummə / eisch keem
können / ich könnte	kunnə / eisch kinnd
kriegen / ich kriegte	kräijj / eisch kreeg
machen / ich machte	maCHə / eisch meesch
müssen / ich müsste	mussə / eisch missd
nehmen / ich nähme	nummə / eisch neem
sein / ich wäre	sei / eisch weer
sollen / ich sollte	sullə / eisch silld
stehen / ich stünde	schdieh / eisch schdinn
tun / ich täte	dou / eisch dee
werden / ich würde	weern / eisch wuijjər
wissen / ich wüsste	wussə / eisch wissd
wollen / ich wollte	wullə / eisch willd

Der Beispielsatz *Peter sagt, er wisse es nicht* (Konjunktiv I) wird folglich ebenso zu *Də Peedər seehd, hee wissd əd neadd,* wie auch der Beispielsatz *Wäre schon Sonntag, dann wüsste ich bescheid* (Konjunktiv II) zu *Weer schuu Sunndoag, da wissd eisch bəschaad* wird. Die Formen *wisse* und *wüsste* werden also beide zu *wissd.*
Bei allen anderen Verben wird eine Konstruktion mit *tun / deeh* verwendet, dem Pendant zum schriftsprachlichen *würde*:

Hochsprache
Über ein Geschenk würde ich mich freuen.
Wäller Platt
Iwwər ə Gəschinnk dee ISCH MISCH freujjə.

Die Endungen von *dee* lauten ganz regelmäßig:

1. Ps. Sg. eisch dee
2. Ps. Sg. dau dees
3. Ps. Sg. dee/die/dodd dee
1. Ps. Pl. mir deen
2. Ps. Pl. ihr deed
3. Ps. Pl. die deen

IMPERATIV

Wie in der Hochsprache wird der Imperativ – die Befehlsform – im Singular ebenfalls durch Abtrennung der Infinitiv-Endung gebildet. Die auch in der Hochsprache oft wegfallende Singular-Endung auf *-e* (*gehe!* wird so beispielsweise zu *geh!*) ist im Wäller Platt völlig ungebräuchlich. Im Plural wird die Endung *-d* angefügt.

Hochsprache			**Wäller Platt**		
Infinitiv	**Imperativ Sg.**	**Imperativ Pl.**	**Infinitiv**	**Imperativ Sg.**	**Imperativ Pl.**
fühle-n	fühl(e)	fühl-t	fuihl-ə	fuihl	fuihl-d
kletter-n	kletter(e)	kletter-t	kleerər-n	kleerər	kleerər-d

Übersicht: Konjugationstabelle der unregelmäßigen Verben

Gelistet werden die Präsensformen, die 1. Person Präteritum, das Partizip Perfekt sowie die beiden Imperativ-Formen. Bei schwachen Verben endet das Partizip Perfekt (mit der Standard-Vorsilbe *gə-*) in der Regel auf *-d*, bei starken Verben in der Regel auf *-ə*. Manche Verben haben ein verkürztes Partizip (zum Beispiel *geewə*, *kummə*, *wuurn* etc.) Es gibt allerdings einige sogenannte Mischverben, die trotz Lautwechsel auf *-d* enden. Die sprachhistorisch gewachsene Systematik der sieben deutschen Ablautreihen – d. h. der spezifischen Lautabfolgen in den einzelnen Zeitformen – lässt sich auch im Dialekt nachvollziehen, wobei jedoch in diesem Fall Ausnahmen die Regel bestätigen. Bei Verben mit mundartlichem Infinitiv auf *-rə* steht ein zusätzliches *d* in der 2. Person Singular sowie im Imperativ Singular. Bei Verben mit mundartlichem Infinitv auf *-wə* steht in der zweiten und dritten Person Singular, in der zweiten Person Plural sowie in den Imperativ-Formen (und in Präteritum und Partizip) jeweils noch ein zusätzliches *b* vor der regulären Endung. Gelegentlich sind einige Singular-Formen – wie auch in der Hochsprache – von Umlautungen betroffen. Eingeklammerte Präteritumformen sind nicht mehr gebräuchlich und zum Teil rekonstruiert.

Generell ist zu beachten, dass es durchaus Abweichnungen bei der Konjugation zwischen der Standardsprache

	Infinitiv	**1. Ps. Sg. Präsens**	**2. Ps. Sg. Präsens**	**3. Ps. Sg. Präsens**	**1. Ps. Pl. Präsens**
Schwache Verben auf *-rə* mit zusätzlichem *d* in der 2. Ps. Sg. sowie im Imperativ Sg. (Beispiele)					
baden	boarə	boarə	boads	boad	boarə
beten	beerə	beerə	beeds	beed	beerə
bluten	blourə	blourə	blouds	bloud	blourə
jäten	jeerə	jeerə	jeeds	jeed	jeerə
läuten	läurə	läurə	läuds	läud	läurə
Schwache Verben auf *-wə* mit zusätzlichem *b* in der 2. Ps. und 3. Ps. Sg., in der 2. Ps. Pl. sowie in den Imperativformen, Präteritum und Partizip (Beispiele)					
glauben	glaawə	glaawə	glaabs	glaabd	glaawə
kleben	kleewə	kleewə	kleebs	kleebd	kleewə
leben	leewə	leewə	leebs	leebd	leewə
loben	loowə	loowə	loobs	loobd	loowə
rauben	rauwə	rauwə	raubs	raubd	rauwə
Schwache Verben mit Umlautungen oder Endungsabfall (Beispiele)					
dürfen	durrfə	durrf	durrfs	durrf	durrfə
mögen	moggə	mogg	moggs	mogg	moggə
sagen	soah	soah	seehs	seehd	soahn
sollen	sullə	sull	sulls	sull	sullə
wollen	wullə	will	wills	will	wullə
Starke Verben und Mischverben mit umgelauteter Präteritumform, teilweise mit zusätzlichen Unregelmäßigkeiten (Auswahl)					
beißen	beisə	beisə	beis	beisd	beisə
biegen	bieschə	bieschə	bieschs	bieschd	bieschə
bieten	bäirə	bäirə	bäids	bäid	bäirə

und dem Westerwälder Dialekt gibt: Verben, die in der Standardsprache regelmäßig gebeugt werden, können in der Mundart teilweise unregelmäßig sein: *stellen, ich stelle, ich stellte, ich habe gestellt → schdellə, eisch schdellə, eisch schdalld, eisch huh gəschdalld.* Auch das Gegenteil kann allerdings – zuweilen mit einer inhaltlichen Bedeutungsveränderung – der Fall sein: *schaffen, ich schaffe, ich schuf, ich habe geschaffen → schaffə, eisch schaffə, eisch schaffd, eisch huh gəschaffd.*

2. Ps. Pl. Präsens	3. Ps. Pl. Präsens	1. Ps. Präteritum	Partizip Perfekt	Imperativ Sg.	Imperativ Pl.
boad	boarə	boad	gəboad	boa**d**	boad
beed	beerə	beed	gəbeed	bee**d**	beed
bloud	blourə	bloud	gəbloud	blou**d**	bloud
jeed	jeerə	jeed	gəjeed	jee**d**	jeed
läud	läurə	läud	gəläud	läu**d**	läud
glaa**bd**	glaawə	glaa**bd**	gəglaa**bd**	glaa**b**	glaa**bd**
klee**bd**	kleewə	klee**bd**	gəklee**bd**	klee**b**	klee**bd**
lee**bd**	leewə	lee**bd**	gəlee**bd**	lee**b**	lee**bd**
loo**bd**	loowə	loo**bd**	gəloo**bd**	loo**b**	loo**bd**
rau**bd**	rauwə	rau**bd**	gərau**bd**	rau**b**	rau**bd**
durrfd	durrfə	durrfd	gədurrfd	[durrf]	[durrfd]
moggd	moggə	moggd	gəmoggd	[mogg]	[moggd]
soahd	soahn	soahd	gəsoahd	soah	soahd
sulld	sullə	sulld	gəsulld	[sull]	[sulld]
wulld	wullə	wulld	gəwulld	[wull]	[wulld]
beisd	beisə	beass	gəbeassə	beis	beisd
bieschd	bieschə	buuh	gəbuuhə	biesch	bieschd
bäid	bäire	boud	gəbuurə	bäi**d**	bäid

	Infinitiv	1. Ps. Sg. Präsens	2. Ps. Sg. Präsens	3. Ps. Sg. Präsens	1. Ps. Pl. Präsens
Starke Verben und Mischverben mit umgelauteter Präteritumform, teilweise mit zusätzlichen Unregelmäßigkeiten (Auswahl)					
binden	beannə	beannə	binns	binnd	beannə
blasen	bloosə	bloosə	blees	bleesd	bloosə
bleiben	bleiwə	bleiwə	bleis	bleid	bleiwə
braten	broorə	broorə	breeds	breed	broorə
brechen	breerchə	breerchə	briSCHs	briSCHd	breerchə
bringen	brinngə	brinngə	brinngs	brinngd	brinngə
denken	dinng|gə	dinng|gə	dinng|gs	dinng|gd	dinng|gə
dreschen	dreSCHə	dreSCHə	driSCHs	driSCHs	dreSCHə
erschrecken	ərschreergə	ərschreergə	ərschriggs	ərschriggd	ərschreergə
essen	eersə	eersə	iss	issd	eersə
fahren	foahrn	foahrn	fiehrs	fiehrd	foahrn
fallen	fallə	fallə	fells	felld	fallə
fangen	fanngə	fanngə	finngs	finngd	fanngə
finden	feannə	feannə	finnds	finnd	feannə
fliegen	fläijjə	fläijjə	fläijjs	fläijjd	fläijjə
fließen	fläisə	fläisə	fläis	fläisd	fläisə
fressen	freersə	freersə	friss	frissd	freersə
frieren	friern	friern	friers	frierd	friern
geben	geewə	geewə	giss	gidd	geewə
gehen	gieh	gieh	giehs	giehd	giehn
gewinnen	gəweannə	gəweannə	gəwinns	gəwinnd	gəweannə
gießen	gäisə	gäisə	gäis	gäisd	gäisə
graben	groawə	groawə	greebs	greebd	groawə
greifen	greifə	greifə	greifs	greifd	greifə
haben	huh	huh	hohs	hohd	huhn
halten	haalə	haalə	hellds	helld	haalə
hängen	hinngə	hinngə	hinngs	hinngd	hinngə
hauen	haachə	haachə	heeschs	heeschd	haachə
heben	heewə	heewə	heebs	heebd	heewə
heißen	haasə	haasə	hees	heesd	haasə
helfen	hallfə	hallfə	hillfs	hillfd	hallfə
hören	hiern	hiern	hiers	hierd	hiern

2. Ps. Pl. Präsens	3. Ps. Pl. Präsens	1. Ps. Präteritum	Partizip Perfekt	Imperativ Sg.	Imperativ Pl.
beannd	beannə	bunn	gəbunnə	beann	beannd
bloosd	bloosə	bläis	gəbloosə	bloos	bloosd
bleid	bleiwə	bläib	gəbliewə	blei	bleid
brood	broorə	bräid	gəbroorə	broo**d**	brood
breerchd	breerchə	broCH	gəbruCHə	breerch	breerchd
brinngd	brinngə	broochd	gəbroochd	brinng	brinngd
dinng|gd	dinng|gə	doochd	gədoochd	dinng|g	dinng|gd
dreSCHd	dreSCHə	druSCH	gədruSCHə	dreSCH	dreSCHd
ərschreergd	ərschreergə	ərschrogg	ərschroggə	ərschreerg	ərschreergd
eersd	eersə	ass	geersə	eers	eersd
foahrd	foahrn	fouhhər	gəfoarn	foahr	foahrd
falld	fallə	fäil	gəfallə	fall	falld
fanngd	fanngə	funng	gəfanngə	fanng	fanngd
feannd	feannə	funn	gəfunnə	feann	feannd
fläijjd	fläijjə	fluh	gəfluuhə	fläijj	fläijjd
fläisd	fläisə	floss	gəflossə	fläis	fläisd
freersd	freersə	frass	gəfreersə	freers	freersd
frierd	friern	fruhr	gəfruhrn	frier	frierd
gee**b**d	geewə	gobb	geewə	ge**bb**	ge**bb**d
giehd	giehn	ginng	ganngə	gieh	giehd
gəweannd	gəweannə	gəwann	gəwunnə	gəweann	gəweannd
gäisd	gäisə	goss	gəgossə	gäis	gäisd
groa**b**d	groawə	groub	gəgroawə	groa**b**	groa**b**d
greifd	greifə	greaff	gəgreaffə	greif	greifd
h**o**hd	huhn	hadd	gəhoad	huh	h**o**hd
haald	haalə	häil	gəhaalə	haal	haald
hinngd	hinngə	hunng	gəhunngə	hinng	hinngd
haachd	haachə	häisch	gəhaachə	haach	haachd
hee**b**d	heewə	hoob	gəhoowə	hee**b**	hee**b**d
haasd	haasə	häis	gəhaasə	haas	haasd
hallft	hallfə	hallf	gəhullfə	hallf	hallfd
hierd	hiern	huur	gəhuurd	hier	hierd

	Infinitiv	1. Ps. Sg. Präsens	2. Ps. Sg. Präsens	3. Ps. Sg. Präsens	1. Ps. Pl. Präsens
Starke Verben und Mischverben mit umgelauteter Präteritumform, teilweise mit zusätzlichen Unregelmäßigkeiten (Auswahl)					
kennen	kinnə	kinnə	kinns	kinnd	kinnə
klingen	klinngə	klinngə	klinngs	klinngd	klinngə
kneifen	kneifə	kneifə	kneifs	kneifd	kneifə
kommen	kummə	kummə	kimms	kimmd	kummə
können	kunnə	**kaa**	kaas	**kaa**	kunnə
kreischen	kreischə	kreischə	kreischs	kreischd	kreischə
kriechen	kriSCHə	kriSCHə	kriSCHS	kriSCHd	kriSCHə
kriegen	kräijj	kräijj	kräijjs	kräijjd	kräijj
laden	loarə	loarə	**leeds**	**leed**	loarə
lassen	loosə	loosə	**liss**	**lissd**	loosə
laufen	laafə	laafə	leefs	leefd	laafə
legen	leehə	leehə	leehs	leehd	leehə
lesen	leesə	leesə	**liss**	**lissd**	leesə
liegen	laijjə	laijjə	laijjs	laijjd	laijjə
lügen	läijjə	läijjə	läijjs	läijjd	läijjə
machen	maCHə	maCHə	**miSCHS**	**miSCHd**	maCHə
meiden	meidə	meidə	**meids**	meid	meidə
messen	meersə	meersə	**miss**	**missd**	meersə
nehmen	nummə	nummə	nimms	nimmd	nummə
pfeifen	peifə	peifə	peifs	peifd	peifə
raten	roorə	roorə	**reeds**	**reed**	roorə
reiben	reiwə	reiwə	**reibs**	**reibd**	reiwə
reißen	reisə	reisə	reis	reisd	reisə
reiten	reirə	reirə	**reids**	reid	reirə
riechen	riSCHə	riSCHə	riSCHS	riSCHd	riSCHə
ringen	reanngə	reanngə	**rinngs**	**rinngd**	reanngə
rufen	roufə	roufə	**ruifs**	**ruifd**	roufə
saufen	saufə	saufə	**säufs**	**säufd**	saufə
scheißen	scheisə	scheisə	scheis	scheisd	scheisə
schelten	scherrlə	scherrlə	scherrls	scherrld	scherrlə
schieben	schiewə	schiewə	**schiebs**	**schiebd**	schiewə
schießen	schäisə	schäisə	schäis	schäisd	schäisə

2. Ps. Pl. Präsens	3. Ps. Pl. Präsens	1. Ps. Präteritum	Partizip Perfekt	Imperativ Sg.	Imperativ Pl.
kinnd	kinnə	kannd	gəkannd	[kinn]	[kinnd]
klinngd	klinngə	klunng	gəklunngə	klinng	klinngd
kneifd	kneifə	kneaff	gəkneaffə	kneif	kneifd
kummd	kummə	koam	kummə	kumm	kummd
kunnd	kunnə	kunnd	gəkunnd	[kunn]	[kunnd]
kreischd	kreischə	kreaSCH	gəkreaSCHə	kreisch	kreischd
kriSCHd	kriSCHə	kroCH	gəkroCHə	kriSCH	kriSCHd
kräijjd	kräijj	kroach	kräijjd	kräijj	kräijjd
load	loarə	loud	gəloarə	loa**d**	load
loosd	loosə	läis	gəloosə	loos	loosd
laafd	laafə	läif	gəlaafə	laaf	laafd
leehd	leehə	loach	gəloachd	leeh	leehd
leesd	leesə	lass	gəleese	lees	leesd
laijjd	laijjə	logg	gəleehə	laijj	laijjd
läijjd	läijjə	luuh	gəluuhe	läijj	läijjd
maCHd	maCHə	moach	gəmoachd	maCH	maCHd
meid	meidə	mäid	gəmiere	mei**d**	meid
meersd	meersə	[moas]	gəmeersə	meers	meersd
nummd	nummə	noam	gənummə	numm	nummd
peifd	peifə	peaff	gəpeaffə	peif	peifd
rood	roorə	[räid]	gəroorə	roo**d**	rood
rei**b**d	reiwə	rieb	gəriewə	rei**b**	rei**bd**
reisd	reisə	reass	gəreassə	reis	reisd
reid	reirə	ridd	gərierə	rei**d**	reid
riSCHd	riSCHə	roCH	gəroCHə	riSCH	riSCHd
reanngd	reanngə	[runng]	gərunngə	reanng	reanngd
roufd	roufə	räiff	gəroufə	rouf	roufd
saufd	saufə	suff	gəsuffə	sauf	saufd
scheisd	scheisə	scheass	gəscheassə	scheis	scheisd
scherrld	scherrlə	schull	gəschullə	scherrl	scherrld
schie**bd**	schiewə	schoob	gəschoowə	schie**b**	schie**bd**
schäisd	schäisə	schoss	gəschossə	schäis	schäisd

	Infinitiv	1. Ps. Sg. Präsens	2. Ps. Sg. Präsens	3. Ps. Sg. Präsens	1. Ps. Pl. Präsens
Starke Verben und Mischverben mit umgelauteter Präteritumform, teilweise mit zusätzlichen Unregelmäßigkeiten (Auswahl)					
schlafen	schloofə	schloofə	schl**ee**fs	schl**ee**fd	schloofə
schlagen	schleehə	schleehə	schleehs	schleehd	schleehə
schleichen	schleischə	schleischə	schleischs	schleischd	schleischə
schleifen	schleifə	schleifə	schleifs	schleifd	schleifə
schließen	schläisə	schläisə	schläis	schläisd	schläisə
schlingen	schleanngə	schleanngə	schl**i**nngs	schl**i**nngd	schleanngə
schmeißen	schmeisə	schmeisə	schmeis	schmeisd	schmeisə
schneiden	schneirə	schneirə	schnei**ds**	schneid	schneirə
schreiben	schreiwə	schreiwə	schrei**bs**	schrei**bd**	schreiwə
schreien	schreihə	schreihə	schreihs	schreihd	schreihə
schütten	schirrə	schirrə	schi**dds**	schi**dd**	schirrə
schwätzen	schweddsə	schweddsə	schwedds	schweddsd	schweddsə
schweigen	schweihə	schweihə	schweihs	schweihd	schweihə
schwimmen	schweammə	schweammə	schw**i**mms	schw**i**mmd	schweammə
schwingen	schwinngə	schwinngə	schwinngs	schwinngd	schwinngə
schwören	schwiern	schwiern	schwiers	schwierd	schwiern
sehen	säih	säih	säihs	säihd	säihn
sein	sei	sei	seis	**eass**	sein
setzen	seddsə	seddsə	sedds	seddsd	seddsə
singen	seanngə	seanngə	s**i**nngs	s**i**nngd	seanngə
sinken	seanng|gə	seanng|gə	s**i**nng|gs	s**i**nng|gd	seanng|gə
sitzen	siddsə	siddsə	sidds	siddsd	siddsə
spinnen	spinnə	schbinnə	schbinns	schbinnd	schbinnə
springen	schbreanngə	schbreanngə	schbr**i**nngs	schbr**i**nngd	schbreanngə
stechen	schdeerchə	schdeerchə	schd**iscH**s	schd**iscH**d	schdeerchə
stehen	schdieh	schdieh	schdiehs	schdiehd	schdiehn
steigen	schdeihə	schdeihə	schdeihs	schdeihd	schdeihə
stellen	schdellə	schdellə	schdells	schdelld	schdellə
sterben	schdeerwə	schdeerwə	schd**irbs**	schd**irbd**	schdeerwə
stinken	schdinng|gə	schdinng|gə	schdinnggs	schdinnggd	schdinng|gə
stoßen	schduusə	schduusə	schd**ie**s	schd**ie**sd	schduusə
streichen	schdreischə	schdreischə	schdreischs	schdreischd	schdreischə

<table>
<tr><th>2. Ps. Pl. Präsens</th><th>3. Ps. Pl. Präsens</th><th>1. Ps. Präteritum</th><th>Partizip Perfekt</th><th>Imperativ Sg.</th><th>Imperativ Pl.</th></tr>
<tr><td></td><td></td><td></td><td></td><td></td><td></td></tr>
<tr><td>schloofd</td><td>schloofə</td><td>schläiff</td><td>gəschloofə</td><td>schloof</td><td>schloofd</td></tr>
<tr><td>schleehd</td><td>schleehə</td><td>schlouh</td><td>gəschloahə</td><td>schleeh</td><td>schleehd</td></tr>
<tr><td>schleischd</td><td>schleischə</td><td>schleaSCH</td><td>gəschleaSCHə</td><td>schleisch</td><td>schleischd</td></tr>
<tr><td>schleifd</td><td>schleifə</td><td>schleaff</td><td>gəschliffə</td><td>schleif</td><td>schleifd</td></tr>
<tr><td>schläisd</td><td>schläisə</td><td>schloss</td><td>gəschlossə</td><td>schläis</td><td>schläisd</td></tr>
<tr><td>schleanngd</td><td>schleanngə</td><td>schlunng</td><td>gəschlunngə</td><td>schleanng</td><td>schleanngd</td></tr>
<tr><td>schmeisd</td><td>schmeisə</td><td>schmeass</td><td>gəschmeassə</td><td>schmeis</td><td>schmeisd</td></tr>
<tr><td>schneid</td><td>schneirə</td><td>schneadd</td><td>gəschnierə</td><td>schnei</td><td>schneid</td></tr>
<tr><td>schreibd</td><td>schreiwə</td><td>schräib</td><td>gəschriewə</td><td>schreib</td><td>schreibd</td></tr>
<tr><td>schreihd</td><td>schreihə</td><td>schrie</td><td>gəschriehə</td><td>schreih</td><td>schreihd</td></tr>
<tr><td>schidd</td><td>schirrə</td><td>schudd</td><td>gəschudd</td><td>schidd</td><td>schidd</td></tr>
<tr><td>schweddsd</td><td>schweddsə</td><td>schwaddsd</td><td>gəschwaddsd</td><td>schwedds</td><td>schweddsd</td></tr>
<tr><td>schweihd</td><td>schweihə</td><td>schwieh</td><td>gəschwiehə</td><td>schweih</td><td>schweihd</td></tr>
<tr><td>schweammd</td><td>schweammə</td><td>schwumm</td><td>gəschwummə</td><td>schweamm</td><td>schweammd</td></tr>
<tr><td>schwinngd</td><td>schwinngə</td><td>schwunng</td><td>gəschwunngə</td><td>schwinng</td><td>schwinngd</td></tr>
<tr><td>schwierd</td><td>schwiern</td><td>schwuur</td><td>gəschwuurn</td><td>schwier</td><td>schwierd</td></tr>
<tr><td>säihd</td><td>säihn</td><td>sogg</td><td>gəsäih</td><td>säih</td><td>säihd</td></tr>
<tr><td>seid</td><td>sein</td><td>woar</td><td>gəweesə</td><td>sei</td><td>seid</td></tr>
<tr><td>seddsd</td><td>seddse</td><td>saddsd</td><td>gəsaddsd</td><td>sedds</td><td>seddsd</td></tr>
<tr><td>seanngd</td><td>seanngə</td><td>sunng</td><td>gəsunngə</td><td>seanng</td><td>seanngd</td></tr>
<tr><td>seannggd</td><td>seanng|gə</td><td>sunng|g</td><td>gəsunng|gə</td><td>seanng|g</td><td>seanggd</td></tr>
<tr><td>siddsd</td><td>siddsə</td><td>sadds</td><td>gəseersə</td><td>sidds</td><td>siddsd</td></tr>
<tr><td>schbinnd</td><td>schbinnə</td><td>schbunn</td><td>gəschbunnə</td><td>schbinn</td><td>schbinnd</td></tr>
<tr><td>schbreanngd</td><td>schbreanngə</td><td>schbrunng</td><td>gəschbrunngə</td><td>schbreanng</td><td>schbreanngd</td></tr>
<tr><td>schdeerchd</td><td>schdeerchə</td><td>stoCH</td><td>gəschdoCHə</td><td>schdeerch</td><td>schdeerchd</td></tr>
<tr><td>schdiehd</td><td>schdiehn</td><td>schdann</td><td>gəschdannə</td><td>schdieh</td><td>schdiehd</td></tr>
<tr><td>schdeihd</td><td>schdeihə</td><td>schdieh</td><td>gəschdiehə</td><td>schdeih</td><td>schdeihd</td></tr>
<tr><td>schdelld</td><td>schdellə</td><td>schdalld</td><td>gəschdalld</td><td>schdell</td><td>schdelld</td></tr>
<tr><td>schderrbd</td><td>schdeerwə</td><td>schduurb</td><td>gəschduurwə</td><td>schdeerb</td><td>schdeerbd</td></tr>
<tr><td>schdinnggd</td><td>schdinng|gə</td><td>schdunng|g</td><td>gəschdunng|gə</td><td>schdinng|g</td><td>schdinggd</td></tr>
<tr><td>schduusd</td><td>schduusə</td><td>schdäiss</td><td>gəschduusə</td><td>schduus</td><td>schduusd</td></tr>
<tr><td>schdreischd</td><td>schdreischə</td><td>schdriSCH</td><td>gəschdriSCHə</td><td>schdreisch</td><td>schdreischd</td></tr>
</table>

	Infinitiv	1. Ps. Sg. Präsens	2. Ps. Sg. Präsens	3. Ps. Sg. Präsens	1. Ps. Pl. Präsens
Starke Verben und Mischverben mit umgelauteter Präteritumform, teilweise mit zusätzlichen Unregelmäßigkeiten (Auswahl)					
tragen	droahə	droahə	dreehs	dreehd	droahn
treffen	dreerfə	dreerfə	driffs	driffd	dreerfə
treten	dreerə	dreerə	dridds	dridd	dreerə
trinken	dreanng|gə	dreanng|gə	drinnggs	drinngd	dreanng|gə
tun	dou	dou	dous	doud	doun
verderben	fərdeerwə	fərdeerwə	fərdirbs	fərdirbd	fərdeerwə
vergessen	fərgeersə	fərgeersə	fərgiss	fərgissd	fərgeersə
verlieren	fərliern	fərliern	fərliers	fərlierd	fərliern
verschütten	fərschirrə	fərschirrə	fərschidds	fərschidd	fərschirrə
wachsen	woasə	woasə	wees	weesd	woasə
waschen	weSCHə	weSCHə	weSCHS	weSCHd	weSCHə
weisen	weisə	weisə	weis	weisd	weisə
werden	weern	weern	wirrs	wirrd	weern
werfen	werrfə	werrfə	wirrfs	wirrfd	werrfə
wissen	weassə	waas	waas	waas	weassə
zählen	zeehlə	zeehlə	zeehls	zeehld	zeehlə
ziehen	zäijjə	zäijjə	zäijjs	zäijjd	zäijjə

Sonstige Formen

Im Westerwälder Dialekt werden zum Teil andere Präpositionen und Konjugationen als in der Hochsprache angewendet. Diese variieren auch von Dialektsprecher zu Dialektsprecher, weshalb hier in Anknüpfung an die Ausführungen Hans Friebertshäusers (vgl. Friebertshäuser 1987, S. 94) nur charakteristische Beispiele gegeben werden: Einheitssprachliches *auf* mit Akkusativ wird so etwa zu *für: Ich habe darauf keine Lust* heißt folglich *Eisch huh doofier kaa Lussd. Vor* und *für* fallen in der Mundart zusammen (*Ich stehe vor dir = Eisch schdieh fier dier*; *Das ist zuviel für mich = Dodd eass zəfill fier meisch*). Bei Ortsangaben wird *aus* gelegentlich zu *fuu*: *Ich komme aus Limburg = Eisch kummə fuu Leammbərsch*. Aus *zu* mit Dativ wird in der Regel *bei* – eine mundartliche Abweichung, die als besonders typisch für den hessischen Dialekt gilt: *Komm mal zu mir = Kumm mool bei miSCH*. In Dialogsituationen wird die Präposition *zu* hingegen in älterer Variante zu *iwwər*: *Ich habe zu ihm gesagt, er sei zu spät = Eisch huh iwwər'n gəsoahd, ə weer zə schbeed.* Analog kann *gegen* auch zu *wirrər* werden: *Er hat mir zuwider gehandelt =*

2. Ps. Pl. Präsens	3. Ps. Pl. Präsens	1. Ps. Präteritum	Partizip Perfekt	Imperativ Sg.	Imperativ Pl.
droahd	droahn	[drou]	gədroah	droah	droahd
dreerfd	dreerfə	[druff]	gədruffə	dreerf	dreerfd
dreed	dreerə	dradd	gədreerə	dree**d**	dreed
dreanngd	dreanng|gə	drunng|g	gədrunng|gə	dreanng|g	dreanggd
doud	doun	deeh	gədoah	dou	doud
fərdeerbd	fərdeerwə	fərduurb	fərduurwə	fərdeerb	fərdeerbd
fərgeersd	fərgeersə	fərgass	fərgeersə	fərgeers	fərgeersd
fərlierd	fərliern	fərluur	fərluurn	fərlier	fərlierd
fərschi**dd**	fərschirrə	fərschudd	fərschudd	fərschi**dd**	fərschi**dd**
woasd	woasə	[wuggs]	gəwoasə	woas	woasd
weSCHd	weSCHə	wousch	gəweSCHə	weSCH	weSCHd
weisd	weisə	wäis	gəwiesə	weis	weisd
weerd	weern	wuur / wouhhər	wuurn	weer	weerd
werrfd	werrfə	wurrf	gəwurrfə	werrf	werrfd
weassd	weassə	wussd	gəwussd	weass	weassd
zeehld	zeehlə	zalld	gəzalld	zeehl	zeehld
zäijjd	zäijjə	zuuh	gəzuuhə	zäijj	zäijjd

Dee eass wirrər meisch ganngə. Für *neben* steht *neewər* bei direkter Bezugnahme auf das benachbarte Objekt (*neewər dər Dier*). Zudem wird *do neewə* auch noch als mundartliche Entsprechung für *da drüben* gebraucht (*das liegt da drüben* = *dodd laijjd do neewə*).

Die temporalen Konjunktionen *während* und *als* erscheinen für gewöhnlich in der Mundart als *wie*: *Als ich dahin gekommen bin, war mir schlecht* = *Wie eisch dohienə kumme sei, woar mir schleeschd.* Gleiches gilt übrigens auch für *als* in vergleichender Funktion: *Größer als* wird beispielsweise zu *griesər wie* etc. *Damit* (im Sinne von *sodass*) wird in älterer Variante oft zu *dodd*: *Ich sage es dir jetzt noch einmal, damit du es dir merkst* = *Eisch soah dər 'd jedds NOCH əmool, dodd d'əd dər merrgs.*

Grundsätzlich werden Präpositionen und Konjunktionen im Redefluss – wo sich dies lautlich anbietet, wie etwa bei *und* oder *denn* oder einem nachfolgenden Artikel – stark gebunden bzw. enttont: *Ich komme und gehe* = *Eisch kummə'n gieh*; *Was hast du denn da?* = *Wodd hohs də'n doo?*; *Der Teller steht auf dem Tisch* = *Dər Dellər schdiehd uff'm DiSCH*; *Die Katze liegt neben dem Hund* = *Die Kadds laijjd neewər'm Hunnd.*

III. Dodd Worrd kinne eisch doch ... – Westerwälder Wortschatz

Hochsprachliche Wörter und ihre Entsprechungen in der dörflichen Mundart

Die nachfolgende Auflistung enthält den heute noch gebräuchlichen Grundwortschatz des Westerwälder Dialekts in Zuordnung zur jeweiligen hochsprachlichen Entsprechung. Spezialbegriffe des Dialekts, die die Schriftsprache nicht kennt, werden anschließend gesondert in einem Fließtextkapitel aufgeführt. Wörter, bei denen kein Unterschied zwischen Hochsprache und Dialekt besteht, wurden nicht aufgenommen. Bei Substantiven wird im Wörterbuchteil hinter dem Schrägstrich (/) die Pluralform angegeben, sofern sie nicht mit dem Singular identisch ist. Bei manchen Wörtern sind alternative Varianten angegeben.

Eine Reihe von grundlegenden Lautungsregeln des Dialekts sind auch charakteristische Merkmale der heutigen hessischen Regionalsprache. Dazu zählen vor allem das wegfallende *-e* bei Substantiven (*Kanne* wird zu *Kann*), das wegfallende *-n* bei Verben (*greifen* wird zu *greifə*) sowie die weich abgerundeten Lautvariationen *-ig* zu *-iSCH* (*riesig* wird zu *riesiSCH*), *ck* zu *g* (*backen* wird zu *baggə*), *p* zu *b* (*scheppern* wird zu *schebbərn*) und *t* zu *d* (*tanzen* wird zu *danndsə*). Da diese lautlichen Phänomene in sehr regelmäßiger Form aus dem hochsprachlichen Wortschatz abgeleitet werden können und zudem bereits in mehreren neueren Hessisch-Wörterbüchern zusammengetragen wurden, konzentriert sich die folgende Liste vor allem auf den sogenannten Vokalismus, d. h. jene eigentümlichen Besonderheiten in der Westerwälder Mundart, die die Vokale betreffen.

Bei der Auswahl wurde das Augenmerk auf die im Alltagswortschatz geläufigsten Begriffe gelegt. Verwandte bzw. abgeleitete Wörter, die hier aus Platzgründen nicht alle verzeichnet werden, können durch entsprechende Übernahme der mundartlichen Lautbestandteile leicht selbst gebildet werden. So lassen sich in Ableitung von *hören* = *hiern* etwa *ungehörig* (*uu|gəhieriSCH*), *verhören* (*fər|hiern*) oder *Hörgerät* (*Hier|gəreed*) bilden.

ab	oah; abb
Abend	Oowənd/-ə
abends	oowənds
aber	oawwər
abschätzig	oa|scheddsiSCH
Achse	Aggs/-ə
achten	oCHdə
achtgeben	oachd|geewə
Acker	Aggər
Ader	Oarer/-n
Affe	Aff/-ə
ähnlich	eehnliSCH
Alkohol	Allgəhool/-ə
alle	all
allein	allaa
alt	aal
Altar	Alldoor/-n
Alter	Alldər
am	umm
Ameise	Oamedds/-ə
amüsieren	ammisiern
an	uh

anbieten	uhbäirə
andere	annərn
ändern	innərn
anders	annərschd
anderthalb	annərdhallb
Anfang	Uhfang / Uhfing
Angst	Inngsd/-ə
Anliegen	Uhleihəns
anständig	uh|schdinnisCH
anstößig	uh|schdiesisCH
Antwort	Anndwoardd/-ə
Anzug	Uh|zuCH / Uh|ziesch
Apfel	Abbəl / Ebbəl
Apfelmus	Ebbelmoarg
Apfelsine	Abbəlsien/-ə
Apotheke	Abbədeeg/-ə
Apparat	Abbəraad/-ə
Appetit	Abbədidd
Arbeit	Oarrwəd/-ə
arbeiten	oarrwədə
Arbeiter	Oarrwədər
arbeitslos	oarrwədsluus
Architekt	Arschideggd/-ə
arg	aarisCH
Ärger	Aijjər
ärgern	aijjərn
arm	oarmm
Arm	Oarmm/-ə
Armut	Oarmmədei
Art	Oard/-ə
Arznei	Arddsənei
Asche	ESCH
Atelier	Addəljee/-s
Atem	Oorəm
atmen	eerəmə
auch	aach

auf	uff
aufbauschen	uffbauschə
Aufgabe	Uffgoab / Uffgoawə
aufmucken	uffmuggə
aufräumen	uffraumə
aufregen	uffreeschə
aufsässig	uffsessisCH
aufstehen	uffschdieh
aufstoßen	uffschduusə
Auge	Aachə
Augenblick	Aachəbligg/-ə
Ausgaben	Ausgoawə
ausgerechnet	ausgəreSCHənd
auswendig	auswinnisCH

Bach	BaCH (*fem.*) / BeSCH
Backe	Bagg/-ə
backen	baggə
baden	boarə
Badezimmer	Boarəzimmər/-n
Bagage	Bagaasch/-ə
bald	baal
Banane	Banaan/-ə
Bändel	Binnəl
Bär	Beer / Beern
barfuß	boarwəs
Bart	Board / Berrdə
Batzen	Baddsə
bauen	bauhə
Baum	Baam / Beem
Baumstumpf	Baam|schdummb/-schdimmb
Becher	BeSCHər
Becken	Beggə
Bedacht	Bədoachd
bedeuten	bədeurə
Beerdigung	Bə|eerdiSCHunng/-ə

begegnen	bəgeenə
Begriff	Bəgreaff/-ə
beherzigen	bəherrdsiSCHə
beieinander	bei|nannər
Bein	Baa
beißen	beisə
beizeiten	bei|zeirə
bemühen	bəmuijjə
benötigen	bəneeriSCHə
beratschlagen	bəroadschloah
Beruf	Bərouf
berühmt	bəruihmd
berühren	bəruijjərn
beschädigen	bə|scheediSCHə
Bescheid	Bə|schaad / Bə|schaarə
beschränken	bə|schrinng|gə
Besen	Beesə
besonders	bəsunnərs
bestimmen	bə|schdeammə
Besuch	BəsuCH/-ə
beten	beerə
Beton	Beddonng; Bədonng
betrachten	bədroaCHdə
Betrag	Bədroag / Bədreeh
Bett	Bedd / Beddər
Beule	Beul/-ə
bevor	bəfier
bewegen	bəweehə
bezahlen	bəzoahlə
Bezug	BəzuCH / Bəziesch
biegen	bieschə
Biene	Bie/-nə
Bier	Bäijjər
bieten	bäirə
binden	beannə
Birne	Bier/-nə
bis	beass
Biss	Beass/-ə
bisschen	bissjə
Bitte	Bidd/-ə
bitter	beaddər
Blamage	Blamaasch/-ə
Blase	Bloos/-ə
blasen	bloosə
Blatt	Bload / Bleerər
blau	bloo
bleiben	bleiwə
blind	bleannd
blöd	bleed
bloß	bluus
blühen	bluijjə
Blume	Bloum/-ə
Bluse	Bluus/-ə
Blut	Bloud
Blüte	Bluid / Bluirə
bluten	blourə
Boden	Burrəmm / Birrəmm
Bogen	Buuhə
Bohne	Boah/-nə
bohren	buhrn
Bohrer	Buhrər
Bordstein	Borrd|schdaa
borgen	borrSCHə
böse	bees
braten	broorə
Braten	Broorə
brauchen	brauchə
braun	brau
brav	broaf
brechen	breerchə
Bredouille	Bredulljə
breit	braad

Bremse	Brimms/-ə
bremsen	brimmsə
brennen	brinnə
Brennnessel	Brui|nessəl
Brett	Breed / Breerər
Brezel	Breddsəl/-ə
Brief	Bräib / Bräiwə
Brille	Brill/-ə
bringen	brinngə
bröckeln	breggələ
Brombeere	Broabər/-n
Brot	Bruud/-ə
Brötchen	Breedschjə/-r
Brücke	Brigg/-ə
Bruder	Brourər / Bruirər
Brühe	Bruih/-ə
Brunnen	Brunnə
brüten	brui|rə
brutzeln	bruddsələ
Buch	BuCH / BiSCHər
Büchse	Biggs/-ə
Buchstabe	BuSCHdoawə
bücken	biggə
buddeln	buddələ
büffeln	biffələ
Buffet	Biffee
Bügeleisen	Bieleisə
bügeln	bielə
Bürgermeister	Buahhmaasdər/-n
Bürgersteig	Buijjərschdeisch/-ə
Bürste	Bierschd/-ə
Busch	BuSCH / BiSCH
Büschel	BiSCHəl
büßen	buisə
bugsieren	buggsäijjərn
bunt	bunnd; bunndiSCH
Bütte	Bidd/-e
Butter	Buddər
Chaussee	Schosseeh/-ə
Chinese	Schinnees/-ə
Christ	Kreassd/-ə
Christkind	Kreass|kinnschjə
Courage	Kurraasch
Cousin	Kussenng/-s
da / dort	doo; loo
dabei	do|bei; doo|bei
dafür	do|fier; doo|fier
dagegen	do|geehə; doo|geehe
daheim	da|haam
daher	do|heer; doo|her
dahin	do|hie/-nə; doo|hie
dahinter	do|heannər; doo|heannər
damals	dumools
damit	do|meadd; doo|meadd
danach	do|nooh; doo|nooh
daneben	do|neewə; doo|neewə
dann	daa
daran	do|druh; doo|druh
darauf	do|druff; doo|druff
darin	do|jeann; doo|jeann
darüber	do|driwwər; doo|driwwər
darunter	do|drinnər; doo|drinnər
das	dodd; əd
Daumen	Daumə
davon	do|fuh; doo|fuh
dazu	do|zouh; doo|zouh
dazwischen	do|zwiSCHə; doo|zwiSCHə
Decke	Degg/-ə
Delle	Dell/-ə
denken	dinng|gə

denn	daa (*als Partikel*); denn
der	dee; dər
deswegen	dessweehə; dessweehə
deuten	deurə
dick	digg
die	die; də
Dieb	Däib / Däiwə
dienen	däinə
diesig	diesiSCH
Ding	Deanngə/-r
disputieren	dissbədäijjərn
Donner	Dunnər
donnern	dunnərn
Dorf	Duurf / Dier|fər
Drachen	DraCHə
Draht	Droad / Dreed
dran	druh
drauf	druff
draußen	dausə; jausə
Dreck	Dreerg
dreckig	dreerg|liSCH
drehen	dreehə
dreschen	dreSCHə
drin	deann; jeann
drüben	diwwə; iwwə
drücken	driggə
drum	drimm
drunter	drinnər
Dübel	Diwwəl
ducken	duggə
dulden	dulldə
dunkel	dunng|gəl
dünn	dinn
durch	durrsch
Durcheinander	Durrschə|nannər
dürfen	durr|fə
dürr	deer
Durst	Durschd
durstig	dursdiSCH
düster	deussdər
eben	eewə
Ehe	Eh/-ə
Ei	Aijj / Aijər
Eiche	Eisch/-ə
Eidechse	Eideggs/-ə
Eigentum	Eijəduum/-diemər
ein	ə; ən; ie
einander	ə|nannər
Einbrecher	Ie|breSCHər
einfach	aahfaCH
einfältig	iefelldiSCH
eingebildet	iegəbilld
einig	aahniSCH
einmal	aah|mool; əmool
einverstanden	ie|fərschdannə
einzel	aahndsəl
einzig	aahn|siSCH
Eisenbahn	Eisəbuh/-beehn
Elefant	Elləfannd/-ə
elendig	eelenniSCH
Ellenbogen	Ellə|buuhə
Eltern	Eelərn
Ende	Inn/-ər
eng	inng
Engel	Inngəl
Enkel	Inng|gəl
Enkelkind	Inng|gəlkeannd/-keann
Ente	Innd/-ə
entschuldigen	enndschulldiSCHə
Erbse	Aarwəs/-ə
Erdbeere	Eerbər/-n

Erde Eer

Erkältung Fərkeelung

erkundigen ərkunndiSCHə

erlauben ərlaawə

erledigen ərlee|diSCHə

erschrecken ərschreggə

erst ierschd

erzählen fərzeelə

essen eersə

Essen Eersə

Essig EssiSCH

etwas ebbəs

ewig eewiSCH

Faden Foarəm / Feerəm

Fahne Fuh/-nə

fahren foahrn

fallen fallə

Familie Fammillljə

fangen fanngə

Farbe Foarb / Foarwə

fassen fassə

Fastnacht Fassənoachd

fechten feSCHdə

Feder Feerər/-n

fein feih

Felge Fellsch/-ə

Fenster Fiesdər/-n

Ferkel Faargəl

Fernsehen/-er Ferrnseeh

fertig ferrdiSCH

feucht feuschd

Feuer Fauhhər/-n

Fieber Fiewər

finden feannə

Finger Feanngər

Flasche FlaSCH/-ə

flattern fladdərn

Flausen Flausə

Flecken Fleergə

Fledermaus Fleerərmaus/-mäus

fleißig fleisiSCH

Flicken Fliggə

Fliege Fläijj/-ə

fliegen fläijjə

fließen fläisə

Flinte Fleannd/-ə

Floh Floo / Flee

Flügel Fliddschəl

Förster Ferrschdər

fort fordd

Foto Foddo/-s

fragen freehə

Franzose Frannzuus/-ə

Frau Fraa / Weisleuh

frech freSCH

freilich freiliSCH

fremd frimm

fressen freersə

freuen freujjə

Frieden Frie|rə

frieren friern

Frikadelle Friggadell/-ə

frisch freaSCH

froh fruh

fromm frumm

Frosch FroSCH / FreSCH

frostig frossdiSCH

Frucht FruCHd / FriSCHd

früh fruijj

Frühjahr Fruijjuhr

Fuchs Fuggs / Figgs

fühlen	fuihlə
führen	fuijjərn
für	fier
fürchten	firrschdə
Furz	Furds / Fierds
Fuß	Fous / Fuis
Futter	Fourər
füttern	fuirərn
Gabel	Goawəl/-ə
Gans	Ganns / Ginnsə
ganz	gannds
gar	goar
Garage	Garaasch/-ə
Garderobe	Gadroob/-ə
Garten	Goardə / Gerrdə
Gasse	Gass/-ə
geben	geewə
Gebüsch	GəbiSCH/- ə
gefährlich	gəfiehrliSCH
Gefühl	Gefuihl/-ə
gegen	geehə
Gegend	Geeschənd/-ə
gehen	gieh
gehörig	gəhieriSCH
Geige	Geih/- ə
Geißel	Gaasəl
Geländer	Gəlinnər
gelb	geel
Gelee	Scheelee
Gelenk	Gəlinnk/-ə
Gemeinde	Gəmaa/-nə
Gemüse	Gəmuis
genieren	schenniern
genießen	gənäisə
genug	gənuCH; gənunnk
gerade	groad (*Adv.*); schdragg (*Adj.*)
gerecht	gəreeschd
Gerste	Geerschd
Gerüst	Gərissd/-ə
gescheit	gəscheud
Geschenk	Gəschinnk/-ə
Gestrüpp	Gəschdribb/-ə
gewaltig	gəwalldiSCH
Gewand	Gəwann / Gəwinnər
Gewehr	Gəwiehr/-n
gewinnen	gəweannə
gewiss	gəweass
Gewitter	Gəwirrər
gewöhnen	gəwiehnə
Giebel	Giwwəl
gießen	gäisə
Gift	Geaffd/-ə
giftig	geaffdiSCH
glänzen	glinnsə
Glas	Gloas / Gleesər
glatt	gloadd
Glatze	Gladds/-ə
glauben	glaawə
gleichmäßig	gleisch|meesiSCH
Glocke	Glogg/-ə
Glück	Gligg
glühen	gluihə
glühend	gluihniSCH
Glut	Gloud
Gockel	Giggəl
Gold	Gulld
gönnen	gunnə
Grab	Groab / Greewər
graben	groawə
Graben	Groawə / Greewə
Gras	Groas / Greesər

Grashüpfer	Groashibbər
grau	groo
greifen	greifə
Grenze	Grinnds/-ə
Gries	Gridds
Griff	Greaff/-ə
grob	grobb
Groschen	GruSCHə
groß	gruus
Grube	Groub / Grouwə
grübeln	griwwələ
grün	gruih
grüßen	gruisə
gucken	guggə
gültig	gilldiSCH
Gurke	Gummər/-n
Gürtel	Girddəl
gut	goud
Haar	Huur
haben	huh
Hacke	Hagg/-ə
Hafen	Haafə
Hafer	Hoafər
häkeln	heekələ
Haken	Hoogə
Halle	Hall/-ə
halten	haalə
Hammer	Hummər
Hand	Hannd / Hinn
handeln	hannələ
Handschuh	Hinnschə
hängen	hinngə; hinng|gə
hantieren	hanndäijjərn
hart	hordd
Hase	Hoas/-ə
hauen	haachə
Haufen	Haaf / Heef
heben	heewə
Hecke	Hegg/-ə
heil	haal
heilig	heiliSCH
heim	haam
heiraten	heiroadə
heiß	haas
heißen	haasə
helfen	hallfə
Hemd	Himmd / Himmər
Henkel	Hinng|gəl
herab	roah
herauf	ruff
heraus	raus
herein	rie
herüber	riwwər
herum	rimm
Heu	Haa
heulen	heulə
heute	hauh
hier	häijj
Himbeere	Hummbər/-n
hin	hie; hienə
hinab	noah
hinauf	nuff
hinaus	naus
hinein	nieh
hinten	heannə
hintendrein	heannədrie
hinter	heannər
hinterhältig	heannərhelldiSCH
Hintern	Hinnərn
hinüber	niwwər
hinunter	noah

Hitze	Hidds
hoch	huuch
Hochzeit	HuCHdsəd/-ə
Hof	Hoob / Heeb
Höhe	Heeh
holen	hullə
Hölle	Hell
Holz	Hullds / Hilldsər
Honig	HoonisCH
hören	hiern
Hügel	Hibbəl
Huhn	Hinng|gəl
huldigen	hulldisCHə
Hund	Hunnd / Hunn
hüpfen	hibbə
husten	houssdə
Hut	Houd / Huijj
Hütte	Hidd/-ə
in	ie
Infarkt	Innfarggd/-ə
international	indərnaddsionaal
inwendig	ie|winnisCH
ja	joo
Jagd	JoCHd/-ə
jagen	joan
Jahr	Juhr/-n
Jalousie	Schalləsieh/-ə
japsen	jabbsə
jäten	jeerə
jemand	eemə
jetzt	jedds
Joch	JuCH/-ə
jucken	juggə
Jude	Judd / Jurrə
Käfig	Kee|fisCH/-ə
Kalb	Kallb / Kellbər
Kalender	Kolinnər
Kaliber	Kaliwwər
kalt	kalld
Kälte	Keel
Kamerad	Kumməroad/-ə
kämmen	kimmə
Kampf	Kammbf / Kimmbf
kämpfen	kimmbfə
Kanal	Konnoal / Konneel
Kaninchen	Kanniggəl
Kanne	Kann/-ə
Kapazität	Kabbadsideed/-ə
kapieren	kabbiern
Kapitel	Kabbiddəl
Kappe	Kabb/-ə
Kapuze	Kabbudds/-ə
Karte	Koard/-ə
Karton	Kaddonng/-s
Käse	Kees
Kassette	Kassedd/-ə
Kater	Koarər
Katze	Kadds/-ə
kauen	kauhə
kaufen	kaafə
kehren	kiehrn
kein	kaa
Kelch	Kellsch/-ə
Keller	Keer/-n
kennen	kinnə
Kerze	Kierds/-ə
Kette	Kedd/-ə
Kies	Kiss
Kiesel	Kissəl/-ə
Kind	Keannd / Keann

Kirche	Kiersch/-ə
Kirsche	Kiersch/-ə
Kissen	Kissə
Kiste	Keassd/-ə
klagen	kloah
Klamotten	Klamoddə
klar	kluur
klatschen	kladdschə
kleben	kleewə
Kleid	Klaad / Klaarər
klein	klaa
klemmen	klimmə
klettern	kleerərn
klingen	klinngə
klopfen	klubbə
Kloß	Kluus / Klees
Klumpen	Klummbə
Knecht	Kneeschd/-ə
kneifen	kneifə
Kneipe	Kneib/-ə
kneten	kneedə
Knie	Knäijj
knien	knäijjə
Knopf	Knubb / Knibb
knöpfen	knibbə
Knoten	Knubb / Knibb
knüpfen	knibbə
Knüppel	Knibbəl
kochen	koCHə
Koffer	Kuffər/-n / Kiffər
Kohlrabi	Kullroab / Kullroawə
Kolben	Kollwə
Kollege	Kolleesch/-ə
kommen	kumme
können	kunnə
Kopf	Kubb / Kibb
Korb	Kuurb / Kierb
Kordel	Gurrdəl/-ə
Körper	Kerrbər
kotzen	korrdsə
kräftig	kreffdiSCH
Kragen	Kroag / Kraa
Krähe	Kreeh/-ə
Kralle	Krall/-ə
kratzen	kraddsə
kraxeln	kraggsələ
Kreide	Kreih
kreischen	kreischə
Krempel	Krimmbəl
krepieren	krebbiern
kriechen	kriSCHə
Krieg	Kriesch/-ə
kriegen	kräijj
kritzeln	griddsələ
Krücke	Krigg/-ə
Krümel	Krimməl
Krüppel	Kribbəl
Kübel	Kiwwəl
Küche	KiSCH/-ə
Kuchen	KuCHə
Kuh	Kouh / Kuih
kühl	kuihl
Kühlschrank	Kuihlschannk/-schinnk
Kümmel	Kimməl
Kumpel	Kummbəl
kündigen	kinnischə
Kürbis	Kirrbiss/-ə
Kurve	Kurrf/-ə
lachen	laCHə
laden	loarə
Laden	Loarə

lahm	loahm
lamentieren	lammenndäijjərn
Lampe	Lammb/-ə
Land	Lannd / Linnər
längst	linngsd
Lappen	Labbə
läppisch	lebbsch
lassen	loosə
lästig	lessdiSCH
Latein	Laddein
Laterne	La|derrn/-ə
Latte	Ladd/-ə
Laub	Laab
laufen	laafə
läuten	läurə
leben	leewə
Leben	Leewə
lebendig	leefiSCH
Leder	Leerər
leer / ledig	leeriSCH
legen	leejə
Lehre	Liehr
Lehrer	Liehrər
Leib	Leib / Leiwər
leid	laad
Leid	Laad
leiden	leirə
leihen	leihə
Leiter	Laadər/-n
lenken	linng|gə
lernen	liern
lesen	leesə
Leute	Leuh
Libelle	Libell/-ə
Licht	LiSCHd/-ər
lieb	läib
lieber	läiwər
liefern	liwwərn
liegen	laijjə
lila	lilla
Linde	Leann/-ə
Lineal	Linnjaal/-ə
links	leanngs
Lippe	Libb/-ə
Litanei	Liddanei/-hə
Liter	Liddər
Loch	LoCH / LeSCHər
Löffel	Leffəl
los/-e	luus
Lücke	Ligg/-ə
Lüge	Läijj/-ə
lügen	läijjə
Lumpen	Lummbə
Lunge	Lunng/-ə
lustig	lussdiSCH
machen	maCHə
mächtig	meSCHdiSCH
Mädchen	Maadschjə/-r / Maarərschjər
Magen	Moachə
mähen	meehə
mal	mool
malen	moalə
Mama	Mamma; Mammə
man	mər
manchmal	mannsch|mool
Mann	Maa / Minnər; Mannskerrl/-leu
Mark	Magg
Markt	Maad / Merrdə
marode	maroorə
marschieren	marschäijjərn
Marzipan	Maddsibaan

Material	Maddərjaal/-ə
Matratze	Madradds/-ə
Mayonnaise	Maijjonees
mehr	mieh
meiden	meidə
meinen	maanə
melden	mellə
Menge	Minng/-ə
Mensch	Minnsch/-ə
merken	merrgə
messen	meersə
Messer	Meersər; Messər
Metall	Medall/-ə
Miete	Mied/-ə
Milch	Millsch
mild	mill
Minute	Minuud/-ə
miserabel	missəroawəl
Mist	Meassd
mit	meadd
miteinander	mənannər
Mittag	Mədoag
Mitte	Meadd/-ə
Mode	Muurə
mogeln	moogələ
mögen	moggə
Möhre	Muhr/-n
morgen	muurn
Morgen	Moijjə
morgens	moinns
Motor	Moodor/-n
motzig	moddsisCH
Mücke	Migg/-ə
Mühe	Muijj/-ə
Mühle	Miehl/-ə
mulmig	mullmisCH
Murmel	Murrməl/-ə
Musik	Mussigg
müssen	mussə
müßig	muisisCH
Mut	Moud
mutig	mourisCH
Mutter	Muddər / Middər; Muirər/-n
Nabel	Noawəl / Neewəl
nach	nooh
Nachbar	NoCHbər/-n
nachher	nooheer; nooheer
Nacht	Noachd / NeSCHdə
Nachthemd	Noachdhimmd/-himmər
nachts	noachds
nackt	naggisCH
Nadel	Nool/-ə
Nagel	Noal / Naal
nah	noo
Nähe	Neeh
nähen	neehə
Naht	Noahd / Neehd
Name	Noamə
nämlich	neemlisCH
Narbe	Noarb/-ə
Nase	Noas/-ə
Natur	Nadduur
Nebel	Neewəl
neben	neewər
nehmen	nummə
nein	naa
nennen	ninnə
neu	nauh
nicht	neadd
nicht mehr	nimmi
nichts	naud

nieder	nirrər
niedrig	niedriSCH
niemand	neemə
niesen	näisə
Nikolaus	Niggəloos
nötig	neeriSCH
nuckeln	nuggələ
Nuss	Nuss / Niss
nutzen	nuddsə
nützen	niddsə
nützlich	niddsliSCH
oben	oowə
Ochse	Oggs/-ə
Ofen	Oowə / Eewə
offen	uffə
ohne	uhnə
Ohr	Uhr/-n
Öl	Oolə (*mask.*)
Oma	Omma
Onkel	Unng|gəl
Opa	Obba
Orgel	Uil/-ə
Ostern	Uusdərn
paar	poar
Paar	Poar / Peerschjər
Pacht	PoaCHd/-ə
packen	paggə
Papa	Babba; Babbə
Papier	Bobbaijjər/-n
Pappe	Babb/-ə; Babbdeggəl
pappen	babbə
Parfüm	Baffümm/-s
parieren	paräijjərn
parterre	baderr

partou	badduu
passen	bassə
passieren	bassäijjərn
Pastor	Bassduur/-n
Pate	Padd/-ə
patent	badennd
Patrone	Badroon/-ə
Perücke	Perrigg/-ə
Pfanne	Pann/-ə
Pfannkuchen	PannəkuCHə
Pfeffer	Peffər
pfeifen	peifə
Pfennig	FenniSCH
pfiffig	fiffiSCH
Pfingsten	Pinngsdə
Pfirsich	FirrsiSCH/-ə
Pflanze	Plannds/-ə
pflanzen	planndsə
Pflaster	Plassdər/-n
pflastern	plassdərn
Pflicht	FliSCHd/-ə
pflücken	pliggə
Pflug	Plugg/-ə
Pfund	Punnd / Punn
Pfütze	Fidds/-ə
pinkeln	pinng|gələ
Pistole	Bissdool/-ə
Plage	Ploah/-ə
plärren	pleern
Plunder	Plunnər
plündern	plinnərn
Po	Bobbəs/-ə
Politik	Bollidigg
Polizei	Bollizei
Polster	Pullsdər
Portemonnaie	Porddmanee/-s

Portion	Porrdsjoo/-ə
Porzellan	Borddsəlaan
Post	Puss
Posten	Possdə
praktizieren	braggdizäijjərn
predigen	preediSCHə
probieren	prowäijjərn
proper	probbər
prüfen	pruifə
prügeln	brielə
Pumpe	Pummb/-ə
Puppe	Bubb/-ə
putzen	buddsə
quälen	kweelə
quetschen	kweddschə
Rabe	Roab / Roawə
rächen	reSCHə
Rad	Road / Reerər
Rage	Raasch
Rahmen	Roahmə
rasen	roosə
rasieren	rassiern
raten	roorə
Ratschlag	Roadschloag / Roadschleeh
rauben	rauwə
Rauch	Raach
rauchen	raachə
räumen	raumə
rechen	reerchə
Rechen	Reerchə
rechnen	reSCHnə
recht	reeschd
Recht	Reeschd
rechts	reeschs
Regen	Reeh
regnen	reenə
reiben	reiwə
Reifen	Raaf/-ə
Reihe	Reih/-ə
reißen	reisə
reiten	reirə
rempeln	remmbələ
rennen	rannə
rentieren	renndiern
reparieren	rebbaräijjərn
richten	riSCHdə
richtig	riSCHdiSCH
riechen	riSCHə
Riegel	Riel
Riemen	Räimə
rieseln	rissələ
Ring	Reanng/-ə
Rippe	Ribb/-ə
Riss	Reass/-ə
ritzen	riddsə
Rock	Rogg / Regg
Rolladen	Rulloarə
Rolle	Rull/-ə
rollen	rullə
Rose	Ruus/-ə
Rosine	Rosien/-ə
rostig	rossdiSCH
rot	ruud
Roulade	Rulloarə
Rübe	Ruib / Ruiwe
rücken	riggə
Rücken	Riggə
rückwärts	riggwerrds
rufen	roufə
Ruhe	Rouh

ruhen	rouhə
ruhig	ruisch
rühren	ruijjərn
rundherum	runndərimm
Runkelrübe	Rumməl/-ə
runzelig	runnsəlisCH
rupfen	rubbə
Russe	Russ/-ə
Rüssel	Rissəl
rutschen	riddschə
rütteln	riddələ
Saal	Soal / Seel
Sache	SaCH/-ə
sachte	soaCHd
säen	seehə
Säge	Seeh/-ə
sagen	soah
sägen	seejə
Salat	Soload/-ə (*fem.*)
Salbe	Sallb / Sallwə
Samen	Soamə
sammeln	sammələ
Sarg	SarSCH / SerSCH
satt	soad
sauber	sauwər
saufen	saufə
Schacht	SchoaCHd / ScheSCHd
Schachtel	SchoCHdəl/-ə
schade	schoah
schaden	schoarə
Schaden	Schoarə
Schaf	Schoof/-ə
Schal	Schoal/-ə
Schale	Schoal/-ə
schämen	schummə

Schande	Schann/-ə
scharf	schobb
Schatten	Schaddə
Scheibe	Scheib / Scheiwə
scheiden	scheidə
Schein	Scheih/-nə
scheißen	scheisə
schelten	scherrlə
schenken	schinng|gə
Scherbe	Schirrwəl/-ə
Schere	Schier/-n
scheren	schiern
Scheune	Schauhhər/-n
schicken	schiggə
schieben	schiewə
schief	schebb
schießen	schäisə
Schinken	Scheanng|gə
Schippe	Schibb/-ə
schlachten	schloCHdə
Schlaf	Schloof
Schlafanzug	Schloof|uhzuCH/-uhzieh
schlafen	schloofə
Schlag	Schloag / Schleeh
schlagen	schloahə
Schlange	Schlanng/-ə
schlecht	schleeschd
schleichen	schleischə
Schleife	Schleif/-ə
schleifen	schleifə
schlendern	schlinnərn
schließen	schläisə
Schliff	Schleaff/-ə
schlimm	schleamm
schlingen	schleanngə
Schlitten	Schlirrər

Schluckauf	Schliggəs/-ə
schlucken	schluggə
schlüpfen	schlibbə
Schlüssel	Schlissəl
schmal	schmoal
schmecken	schmeggə
schmeißen	schmeisə
schmieren	schmiern
Schnabel	Schnoawəl / Schneewəl
Schnake	Schnoag/-ə
schnarchen	schnoagsə
Schnauze	Schnauds
Schnecke	Schneel/-ə
Schnee	Schnie
schneiden	schneirə
Schneider	Schneirər
schneien	schneihə
schnüffeln	schniffələ
Schnupfen	Schnubbə
Schnur	Schnouhhər/-n
Schnute	Schnoud/-ə
Schokolade	Schuggəload/-ə
schon	schuu
schön	schie
schöpfen	schebbə
Schoß	Schuus
Schrank	Schannk / Schinnk
Schranke	Schrannk/-ə
Schreck	Schregg
schreiben	schreiwə
schreien	schreihə
Schubkarren	Schubbkerrn
Schuh	Schouh
Schulter	Schullər/-n
Schürze	Schierds/-ə
Schüssel	Schussəl/-ə
Schuster	Schoussdər
schütteln	schiddələ
schütten	schirrə
Schwager	Schwuur
Schwägerin	Schweeschərin/-nə
Schwanz	Schwannds / Schwinnds
schwarz	schwoardds
schwätzen	schweddsə
schweigen	schweihə
schwenken	schwinng|gə
schwer	schwier
Schwiegermutter	Schwäijjər|muddər/-middər
Schwiegervater	Schwäijjer|foarər/-feerər
schwimmen	schweammə
schwindelig	schwinndəlisCH
schwingen	schwinngə
schwitzen	schwiddsə
schwören	schwiern
schwül	schwuil
Segen	Seehə
sehen	säih
Seife	Saaf/-ə
Seil	Saal/-ər
sein	sei
Seite	Seid / Seirə
selber	sallwər
selig	seelisCH
Senf	Sinnfd
Sense	Sees/-ə
sensen	seesə
Serviette	Serwjedd/-ə
setzen	seddsə
Sieb	Sibb/-ə
Silber	Sillwər
simulieren	simmuläijjərn
singen	seanngə

sinken	seanng|gə
sitzen	siddsə
so	su
sofort	su|forrd
sogar	su|goar
Soldat	Sulldoad/-ə
sollen	sullə
Sommer	Summər/-n
Sonne	Sunn/-ə
sonnig	sunniSCH
sonst	suss
sorgen	soijə
Spaß	Schbass / Schbess
spät	schbeed
Spaten	Schbaadə
spazieren	schbazäijjərn
spekulieren	schbegguläijjərn
spenden	schbenndə
Spiegel	Schbäil
Spiel	Schbill/-ə
spielen	schbillə
Spinat	Schbinnoad
Spindel	Schbeannəl/-ə
Spinne	Schbeann/-ə
spinnen	schbeannə
Spitze	Schbidds/-ə
Splitter	Schblirrər
Sprache	Schbrooch/-ə
springen	schbreanngə
Spritze	Schbridds/-ə
Spruch	SchbruCH / SchbriSCH
sprühen	schbruijjə
spucken	schbuggə
spülen	schbuilə
spüren	schbiern
Staat	Schdoad/-ə
Stadt	Schdodd / Schdedd
staffieren	schdaffäijjərn
stämmig	schdimmiSCH
Ständer	Schdinnər
ständig	schdenndiSCH
Stange	Schdanng/-ə
Staub	Schdaab
staubig	schdaabiSCH
stechen	schdeerchə
stecken	schdeggə
stehen	schdieh
steigen	schdeihə
Stein	Schdaa
stellen	schdellə
stemmen	schdimmə
Stempel	Schdimmbəl
sterben	schdeerwə
stickig	schdiggiSCH
Stiefel	Schdiwwəl
Stiefeltern	Schdäif|eelern
Stift	Schdeaffd/-ə
Stimme	Schdeamm/-ə
stimmen	schdeammə
stinken	schdinng|gə
Stock	Schdeergə
Stoff	Schduff/-ə
Stollen	Schdullə
stolpern	schdullbərn
stolz	schdullds
stopfen	schdubbə
Stopfen	Schdubbə
Storch	Schdorrsch / Schderrsch
stören	schdiern
Stoß	Schduus / Schdies
stoßen	schduusə
Strafe	Schdroof/-ə

Straße	Schdroos/-ə
streichen	schdreischə
Streifen	Schdraafə
streuen	schdraahə
stricken	schdriggə
Stroh	Schdree
Strumpf	Schdrummb / Schdrimmb
struppig	schdruwwəliSCH
Stube	Schdooh/-ə
Stück	Schdigg/-ər
studieren	schduräijjərn
Stuhl	Schdoul / Schduil
stülpen	schdillbə
Stunde	Schdunn/-ə
Sturm	Schdurrm / Schdirrm
stürmen	schdirrmə
stürzen	schdirrdsə
Sturz	Schdurrds / Schdirrds
Stütze	Schdidds/-ə
stützen	schdiddsə
suchen	suCHə
Sünde	Sinn/-ə
Suppe	Subb/-ə
süß	suis
Süßigkeit	Suisischkeid/-ə
Tablette	Tabbledd/-ə
Tafel	Doafəl/-n
Tag	Doag / Doah
Tal	Doal / Deelər
Tanne	Dann/-ə
tanzen	danndsə
tapezieren	dabbəzäijjərn
tappen	dabbə
Tasche	TaSCH/-ə
Taschentuch	TaSCHəduCH/-diSCHər
Tasse	Tass/-ə
tasten	tassdə
taub	daab
Taube	Daub / Dauwə
tauchen	tauchə
Taufe	Daaf/-ə
taufen	daafə
taugen	daachə
tauschen	dauschə
Teich	Deisch/-ə
Teig	Deig
Teil	Daal/-ə
Teller	Dellər
Teppich	DebbiSCH/-ə
teuer	deuhhər
Teufel	Deiwəl
tief	däif
Tier	Däijjər/-n
Tierarzt	Däijjer|oardsd/-erdsdə
Tinte	Teanndə
Tisch	DiSCH/-ə
titulieren	diddulläijjərn
toben	toowə
Tod	Duud/-ə
toll	dull
Topf	Dibbə
Tor	Duur/-n
tot	duud
total	dodaal
Tour	Duur/-n
Tracht	DroaCHd/-ə
tragen	droahə
traktieren	draggdäijjərn
Traktor	Draggdor/-n
Träne	Dreen/-ə
Traum	Draam

träumen	draamə
treffen	dreerfə
treiben	dreiwə
trennen	drennə
Treppe	Drabb/-ə
treten	dreerə
Trikot	Driggo/-s
trinken	dreanng|gə
Tritt	Dridd
trocken	droijj
trocknen	droijjə
Trommel	Drommǝl/-ə
tröpfeln	dribbələ
tropfen	drubbə
Tropfen	Drubbə
Trottoir	Droddəwaa/-s
trüb	druib
Trubel	Druwwəl
Truhe	Druh/-ə
Tuch	DuCH / DiSCHər
tüchtig	diSCHdiSCH
tüfteln	diffdələ
tun	dou
tunken	tunng|gə
Tür	Dier/-n
Turm	Turmm / Tirmm
Tüte	Dudd/-ə
übel	iwwəl
üben	üwə
über	iwwər
überall	iwwərall
überhaupt	iwwərhaabd
übermorgen	iwwərmuurn
übrig	iwwriSCH
Ufer	Ouwər/-n
Uhr	Auhhər/-n (*Uhrzeiten stets Pl.*)
um	imm
umsonst	immsuss
und	eann
unflätig	uu|fleeriSCH
ungeduldig	uu|gədulliSCH
ungefähr	uu|gəfeer
unten	innə; dinnə
unter	innər
Unterschied	Innərschied/-ə
üppig	ibbiSCH
Urkunde	Urkunn/-ə
Vase	Woas/-ə
Vater	Foarər / Feerər
Veilchen	Feilschjə/-r
veralbern	fərallwərn
verderben	fərdeerwə
vergessen	fərgeersə
vergilben	fərgillwə
Vergnügen	Fərgnieschə
Verkehr	Fərkiehr
verkehrt	fərkiehrd
verkleiden	fərkleirə
Verlass	Fərloos
verlieren	fərliern
Vermögen	Fərmeehə
vernünftig	fərninnfdiSCH
verraten	fəroorə
verrecken	fəreggə
verrostet	fərossd
verrückt	fəriggd
verschütten	fərschirrə
verspotten	fərschboddə
verständigen	fərschdinniSCHə
verstecken	fərschdubbə

versuchen	fərsuCHə
Vertrag	Fərdroag/-dreeh
vertragen	fərdroah
verwöhnen	fərwienə
Vieh	Fäih
viel	fill
Vogel	Fool / Feel
voll	full
vom	fumm
von	fuu
vor	fier
voran	firruh
Vorhang	Fierhanng/-hinng
vorher	fierher
vorig	fierSCH
vorne	fuurnə
vornehm	fiernehm
Vorrat	Fierrood / Fierreedə
vorrätig	fierreediSCH
vorsichtig	fier|siSCHdiSCH
vorwärts	fierwerrds

Waage	Wooh/-ə
Wachs	Woggs
wachsen	woasə
Wacht	WoCHd
wackeln	waggələ
Wagen	Woah / Weeh
wahr	wuur
Wahrheit	Wuurəd/-ə
Wald	Walld / Wellər
Walze	Wallds/-ə
Wand	Wannd / Winn
warm	woarmm
warten	woardə
warum	warimm
Warze	Woards/-ə
was	wodd
Wäsche	WeSCH
waschen	weSCHə
weben	weewə
wechseln	weesələ
weg	wigg
Weg	Weeg / Weeh
wegen	weehə
weich	waasch
Weihnachten	Weihnoachdə
Wein	Weih/-nə
weisen	weisə
weit	weid
weiter	weirər
wenig	winnk
werden	weern
werfen	werrfə
Werktag	Weer|doag/-doah
Wespe	Wessbəl/-ə
Wette	Wedd/-ə
Wetter	Weerər/-n
wettern	weerərn
wichtig	wiSCHdiSCH
wieder	wearrər
Wiege	Wäijj/-ə
Wiese	Wies/-ə
Wiesel	Wissəl
wild	will
wimmeln	wimmələ
Wimper	Weammbər/-n
Wind	Weannd / Weann
Windel	Winnəl/-ə
windig	weanndiSCH
Winter	Weanndər/-n
winzig	winndsiSCH

Wirbel	Wirrwəl
Wirsing	Wirrschinng
wissen	weassə
wittern	wirrərn
Witwe/r	Widdfraa/-maa
wo	wuu
Woche	WuCH/-ə
wohnen	wuunə
Wohnung	Wuuning
Wolf	Wollf / Wellf
Wolke	Wullg/-ə
Wolle	Wull
wollen	wullə
Wort	Worrd / Werrdər
wühlen	wuilə
Wunde	Wunn/-ə
wundern	wunnərn
wünschen	winnschə
Würfel	Wirrfəl
Wurst	Wurrschd / Wirrschd
Wurzel	Wurrdsəl/-ə
Wust	Wousdərd
wüst	wuisd
Zacken	Zaggə
Zahl	Zoahl/-ə
zählen	zeehlə
zahm	zoahm
Zahn	Zuh / Zieh
Zange	Zanng/-ə
zanken	zinng|gə
zapfen	zabbə
Zapfen	Zabbə
zappeln	zabbələ
zart	zoard
Zeh	Zeeh/-ə

Zeichen	Zeischə
zeichnen	zeischnə
zeigen	zeischə
Zeit	Zeid / Zeirə
zeitig	zeiriSCH
Zeitung	Zeirinng/-ə
Zelle	Zell/-ə
zerknittert	zərknirrərd
Zettel	Zeel
ziehen	zäijjə
Zigarette	Ziggaredd/-ə
Zigarre	Ziggarr/-ə
Zipfel	Zibbəl
zittern	zirrərn
zittrig	ziddriSCH
Zopf	Zubb / Zibb
zornig	zorrniSCH
zu	zou; zə
zuerst	zə|ierschd
zufrieden	zə|frierə
Zug	ZuCH / Ziesch
Zügel	Ziehl
zugig	zuugiSCH
zuletzt	zə|leddsd
Zunge	Zunng/-ə
zupfen	zubbə
zurecht	zə|reeschd
zurück	zə|rigg
zusammen	zə|summə
Zustand	Zou|schdannd/-schdinn
zu viel	zə|fill
Zwetschge	Kweddsch/-ə
zwicken	zwiggə
Zwiebel	Zwiwwəl/-ə
zwingen	zwinngə
zwischen	zwiSCHə

Besondere Westerwälder Regionalausdrücke

Ergänzend zu den lautlichen Varianten all der Wörter, die auch in der deutschen Hochsprache bekannt und geläufig sind, gibt es im Wäller Platt eine Vielzahl von Begriffen, die einen besonderen regionalen Einschlag haben. Bei ihnen gibt es häufig kein direktes Pendant im Schriftdeutschen bzw. dessen schriftsprachlicher Gebrauch ist weit weniger üblich als im Dialekt. Sehr viele dieser Wörter bezeichneten in der Vergangenheit charakteristische Gegenstände und Tätigkeiten aus dem dörflichen Leben, etwa typische landwirtschaftliche Gerätschaften oder Haushaltsutensilien. Sie sind daher heute kaum mehr bekannt. Dennoch gibt es noch immer eine Vielzahl von gebräuchlichen regionalen Spezialausdrücken, von der der nachfolgende Streifzug durch verschiedene Themenfelder von Haus und Hof, Landwirtschaft und Ernährung einen kurzen Eindruck vermitteln soll. Wer auf der Suche nach der ganzen Fülle des entsprechenden Vokabulars ist, dem sei an dieser Stelle ein Blick in das bereits erwähnte „Hessen-Nassauische Volkswörterbuch" nachdrücklich empfohlen.

Vorab noch ist zu vermerken, dass sich vor allem im Bereich der Verben einige regionale Alternativen zu den standardsprachlichen Begriffen durchgesetzt haben. Für „zeigen" steht so in der Regel *weisə* (weisen). Die Verben „reden" und „sprechen" werden vollständig durch *schweddsə* (schwätzen) ersetzt. Statt „leihen" steht zumeist *lehnə* (vgl. das hochsprachliche Verb „entlehnen"), „arbeiten" wird zu *schaffə*, umgekehrt wird „etwas schaffen" im Dialekt zu *ebbəs paggə*. Ebenso steht *heulə* (heulen) im Wäller Platt für „weinen", *zinng|gə* (zanken) für „streiten" und *riSCHdə* (richten) für „zurechtmachen". Statt „schreien" sind *kreischə* (kreischen) oder auch *pleern* (plärren) geläufig. Eine wahre mundartliche Allzweckwaffe ist das Verb *maCHə* (machen), das in einer Vielzahl von Abwandlungen zum Einsatz kommt: *də KiSCH maCHə* (die Küche putzen), *də WeSCH maCHe* (waschen), *siSCH fordd maCHə* (losgehen, aufbrechen), *də Dulləs maCHə* (sich dumm stellen), *duud maCHə* (töten) etc. Ebenfalls verbreitet sind Konstruktionen mit *dou* (tun): *siSCH uhdou* (sich anziehen), *siSCH ausdou* (sich ausziehen), *ebbəs wiggdou* (etwas wegräumen), *KreSCH dou* (schreien), *dobei dou* (hinzufügen) etc.

Beginnen wir den kurzen sprachlichen Rundgang im Herzen eines jedes Haushalts: Unerlässlich in der Westerwälder Küche ist das *Kneibschjə* (*Mz. Kneibschjər*), das in sprachlicher Verwandtschaft zum englischen Wort „knife" (Messer) steht. In der Hochsprache ist diese regional weit verbreitete Bezeichnung für ein kleines, scharfes Küchenmesser hingegen unbekannt. Auch oft zum Einsatz bei Tisch – zum Beispiel für Desserts – kommt das *Scheelschjə* (kleine Schale). Die Tasse ist bei Älteren noch als *Kibbschjə* (vgl. engl. „cup") bekannt. Ein weiterer Wortklassiker bei Tisch ist das Verb *ieschebbə* (einschöpfen), mit dem das Befüllen der Teller bezeichnet wird. Das Verb *lanngə* (nach etwas hinlangen) wird dann benötigt, wenn man seinen Nebenmann darum bitten will, die außer Reichweite befindliche Schüssel herüberzureichen (Beispielsatz: *Lanng mool dohienə eann gebb mər mool die Schissəl meadd deenə Erllbəl!*). Von der *(Kiddəl-)Schierds* (Schürze) leitet sich das Adverb *rimmgəschierdsd* (umgeschlagen) ab, die Ärmel sind zuweilen auch *immgəkrimmbəld* (umgekrempelt).

Das Zerreiben von Zutaten beim Kochen oder Backen in feines Gebrösel wird mit dem Verb *riwwələ* ausgedrückt. Wenn es von einer Zutat nur eine kleine Menge sein darf, spricht man von einem *Fiddsəlschjə* (Fitzelchen) oder auch *Breggəlschjə* (Bröckchen). Manche Zutat muss man auch *leffəlschəsweis* (nach Löffeln gehäuft) dosieren. Rezepte und Lebensmittel-Angebote für neue Gerichte findet man oft im *Bleedschjə* (Blättchen), dünnen, regelmäßigen Hauswurf-Werbesendungen. Auch für das Kleckern bei Tisch – oder auch sonstwo – gibt es einen Spezialausdruck: *suddələ* (sudeln).

Bekleckert werden in erster Linie die Klamotten: Die Hose ist im Westerwälder Dialekt gemeinhin nur als *Buggs* (*Mz. Buggsə*) bekannt, die Unterhose dementsprechend als *Innərbuggs*. In den *Seggəl* (Hosentasche) gehört traditionell das *SaggduCH* (Stoff-Taschentuch, ursprünglich aus Sackleinen). Die Hausschuhe sind in Einzahl und Mehrzahl *Schlabbə* (Schlappen), abgenutztes Schuhwerk nennt man *Laadschə* (Latschen). Die typische flache Schirm- oder Schiebermütze nennt man *Baddschkabb*. Darunter verbargen die jungen Männer früher einen *Schdiffdəkubb* (Millimeterhaarschnitt). Frauen tragen zuweilen heute noch ein *Wemməsjə* (kurzes, eng anliegendes Jäckchen). Ein elegantes, etwas ausgefalleneres Kleidungsstück ist als *Fumməl* bekannt. Insgesamt heißt die Bekleidung – aus dem Französischen entlehnt – auch *Monnduur*.

Im Bereich des Mobiliars sticht das *Schesslonng* heraus, ein aus dem Französischen herrührender Ausdruck für ein Sofa („chaise longue" = langer Stuhl). In Bad und Küche unerlässlich ist der *Wassər|schdaa* oder auch *Schbuil|schdaa* (Spülbecken). Aus dem Wasserhahn kommt das *Kraanəwassər* (Leitungswasser), das auch die *Bidd* (Badewanne) füllt. Geputzt wird mit dem *Pudds|lummbə* (Putzlumpen). Zur Beseitigung von Kanalverstopfungen kommt der *(Puddəl-)Schdimmbər* zum Einsatz. Für eine nur schwach leuchtende Lichtquelle ist der Begriff *Funnsəl* (Funzel) bekannt. Musik aus dem Radio wird – wenn sie nicht gefällt – abschätzig als *Gəduudəl* (Gedudel) bezeichnet. Für das Anheizen des Kamins im Winter benutzte man ein *SchdoCH|eisə* (Stocheisen = Schürhaken). Damit das Feuer brannte, musste man den Kamin *uhfinngə* (anzünden). Das zum Empfang von Gästen hergerichtete Wohnzimmer heißt auch *die goud Schdoo* (die gute Stube). Nachts geht man in der *Schloofschdoo* (Schlafzimmer) statt ins hochsprachliche Bett auch in die *Fall* (Falle). Dort lässt es sich gut *raddsə* (schlafen) bzw. ein *Niggərschjə* (Nickerchen) machen.

Der Flur wird auch als *Hausganng* bezeichnet, der Nebenraum ist die *Neewəschdoo*. Den Abstellraum nennt man *Rummbəlkammər* oder auch *Kabeussjə* bzw. *Kabiffjə*. Im Herbst muss der *DaCHkinnəl* (Dachrinne) regelmäßig von herabfallenden Blättern gereinigt werden; dies gilt auch für die FleSCH (Straßenrinne). Bei anfallenden Reparaturen ist es ärgerlich, wenn sich eine Schraube *dull gədreehd* hat, sie sich also nicht mehr im Dübel fest anziehen lässt. Zum Transport von schwer zu tragenden Lasten wurde früher ein *Bullərwoah* (Bollerwagen) benutzt, auch als *Kerrnschjə* (kleiner Karren) oder *Waanschjə* (kleiner Wagen) bekannt. Auch mit Pferde- oder Ochsengespannen konnte man über die unebenen Feldwege *juggələ*, sich also gemächlich (und nicht allzu sanft) fortbewegen. Das war zuweilen ein echtes *Gəzoggəl*. Das *Kummэd* – der um den Hals des Zugtieres liegende Teil des Zuggeschirrs – umschloss dabei die *Annk* (Nacken) der Ochsen. Einen Vorteil hatte die geringe Geschwindigkeit aber: Man lief nicht Gefahr, sich in der Eile des Gefechts zu *fərgallobiern* (vergaloppieren). Trotzdem konnte man den Tag natürlich nicht *fərbummələ* (verbummeln) und die Füße in der Luft *bammbələ* (baumeln) lassen, denn es gab viel Arbeit. Allgemein zugängliche öffentliche Wege und Gässchen wurden übrigens früher als *Oal* bezeichnet. Das Schwimmen erlernte man im *Woog*, einem stehenden Gewässer am örtlichen Flusslauf, das oft als künstlich angelegter Wasserspeicher für den Betrieb von Mühlen oder Klausen genutzt wurde.

Die klassischen Nutztiere sind im Westerwald fast alle mit regionalsprachlichen Spezialausdrücken gewürdigt: Das Pferd ist der *Gaul* (*Mz. Gäul*). Schweine werden anders als in der Hochsprache meist geschlechtsübergreifend als *Säu* (*Ez. Sau*) bezeichnet, auch wenn die männliche Bezeichnung *Wadds* Eingang in den Sprichwortgebrauch gefun-

Abb. 13: *Maarərschjər imm Schdreeh:* Erntezeit in Dorchheim, 1920er-Jahre

den hat (*häijj laijjd dər Wadds bəgroawə*). Das Mutterschwein ist die *Mugg*. Die Ziege ist die *Gaas* (*Mz. Gaasə*). Miauende Katzen *maunsə*. Hühner heißen in starker Verfremdung des hochsprachlichen Ausdrucks im Westerwald *Hing|gəl*, Hähne hingegen *Giggəl*. Die Eier werden von den *Gluggə* (Glucken = Brut-/Mutterhennen) gelegt. Wenn man ein Ei anschlägt, um es zu pellen, wird das als *duddsə* (dotzen) bezeichnet, das Ei hat dann einen *Dudds* (Beule) oder auch mehrere *Didds*. Danach muss man die lädierte Schale *oahpiddələ* (abpiddeln). Beherbergt werden Schweine und Hühner in *Faargəlschdall* (Ferkelstall) und *Hinng|gəlhaus* (Hühnerhaus). Im Unterschied zu den genannten Nutztieren sind die mundartlichen Spezialausdrücke für frei lebende kleinere Feld- und Waldtiere wie Maulwurf (*Mouldərdäjjər*), Marienkäfer (*Herrguddsdäijjərschjə*), Elster (*Addsəl)* oder Zecke (*Hulldsbogg*) bereits weitgehend in Vergessenheit geraten.

Zum Düngen der Felder nutzt der Bauer häufig *Puddəl* (Jauche). Vor dem Anschluss an die Kanalisation hatte jeder Haushalt im Dorf eine eigene *Puddəlkaud* (Jauchegrube). Die Toilette ist der (und nicht das!) *Kloo*. Im Garten und auf dem Acker wurde oft mit einer *Korschd* (Karst = zweizinkige Hacke) oder einem *Biggəl* (Spitzhacke) gearbeitet, erst später dann mit einem *Bulldogg* (Traktor). Vor dem Winter musste man mit ihm früher die Ernte *iefoorn* (einfahren, vgl. Abb. 13). Das war eine Arbeit, für die man

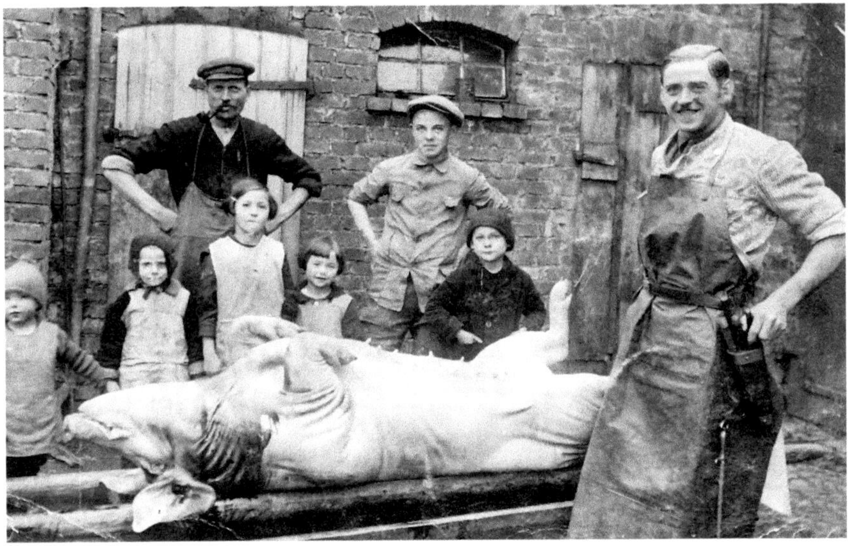

Abb. 14: *Fruijjər wuur noCH sallwər gəschloCHd:* Hofschlachtung in Dorchheim, 1925

Manns gənnuCH (der man gewachsen gewesen) sein musste. Die Grünfutter-Ernte für das Vieh erfolgt übrigens auch heute noch in zwei Etappen: Beim ersten Schnitt im Frühsommer produziert man *Haa* (Heu), beim zweiten im Hochsommer das besonders nährstoffreiche *Groumәd* (Grummet).

Wer sich früher im Westerwald nicht in der Landwirtschaft betätigte, für den waren die beruflichen Möglichkeiten im Dorf beschränkt: Der Händler ist – schon lange vor dem hochsprachlichen Pendant vorbildlich sprachlich emanzipiert – entweder als *Hannəls|maa* oder als *Hannəls|fraa* bekannt, der Plural lautet *Hannəls|leu.* Diese männlich-weibliche Unterscheidung findet sich im Dialekt häufiger: Lehrlinge aller Berufsstände hießen dementsprechend *Liehr|bou* oder *Liehr|maadschjə*. Der Lehrer war früher weniger als *Liehrər*, sondern als *Schoul|maasdər* bekannt. Ein Akademiker ist ein *Schdudierdər* oder – in älterer Form – auch ein *Schduräijjərdər.* Der Arzt heißt im Westerwälder Dialekt *Duggdər* (Doktor), der Tierarzt hin und wieder *Fäih|duggdər* (Viehdoktor) oder auch *Däijjəroardsd.* Der Maurer arbeitet regional- und umgangssprachlich mit *Speis* (Mörtel). Musiker spielen im Westerwald nicht Kontrabass und Ziehharmonika, sondern *Bass|geih* (Bassgeige) und *Hannd|uil* (Handorgel); eine kleine Glocke wird übrigens als *Bimməl* bezeichnet. Die Post wird vom *Bräib|boodə* (Briefträger) gebracht, mit dem man auch gerne mal ein *Schweddsjə* (Schwätzchen) hält. In den begrifflichen Zuständigkeitsbereich des Pfarrers, der von Berufs wegen über Gott und die Welt *simməliern* (nachsinnen) muss, fallen die *Lieh* (Empore in der Kirche) und der *Kierschhoob* (Friedhof).

In der Landwirtschaft kommt als Hauptnahrungsmittel bis heute der *Erllbəl* (Kartoffel) besondere Bedeutung zu. Die Regionalbezeichnung ist in sprachlicher Verkürzung von „Erdapfel" (frz. „Pomme de terre") abgeleitet. Für die Getreidesorte Roggen wird dialektal der hochsprachliche Sammelbegriff *Korrn* (Korn) verwendet. Die hochsprachliche Sammelbezeichnung „Getreide" heißt wiederum in der Mundart *FruCHd.* Als Futter für das Vieh sind die *Runngəlruiwə* (Futterrüben), auch *Rummələ* genannt, von Bedeutung. Ein Baumstumpf ist auch als *Schdrunnk* (Strunk) oder als *Knurrds* (*Mz. Knirrds*) bekannt. Wenn es draußen dämmert und die Sichtverhältnisse nicht gut sind, dann ist es *dissbisCH.* Prasselt ein heftiger Regenschauer vom Himmel, dann spricht man von einem *Schudd* (*Mz. Schidd*), ein Unwetter wird auch *Woosd* genannt. Wenn es hingegen längere Zeit nieselt, ist das Verb *fissələ* (fisseln) angebracht.

Früher hatte jedes Dorf ein eigenes *Baggəs* (Backhaus), in dem Brot gebacken wurde. Das klassische belegte Butterbrot heißt *Schdigg* (Stück), gebräuchlich etwa in der Wendung *ə Schdigg schmiern* (ein Stück schmieren). Auch andere Nahrungsmittel bzw. deren Bestandteile sind in ihren Bezeichnungen regional geprägt: Für die *Ebbəlgrudds* (Apfelgriebsch) finden sich in ganz Deutschland unterschiedliche Bezeichnungen. Etwas verwirrend wird es an anderer Stelle: So heißt der traditionelle süße Berliner beim Westerwälder Bäcker *Krebbəl*, die sonst als Reibekuchen oder Kartoffelpuffer bekannte Speise aber *Krebbəlschjər*. Letztere serviert man gerne mit *Ebbəlmoarg* (Apfelmus). Ein altes Traditionsgericht aus Kartoffeln, Zwiebeln, Eiern und Gewürzen ist der *DibbəkuCHə* (also: Topfkuchen). Klassiker der schnellen Küche sind *Gə|gwelldə* (Pellkartoffeln) und *Spieschəlei* (Spiegelei), als *Ribbschjə* wird regional zuweilen auch Salz- oder Pökelfleisch bezeichnet. In puncto Gemüse darf man den *Kabbəs* (Weißkohl) und die *Ruurə Beerə* alias *Ruurə Ruiwə* (Rote Beete / Rote Rüben) nicht vergessen. Nach einem ungeschriebenen Gesetz richtet sich die Speisenfolge übrigens im Westerwald traditionell (und wohl in Herleitung von den christlichen Fastentagen Aschermittwoch und Karfreitag) nach den Wochentagen: Sonntag, Dienstag und Donnerstag sind Fleischtage (vgl. Abb. 14), montags gibt es die aufgewärmten Reste vom Sonntag, freitags und mittwochs Eier- und Mehlspeisen und samstags meist ein einfaches Eintopfgericht, die *digg Subb* (dicke Suppe, vgl. Stangel, S. 37). Beim Metzger ist der *Reanng Fleischwurrschd* (Ring Fleischwurst) sehr begehrt. Ein besonders stattliches Exemplar seiner Gattung – etwa eine dicke Kartoffel, aber auch einen wohlgenährten Mann – bezeichnet man übrigens als *Kawenndsmaa* (Kaventsmann), heranwachsende Jugendliche hingegen als *junngə Hibbər* (junge Hüpfer).

Wer gerne Brot isst, wird seine besondere Freude am *Krissdschjə* (Brotanschnitt) haben. Ein normales Brötchen wird gerne auch als *Wegg* bezeichnet, wortverwandt ist der sogenannte *Reihə|wegg*, ein schlichtes Butter-Hefegebäck. Da dieser auch beim Beerdigungskaffee häufig kredenzt wird, nennt man ihn auch *Duurəwegg* (Totenweck). Jemanden, dem solche Kost nicht zusagt und der sehr wählerisch beim Essen ist, bezeichnet man als *gaijjər*. Weitere Klassiker der regionalen Konditorkunst sind der *KrimməlkuCHə* (Streuselkuchen) und der *KweddschəkuCHə* (Zwetschgenkuchen). Auch *KroCHələ* (Stachelbeeren) und *Gəhannsdrauwə* (Johannisbeeren) finden als Zutat zuweilen Verwendung. Zur Verdauung wird nach üppigen Mahlzeiten gelegentlich zum *RaCHəbuddsər* gegriffen. Eine Flasche mit alkoholischem Getränk wird zuweilen auch als *Buddəl* – hier ist an das englische Wort „bottle“ zu denken – bezeichnet. Der Apfelwein ist als *Schobbə* bekannt, wortverwandt ist der *Fruijjschobbə* (Frühschoppen), zu dem sich die Männer in der Kneipe treffen. Kinder werden wiederum bei Bäcker und Metzger mit kleinen Gratis-Gaben (etwa einem Stück Fleischwurst) beschenkt und essen gerne *Schnuggəlzeug* (Süßigkeiten) oder auch einen *Zuggərschdaa* (Zuckerstein = Bonbon).

Apropos Kinder: Spricht man in der Hochsprache von „Jungen“ und „Mädchen“, so spricht man im Westerwälder Dialekt von *Bouwə* (Buben) und *Maarərschjər*, neuerdings auch von *Maadschjər*. Die entsprechenden Einzahl-Bezeichnungen lauten *Bouh* bzw. *Maadschjə*, sie ersetzen übrigens auch die im Dialekt ungebräuchlichen Begriffe „Sohn“ und „Tochter“. Neben den Eltern übernehmen auch die Paten Verantwortung für die Erziehung, also der *Padd* (Patenonkel) und die *Goo* (Patentante). Typische traditionelle Kinderspiele sind unter anderem *Kliggər* (Murmeln) und das schon in der Römerzeit bekannte Hüpfspiel *Higgəl|häusjə* (Hickelhäuschen): Der Ausdruck *higgələ* (hickeln) bezeichnet hier das Hüpfen auf einem Bein über die Felder eines mit Kreide o. Ä. auf die Straße gemalten Gebäudes. Auf dem Pausenhof *gieksə* (pieksen) und *fərebbələ* (veräbbeln), *schdummbə* (schubsen) oder *uudsə* (utzen = veralbern) sich Schülerinnen und

Schüler untereinander oft freundschaftlich – es sei denn, sie sind *schummərsch* (schüchtern). Vor allem kleine Kinder haben auch die Neigung, alles zu *bədaddschə* (betatschen). In der Grundschule *giggələ* (kichern) und *kwaddschə* (quatschen) sie oft auch mal – auch, wenn der Lehrer gerade versucht, ihnen etwas zu *fərkliggərn* (verklickern = beibringen). Die Klassenarbeit wiederum bietet hin und wieder Gelegenheit, beim Tischnachbarn zu *lubbschə* (heimlich hinüberspähen) und damit zu *fuddələ* (fuddeln = mogeln). Damit der Lehrer nichts merkt, darf man dabei höchstens leise *piSCHbərn* (flüstern). Ansonsten sollte man aber *muggsmäusjəschdill* (mucksmäuschenstill) sein. Beim ausgelassenen Herumtoben draußen am Bach wiederum kann es schon mal sein, dass ein Junge oder Mädchen *iwwərriggs* (kopfüber) ins Wasser fällt. In früheren Zeiten lief ein ungehorsames Kind Gefahr, sich auch einmal eine Ohrfeige einzufangen. Es bekam dann im Zorn eine *gəbaddschd* oder den Hintern *fərkammə-soold* (verhauen). Dies bezeichnete man in der Mundart auch als *ən Ford Schlaa* (eine Tracht Prügel).
Wie in der Hochsprache gibt es auch im Dialekt kindersprachliche Spezialausdrücke: Das Schwein wird oft verniedlichend *Wudds* oder *Wuddsjə* genannt, das Ei – mit Bezug auf das Gackern der Hühner – *Gagg|ei*. Das Pferd ist der *Schoggəl-Gaul* oder das *Hoddə-Huih*, hier klingt der bäuerliche Zuruf („hott!") zum Antreiben der Zugtiere mit. Das verniedlichende Wort *Haddschi|bluimschə* (Hadschiblümchen) bezieht sich hingegen auf den Niesreiz beim Schnuppern an Blumen. Auch Kinder selbst erhalten, wenn sie *gulldiSCH* (goldig) oder *schnuggəliSCH* (schnuckelig) sind, von den Erwachsenen Kosenamen wie *Schdobbəl Mobbəl*, *Buddsəl* oder auch *Buddsəlschjə*. Nachts gehen sie kindersprachlich in die *Haijja* (ins Bett). Ganz kleine Kinder werden übrigens im *Keannər|woah* (Kinderwagen) oder auch in der *Keanner|schees* ausgefahren. Sind sie älter, heißt ihr Gefährt *Sporddwoah* (Buggy).

Schimpfen und Fluchen auf Platt

Wie in allen Sprachen und Dialekten findet sich auch im Wäller Platt eine Vielzahl von Bezeichnungen für Schmutz und Mängel sowie von wenig charmanten Kraftausdrücken über unliebsame Zeitgenossen. Da sie das Salz in der Suppe jeder Mundart darstellen, soll nachstehend – ohne jeden Anspruch auf Vollständigkeit – ein kurzer gesonderter Überblick über den in diesem Bereich sehr reichhaltigen Wortschatz gegeben werden.
Der Adjektiv-Spezialausdruck für die Bezeichnung von allem Schmutzigen ist *seusch* (man denke an die Seuche!), die Oberbezeichnung für jede Art von Schmutz ist *Dreerg* (Dreck). Aufgeweichte Erde ist wahlweise entweder *Baddsch* oder *Maddsch*, bei feinerem Morast wird auch von *Braddəl* gesprochen. Auch in der Hochsprache bekannt sind die Dialektausdrücke *Meassd* (Mist) und *Rudds* (Rotz). *Siddsch* und *Knaasd* sind hingegen eher dem flüssig-schmierigen Oberflächenschmutz im Haushalt vorbehalten. Fasriger, feuchter Abfall ist *Klummbaddsch* und als solcher *suddsiSCH*. Wenn etwas klebt, dann drückt man das mit dem Verb *babbə* (pappen) aus, das zugehörige Adjektiv ist *babbiSCH*. Modriger Abfall ist *muffəliSCH*. Für Unordnung gibt es die Ausdrücke *Gəwurrschdəl* oder *Kuddəlmuddəl*, ineinandergeschlungene und nur schwer entwirrbare Gegenstände sind *fərknäuld*. Betreibt man aktiv das Vermischen von (flüssigen) Substanzen, so nennt man das *fərmannschə*. Als Überbegriff für jede Form von nutzlosem Hausrat oder Gegenständen dient das äußerst populäre Wort *Gəscherr* (Zeug). Alternativ kann auch von *Gəlerrsch* (Unrat) oder *Gəfregg* (kaputtes Zeug) gesprochen werden. Ein klappriges Gestell ist eine *Schdellaasch* (Stellage). Der menschliche Urin wird als *Piss* oder *Pinng|gəl*, Kot – auch im übertragenen Sinn – als *Scheass* oder *Kagg* bezeichnet. Die früher auf dem Dachboden oder im Stall zuweilen vorgefundenen Hinterlassenschaften der Mäuse heißen *Mäuskniddəl*. Ein beliebtes Adjektiv zur Steigerung des artikulierten

Missfallens ist *saumeesiSCH* (saumäßig) – etwa, wenn eine Sache besonders drastisch *fərhunndsd* (verunstaltet) wurde. Werfen wir nun einen kurzen Blick auf körperliche Gebrechen: Die verstopfte Nase ist die *Ruddsnoas* (Rotznase). Bei krummer Körperhaltung läuft man Gefahr, einen *Buggəl* (Buckel) zu bekommen, wobei dieses Wort im Dialekt mitunter auch für den normalen, gesunden Rücken steht. Bei einem Unfall kann man sich ganz schön *fərschammərаijjərn* (verschammerieren = verunstalten, beschädigen). Wer krank ist, der ist – geborgt aus dem Französischen – auch *mallaad*. Pusteln bei Hautausschlag werden als *Blaggə* bezeichnet, in kleinerer Ausprägung auch als *Peddsjər*. Bei Haarausfall ziert einen irgendwann ein *Plattkubb* (Glatze), bei Übergewicht oft eine *Wammbə*, die bei Bewegung schon einmal *wabbələ* (wabbeln) kann. *Durchfall* wird als *Dinnschiss* oder auch *Dalləs* bezeichnet. Der Wundschorf – vor allem kleiner Kinder – ist als *Greannd* (Grind) bekannt. Hat man sich den Magen verdorben, droht *Leib|weeh* (Bauchschmerzen). Wird einem wegen Kreislaufproblemen schwarz vor Augen, dann ist einem *schummәriSCH* (schwindelig) zumute. Apropos: Für das Augenlid ist übrigens das Wort *Aachədeggəl* gebräuchlich. Geben die Füße Anlass zur Klage, dann sind womöglich *Keesfuis* bzw. *Keesgwanndə* (Schweißfüße) oder *Gwadraadlaadschə* (sehr große Füße) die Ursache. Muss man den ganzen Tag in schwerem Schuhwerk hin und her *weddsə* (wetzen), ist das auch nicht verwunderlich. Es kann aber auch einfach sein, dass man sich einen *Schblirrər* eingefangen hat (Holzsplitter, der sich unter die Haut bohrt). Zu guter Letzt: Blähungen entladen sich kindersprachlich in *Bummbəsjər* oder in *Fierds* (*Ez. Fuurds*). Letztere stehen im übertragenen Sinne auch für Hirngespinnste (*Dodd sei Fierds!*).

Ist der Westerwälder missgelaunt, dann ist er *eebsch*, *winnsch*, *boggiSCH* oder auch *fərkiehrd* (verkehrt). Selbst schönes Wetter erscheint ihm dann als *Bulləhidds* (Bullenhitze). Als Ursache für schlechte Stimmung lässt sich oft vorhergegangener *Zoorəs* oder *Knaadsch* (Streit) ausmachen. Unleidliche Kinder gelten dementsprechend oft auch als *knaadschiSCH*. Sie machen selbst angesichts unwichtiger *Kinn|gərliddsjər* (Kinkerlitzchen) gehörig *Rabbadds* (Rabatz) und *Gədeeh* (Getue). Der ganze damit verbundene Stress kann einen ganz *hibbəliSCH* (aufgeregt), *bədribbəld* (betrübt) oder *ənummiSCHd* (erschöpft) zurücklassen. So mancher meint dann, er sei im *Affəzirrguss* (Affenzirkus). Wem übel mitgespielt wurde, der gilt als *Gəlaggmeijjərdər* und hat in dem Fall ausnahmsweise das Recht, sich zu *eSCHofiern* (echauffieren = aufregen). Um sich nicht unterkriegen zu lassen, braucht es eine gehörige Portion *Mumm* (Mut) – und natürlich auch ein wenig *Duusəl* (Glück). Ein bisschen *Feeds* (Spaß) muss im Westerwälder Leben erlaubt sein, dann kann jede noch so schwere Aufgabe mit *Schmaggəs* (Energie) angegangen werden. Leistet man sich aber zu viele *Spirrennsjər* (Sperenzchen), herrscht irgendwann nur noch *Oarmmədei* (eine armselige Situation). Am Ende ist man dann *fərraddsd* (verloren) – ein Ausdruck, der vermutlich auf den Ratz, eine rattenartige Schreckgestalt für Kinder, zurückgeht.

Das Arsenal an Schimpf- und Schmähwörtern ist im Wäller Platt sehr nuanciert und bietet die passende Bezeichnung für eine Vielzahl charakterlicher Eigenarten. So gilt eine aufgetakelte Person im Westerwald als *uffgədonnərd*. Wenn sie noch dazu eingebildet und hochnäsig ist, dann wird sie gerne als *iwwərkanndiddəld* bezeichnet. Geizhälse sind *koarisch* (vom standardsprachlichen Adjektiv „karg" abgeleitet). Ein hässlicher Mensch oder einer, der sich hässlich benimmt, ist – ebenso wie schlechtes Wetter übrigens – *schroo*. Von Fall zu Fall ist er innerlich oder äußerlich *fərkummə* (verkommen) oder *rooh* (grobschlächtig). Ist er noch dazu hinterhältig, dann gilt er als *heannərfoddsiSCH* – ein Wort das aus dem süddeutschen Sprachraum (Fotz'n = Ohrfeige) kommt. Störenfriede, die permanent auf Krawall aus sind, nennt man *uffruijjərSCH* (aufrührerisch), verschlagene Leute bezeichnete man früher als *konndowiddiSCH*. Lästermäulern wird von Einheimischen empfohlen, öfter mal die *GuSCH*, wahlweise auch die *Schniss* oder die *Sabbəl* zu halten. Andernfalls könnte sich möglicherweise der Eindruck festsetzen, sie seien *fərbäissdərd* (verbiestert = bösartig und verbittert). Dieser Ausdruck stammt vom Substantiv *Bäissd* (Biest) ab und wird – obwohl im Neutrum stehend – im Dialekt ausschließlich für weibliche Personen verwendet. Dies ist übrigens kein barscher Einzelfall: Auch ganz allgemein werden Frauen in der Einzahl zwar als *Fraa*, in der Mehrzahl aber als *Weisleuh* (Weibsleute) bezeichnet. Im Gegensatz zu der Singularform *Weib*, die – wie in der Hochsprache – gemeinhin als wenig schmeichelhaft gilt, ist der Plural allerdings nicht abwertend gemeint. Ähnliches gilt auch für den gebräuchlichen, ebenfalls im Neutrum stehenden Ausdruck *Minnsch/-ə*, der je nach zugehörigem Adjektiv oder entsprechender Betonung ins Positive (*ə schie Minnsch = eine schöne Frau*) oder Negative (*ə furrschboar Minnsch = eine furchtbare Frau*) gekehrt werden kann.

Ein alberner Mensch wird als *Nahh* (Narr) oder als *Geerg* (Geck, vgl. engl. „geek“ oder auch den Kölner „Jeck“ im Karneval) bezeichnet. Die entsprechenden Adjektive lauten *narriSCH bzw. geergiSCH*, manchmal spricht man auch von *blemmblemm*. Wer nur Flausen im Kopf hat, der hat *Fiddə im Kubb*. Faxen nennt man auch *Fissimatenndə* (Fisimatenten). Der Pluralausdruck *Fraddsə* ist ebenfalls eine gängige Bezeichnung für Blödsinn. Ein Einfaltspinsel ist im Dialekt nicht dumm, sondern *dull* (toll, im Sinne von verrückt). Einen zwanghaften Tick nennt man umgangssprachlich *Fimməl*. Leute, die durch den Wind sind, sind *neewər dər Kabb* (also neben der Mütze, d. h. haben ihren Kopf nicht mehr an der richtigen Stelle) oder auch *neewər dər Schbur*. Dreht jemand gerade etwas am Rad, dann sagt man *dee hood sei Duur* (er hat gerade seine Tour).

Ist jemand oder etwas schon deutlich vom Alter gezeichnet, wird das mit dem Wort *fərschrummbəld* (runzelig) oder auch *daddəriSCH* (zittrig) ausgedrückt. Man sagt bei einer zitternden Person auch *Dee hohd də DaddəriSCH*. Jemand, der nicht ganz bei sich ist, ist dementsprechend *fərdaddərd* (verdattert) oder *eer* (irr), wobei im zweiten Fall der despektierliche Unterton des hochsprachlichen Pendants in der Mundart fehlt. Wer sich tollpatschig und ungeschickt anstellt, der gilt als *dabbiSCH* oder *dussəliSCH*.

Ein großer Schwindel gilt regionalsprachlich mitunter als *Schmuh*. Für Unsinn und allgemein wertlose Dinge sind ferner auch die Begriffe *Murrgs* (Murks), *Gwaddsch* (Quatsch) und *Schduss* (Stuss) gebräuchlich. Gelegentlich wird auch von *Kabbəs* – entlehnt von der Bezeichnung für den Weißkohl – gesprochen. Das kann sprachhistorisch insofern nicht verwundern, als der Kohl schon im wegweisenden „Wörterbuch der deutschen Sprache“ von Wilhelm und Jacob Grimm aus dem 19. Jahrhundert als gleichbedeutend mit „wertlos“ angeführt wurde. So ist übrigens auch der hochsprachliche Begriff des „Verkohlens“ zu erklären. Mit abwertendem Beiklang ist für das hochsprachliche Wort „Dorf“ auch die Bezeichnung *Kaff* (*Mz. Keffər*) in der Mundart gebräuchlich, die auf die scheinbar rückständige Provinzialität des ländlichen Lebens abzielt. Übeltäter gehören hier ins *Kiddschjə* (Gefängnis) bzw. ins *Bulləsjə* (im Rotwelschen bezeichnet „bolle“ die Strafanstaltskleidung). Regionalsprachliche Schimpfwort-Substantive, mit denen man andere Personen bedenken (*daafə* = taufen) kann, sind im Westerwälder Dialekt zahlreich. Je nach Charaktereigenschaft, die man betonen will, stehen dem Mundartsprecher mehrere Varianten zur Verfügung. Nachstehend eine kleine Übersicht, die keineswegs Anspruch auf Vollständigkeit erhebt:

- albern: *Nahh* (Narr), *Geerg* (Geck), *Gwaddschkubb* (Quatschkopf)
- aufbrausend: *Geaffdzwoggəl* (Giftzwerg), *Kanoon* (Kanone), *KrawallschoCHdəl* (Krawallschachtel), *KriSCHər* (Kreischer = Schreihals)
- dumm: *BleSCHkubb* (Blechkopf), *Debb* (Depp), *Deem-*

lagg (Dämlack), *Dullbuhrər* (Dollbohrer), *Dulləs* (Dolles), *Horrn|oggs* (Hornochse), *Iddjood* (Idiot), *Knallkubb* (Knallkopf), *narriSCHəs Hinng|gəl* (verrücktes Huhn), *SchwaCHkubb* (Schwachkopf), *Simmbəl* (Simpel), *Schbinnər* (Spinner)

- eingebildet: *Bessərweassər* (Besserwisser), *Hammməl* (Hammel), *Iwwərgəscheudər* (Übergescheiter), *Knillsch* (Knilch), *Kwaggsallwər* (Quacksalber), *Lagg|aff* (Lackaffe), *Madamm* (Madame), *Schdreewər* (Streber), *Uhgeewər* (Angeber), *Uff|schneirər* (Aufschneider)
- faul: *Draanfunndsəl* (Tranfunzel), *Driggə|berrjər* (Drückeberger), *Faul|bellds* (Faulpelz), *Faulinndsər* (Faulenzer)
- frech: *Benngəl* (Bengel), *FriSCHdschjə* (Früchtchen), *Kassbər* (Kasper), *Kiebidds* (Kiebitz), *Raggər* (Racker), *Rassəlbogg* (Rasselbock)
- geizig: *FenniSCH|fuggsər* (Pfennigfuchser), *Spaar|breedschjə* (Sparbrötchen)
- gerissen: *Aas* (Aas), *Schlawienər* (Schlawiner), *Schlidds|uhr* (Schlitzohr), *Schurragg* (Schurke), *Unikumm* (Unikum, *nur Ez.*)
- liederlich: *Fliddschjə* (Flittchen), *Lourər* (Luder), *Naggarsch* (Nackedei)
- missmutig: *Miesə|peedər* (Miesepeter)
- nervig: *Kweerdreiwər* (Quertreiber), *Nerrfəseeh* (Nervensäge)
- pingelig: *Aarwəszehlər* (Erbsenzähler), *Klaanischkeits|kreemər* (Kleinkrämer), *Korrinndə|kaggər* (Korinthenkacker)
- tratschend: *Gwassəl|schdribb* (Quasselstrippe), *Kladdsch|maul* (Klatschmaul), *Rabbəl|taSCH* (Rabbeltasche), *Schlabb|maul* (Schlappmaul), *Schleeschdschweddsər* (Schlechtschwätzer)
- trotzig: *Knäulkubb* (Knäulkopf)
- unansehnlich: *aal Krigg* (alte Krücke), *aal SchoCHdəl* (alte Schachtel), *Bleannd|schleisch* (Blindschleiche = jemand trägt dicke Brillengläser), *Foogəl|scheuSCH* (Vogelscheuche), *KnoCHə|gərissd* (Knochengerüst), *lannger Luuladdsch* (langer Lulatsch), *Madroon* (Matrone), *Schabragg* (Schabracke)
- unausstehlich: *aalər DraCHə* (alter Drache), *aal Heggs* (alte Hexe), *Aarsch|geih* (Arschgeige), *Bäissd* (Biest), *BreSCH|middəl* (Brechmittel), *dull Kouh* (dumme Kuh), *dull Nuss* (dumme Nuss), *dull Schoaf* (dummes Schaaf), *Ee|gəl* (Ekel), *Fregadd* (Fregatte), *Koddsbroggə* (Kotzbrocken), *Kradds|bierschd* (Kratzbürste), *Laads|minnsch* (eine Frau, unter der man leidet), *Laaron* (unleidlicher Mensch), *Schdinnk|schdiwwəl* (Stinkstiefel), *Uu|däijjər* (Untier)
- unfähig: *Heini* (Heini), *Heer|gəlaafənər* (Dahergelaufener)
- ungepflegt: *Faargəl* (Ferkel), *Lummbəs* (Lump), *Sau* (Sau), *Säubier* (Abwandlung zu „Sau“), *Säupriel* (Abwandlung zu „Sau“), *Säuwadds* (Abwandlung zu „Sau“), *Surrdə* (Gesindel, *nur Mz.*), *Uuflood* (unflätiger Mensch)
- ungeschickt: *Dabbəs* (Tollpatsch), *Drammbəl|däijjər* (Trampeltier)
- ungläubig: *Haarə* (Heiden, *nur Mz.*, im engeren Sinne auch Dialekt-Pendant für die heute hochsprachlich nicht mehr gebräuchliche Bezeichnung „Zigeuner“)
- unterwürfig: *AarschkriSCHər* (Arschkriecher), *Dugg|mäusər* (Duckmäuser), *hallb Porddsjoh* (halbe Portion), *Hannəbammbəl* (Hampelmann), *Inngsdschissər* (= jemand, der sich vor Angst in die Hose macht), *WeSCHlabbə* (Waschlappen)
- unverlässlich: *Flabbəs* (unsteter Kerl), *Halloodri* (Hallodri), *Kallmə* (Tagedieb), *Schluuri* (Herumtreiber), *Schnabbsdrossəl* (Schnapsdrossel), *Schouhdə* (Schuft)
- wehleidig: *Heulaarsch* (= Kind, das viel weint), *Heulsuus* (Heulsuse), *Jammərlabbə* (Jammerlappen), *Piensjə* (Sensibelchen), *Zimmbərlissjə* (Zimperlieschen)
- wertlos: *Bagaasch* (Bagage, *nur Ez.*), *Gəsinnəl* (Gesindel, *nur Ez.*)

Zum Abschluss soll noch ein sehr drastisch-markanter Ausspruch Erwähnung finden, der sich in Dorchheim überliefert hat. Ein besonders unliebsamer Mann wurde einst dort mit der folgenden Umschreibung bedacht, die sicherlich keiner Übersetzung bedarf: *Deem kaas də die Legg-misch-umm-Arsch-Kabb uffseddsə, ən kalldə Ballə Sauərkraud ied Gnigg dou eann daa bei Ossdpreussə iwwər də Grinnds joah.*

Mundartlicher Gesprächswortschatz

Typische Gesprächsfloskeln

- Ach du liewəs bissjə! – Ach du liebes bisschen! *(Erstaunen)*
- Allahobb! – Los geht's! *(Aufforderung, mit einer Sache zu beginnen)*
- Alləmool! – Allemal! *(Zustimmung)*
- Allmeschdischər! – Allmächtiger! *(Erstaunen)*
- Bass uff! – Pass auf! *(Warnung)*
- Do kinn eisch bladdsə! – Da könnte ich platzen! *(Verärgerung)*
- Do kräijj eisch eschd zəfill! – Da kriege ich echt zuviel! *(Verärgerung)*
- Dodd glaabs də doch sallwər neadd! – Das glaubst du doch selbst nicht! *(Skepsis)*
- Dodd kaas də glaawə! – Das kannst du glauben! *(Zustimmung)*
- Dodd kaas də laud soah! – Das kannst du laut sagen! *(Zustimmung)*
- Dodd muss mər soah! – Das muss man sagen! *(Bestätigung)*
- Dou soachd! – Tue sachte! *(Warnung)*
- Dunnərweerər noch əmool! – Donnerwetter noch einmal! (*Ärger, Erstaunen*)
- Əd Laad (noch ənie)! – Verdammt (noch mal)! *(Verärgerung)*
- Əd lanngd! – Es reicht! *(Verärgerung, Überdruss)*
- Ei freilisch! – Aber freilich! *(Zustimmung, Bekräftigung)*
- Ei gəweass! – Aber gewiss! *(Zustimmung, Bekräftigung, oft auch als Füllwort)*
- Ei joo! – Aber ja! *(Zustimmung, Bekräftigung, oft auch als Füllwort zur Einleitung)*
- Eisch machə misch! – Ich mache mich (ab)! *(Verabschiedung)*
- Eisch sei joo ganns fuu də Soggə! – Ich bin ja ganz von den Socken! *(Begeisterung)*
- Ei wood daa! – Was denn sonst! (*Bestätigung*)
- Fərschdiehs də? – Verstehst du? *(Vergewisserung)*
- Gə|moijjə! – Guten Morgen! *(Begrüßung)*
- Gə|nochd! – Gute Nacht! (*Verabschiedung)*
- Gə|noowənd! – Guten Abend! *(Begrüßung)*
- Gebb Oachd! – Gib Acht! *(Warnung)*
- Geerg, wodd də seis! – Du Narr! [wörtlich: Narr, der du bist!] *(Belustigung)*
- Gieh mər fordd domeadd! – Geh mir fort damit! *(genervte Ungläubigkeit)*
- Goddschjə naa! – Ach du lieber Gott! *(Bestürzung)*
- Guurə! – Guten (Tag)! *(Begrüßung)*
- Hə? – Wie bitte? *(Nachfrage, teilweise auch am Satzende zur besonderen Betonung)*
- Heilisch dər Welld! – Heilige Welt! *(Erstaunen)*
- Heilischər Bimmbamm! *(Erstaunen, scherzafte Bezeichnung für den Glockenklang als Heiligenname)*

- Himməl, Dunnərweerər noCH əmool! – Himmel, Donnerwetter noch einmal! *(Verärgerung)*
- Himməl, Herrgudd, Saggra! – Himmel, Herrgott, Sakra! *(Verärgerung)*
- Hobb! – Hopp! *(unhöfliche Aufforderung dazu, etwas zu tun)*
- Ihr läiwə Leuh! – Ihr lieben Leute! *(Überwältigung)*
- Ihr Leuh eann ihr Keann! – Ihr Leute und ihr Kinder! *(Erstaunen)*
- Imm Leewe neadd! – Im Leben nicht! *(Verneinung)*
- Jessəs! – Jesus! *(Erstaunen)*
- Jessəs, Gridd! – Jesus, Gretchen! *(Erstaunen)*
- Jessəs, Maria, Joseffschjə! – Jesus, Maria, Josef! *(Erstaunen)*
- Jessəs, naa! – Jesus, nein! *(Erstaunen)*
- Joo maCH! – Ach, mach (Sachen)! *(Erstaunen)*
- Kerrlə, Bouh! – Kerl, Junge! (*auch einzeln, Verärgerung im Sinne von „Ach du meine Güte!“*)
- Kumm bei! – Komm her! *(Aufforderung, sich zu beeilen)*
- Läib Herrgoddschjə, naa! – Ach du lieber Herrgott! [wörtlich: Liebes Herrgottchen, nein!] *(Bestürzung)*
- MaCH Deanngər! – Mach Dinger! *(Erstaunen)*
- MaCH əd mool goud! – Mach's mal gut! *(Verabschiedung)*
- MaCH hienə! – Mach hinn! *(Aufforderung, sich zu beeilen)*
- MaCH SaCHə! – Mach Sachen! *(Erstaunen)*
- Mammə, də Herrds|drubbə! – Mama, (hol) die Herztropfen! *(Schreck)*
- Mər waas əd neadd! – Man weiß es nicht! *(Spekulation)*
- Mogg sei! – Mag sein! *(Zugeständnis)*
- Nojahh … – Nun ja … *(Skepsis, oft auch als Füllwort zur Einleitung)*
- OCH joo! – Ach ja! *(Verwunderung, teilweise auch als Füllwort zur Einleitung)*
- Riddsch mər də Buggəl noah! – Rutsch mir den Buckel runter! *(Verärgerung)*
- Säih mool! – Man sieht sich! [wörtlich: Sieh mal!] *(Verabschiedung)*
- Säihs də? – Siehst du? (*Vergewisserung)*
- Schloof goud! – Schlaf gut! *(Gruß zur Nacht)*
- Su'n Scheass! – So ein Scheiß! *(Verärgerung)*
- Waas də? – Weißt du? *(Vergewisserung)*
- Weahh? – Nicht wahr? *(Vergewisserung)*
- Wearrə? – Nicht wahr? *(Vergewisserung)*
- Wie daa? – Wie geht's dir? [wörtlich: Wie denn?] *(Begrüßung)*
- Wodd'n JoCHd! – Was für eine Aufregung! *(Missbilligung)*

Feststehende Redewendungen und Sprichwörter

- aah laijjə huh – eine liegen haben *(= betrunken sein)*
- Annər|gəschwissdər|keann – die Kinder anderer Geschwister *(= die entferntere Verwandtschaft)*
- aus dər Lammenng – aus der Lamäng *(= leicht aus dem Stehgreif)*
- aus dər Oard gəschloahə sei – aus der Art geschlagen sein *(= nicht seiner Familie ähneln)*
- aussäih als hedd mər'd Wassər nedd iwwər Noachd – aussehen als hätte man das Wasser nicht über Nacht (*= sehr arm und ausgemergelt aussehen*)
- aussäih wie die deuhhər Zeid – aussehen wie die teure Zeit *(= schlecht aussehen)*
- aussäih wie drei Doah Reehəweerər – aussehen wie drei Tage Regenwetter *(= einen bedrückten Eindruck machen)*
- aussäih wie Kraud eann Ruiwə – aussehen wie Kraut und Rüben *(= ein chaotisches Bild abgeben)*
- aussäih wie'd Leirə Krissdi – aussehen wie das Leiden Christi *(= sehr schlecht aussehen)*
- BaCH maCHə – einen Bach machen *(= Wasser lassen, kindersprachlich)*
- dau seis mər ə Griddschjə / Birrschjə – du bist mir ein Grittchen / Bürschchen *(= du bist mir ja ein/e ganz Pfiffige/r)*
- də BaCH ənoah gieh – den Bach hinunter gehen *(= im Niedergang begriffen sein)*

- də diggə Willhellm marggiern – den dicken Wilhelm markieren *(= prahlen)*
- də Herrgudd ən gourə Maa sei loosə – Gott einen guten Mann sein lassen *(= sich um nichts kümmern)*
- də Karrə ie də Dreerg foahrn – den Karren in den Dreck fahren *(= ein Problem verursachen)*
- də Rannd haalə – den Rand halten *(= schweigen)*
- deagg meaddənannər sei – eng miteinander sein *(= eine enge Beziehung zueinander haben)*
- deaggər fierkummə – öfter vorkommen *(= nicht ungewöhnlich sein)*
- dee eass neadd FiSCH eann neadd Fleisch – der ist nicht Fisch und nicht Fleisch *(= er passt in keine Kategorie)*
- dee eass zə deemliSCH, imm ən Eimər Wassər immzədreerə – er ist zu dämlich, um einen Eimer Wasser umzutreten *(= er ist zu nichts zu gebrauchen)*
- dee Oarəm kaas də dier schbaarn – den Atem kannst du dir sparen *(= das ist ein vergeblicher Versuch)*
- dee schdiehd bei deem ie dər Kreih – der steht bei ihm in der Kreide *(= er hat bei ihm Schulden)*
- dee schmeissd əd Gelld zəm Fiesdər naus – er wirft das Geld zum Fenster hinaus *(= er ist verschwenderisch)*
- dee schnaufd wie ən aalər Gaul – er schnauft wie ein altes Pferd *(= er ist schweratmig)*
- dər Abbəl felld neadd weid fumm Schdamm – der Apfel fällt nicht weit vom Stamm *(= seinen Vorfahren ähneln)*
- dər Hunngər dreibd's nie – der Hunger treibt's hinein *(= ein hungriger Mensch isst alles)*
- dər Neid brinngd'n noCH imm – der Neid bringt ihn noch um *(= er ist von Neid getrieben)*
- die eelsdə Dibbschje haalə umm Linngsdə – die ältesten Töpfe halten am längsten *(= Altbewährtes hält am längsten)*
- die Kadds imm Sagg kaafə – die Katze im Sack kaufen *(= etwas unbesehen kaufen)*
- die Kiersch imm Duurf loosə – die Kirche im Dorf lassen *(= nicht übertreiben)*
- die Lell hinngə loosə – die Unterlippe hängen lassen *(= traurig sein)*
- die oarmmə Juhrn – die armen Jahre *(= die schweren Kriegs- und Nachkriegsjahre)*
- die Oarwədd neadd ərfunnə huh – die Arbeit nicht erfunden haben *(= faul sein)*
- die SaCH eass gərriddsd – die Sache ist geritzt *(= etwas ist beschlossen)*
- die Uhrn schdeif haalə – die Ohren steif halten *(= sich nicht unterkriegen lassen)*
- die Uhrn uff DurrschzuCH schdellə – die Ohren auf Durchzug stellen *(= nicht zuhören)*
- dodd eann dodd – dies und das *(= unkonkrete Aufzählung)*
- dodd eass gəhibbd wie gə|schbrunngə – das ist gehüpft wie gesprungen *(= das nimmt sich im Ergebnis nichts)*
- dodd hohd's bei uus fruijjər neadd geewə – das hat es bei uns früher nicht gegeben *(= beklagter Sittenverfall)*
- dodd laijjd mər uff – das liegt mir auf *(= das fällt mir im Traum nicht ein)*
- dodd niddsd alləs naud – das nützt alles nichts *(= das ist völlig vergeblich)*
- dodd säihd doCH ən Bleanndər meadd Schdeergə – das sieht doch ein Blinder mit Krückstock *(= das sieht doch jeder)*
- dodd schmeggd wie iegəschloafənə Fuis – das schmeckt wie eingeschlafene Füße (= *das schmeckt sehr fad*)
- dodd sei SaCHə fuu dər Puss, die giehn die Bahn naud uh – das sind Sachen der Post, die gehen die Bahn nichts an *(= das ist nicht meine Angelegenheit)*
- doo soah siSCH die Figgs Gənoachd – da sagen sich die Füchse gute Nacht *(= da ist nichts los)*
- doo wird mər joo ganndS oarmm – da wird mir ja ganz arm *(= da wird mir ganz schwach zumute)*
- doo woarn die Aachə mool wearrər griesər als dər Moahə – da waren die Augen mal wieder größer als der Magen *(= das Begehren war größer als der Bedarf)*

- doo|driwwər eass linngsd Groas gəwoahsə – darüber ist längst Gras gewachsen *(= das ist längst in Vergessenheit geraten)*
- doo|geehə eass kaa Kraud gewoahsə – dagegen ist kein Kraut gewachsen *(= das ist unabwendbar)*
- Dreerg umm Schdeergə huh – Dreck am Stecken haben *(= Schuld auf sich geladen haben)*
- dull wie Boahnə|schdrooh sei – dumm wie Bohnenstroh sein *(= sehr dumm sein)*
- dursch die Labbə gieh – durch die Lappen gehen *(= etwas entgeht einem)*
- ə Haus fərlierd naud – ein Haus verliert nichts *(= alles Verlegte findet sich irgendwann wieder)*
- ebbəs eass gərabbəld full – etwas ist bis zum Anschlag voll *(= es passt nichts mehr hinein)*
- ebbəs imms Fərreggə neadd maCHə – etwas ums Verrecken nicht machen *(= jemand oder etwas widersetzt sich trotz großer Mühen)*
- ebbəs gə|wuhr weern – etwas gewahr werden *(= von etwas Kenntnis bekommen)*
- ebbəs läurə gəhuurd huh – etwas läuten gehört haben *(= von etwas erfahren haben)*
- ebbəs schbeadds kraijj – etwas spitzkriegen *(= von etwas erfahren)*
- ebbəs uff die Ribbə kräijj – etwas auf die Rippen kriegen *(= Gewicht zulegen)*
- ebbəs uh die gruus Glogg hinngə – etwas an die große Glocke hängen *(= etwas Privates öffentlich erzählen)*
- ebbəs wie dər ierschdə Minnsch maCHə – etwas wie der erste Mensch machen *(= etwas völlig unbedarft angehen)*
- əd eass immər die|sellb Leijjər – es ist immer dieselbe Leier *(= es ist immer dasselbe)*
- əd fausd|digg heannər də Uhrn huh – es faustdick hinter den Ohren haben *(= abgebrüht sein)*
- əd Kreasskinnschjə baggd Pleddsjər – das Christkind backt Plätzchen *(= Kinderspruch bei rötlichem Abendhimmel)*
- əd laijjd mər uff dər Zunng – es liegt mir auf der Zunge *(= gleich fällt es mir wieder ein)*
- əd nimmi lanng maCHə – es nicht mehr lange machen *(= kurz vor der Ablösung bzw. dem Tod stehen)*
- əd schdiehn siwwe Sunnə umm Himməl – es stehen sieben Sonnen am Himmel *(= es ist schon taghell)*
- əd zäijjd wie HeSCHdsubb – es zieht wie Hechtsuppe *(= es herrscht kalter Durchzug)*
- eemə aah geewə – jemandem eine geben *(= jemandem einen Schlag bzw. eine Ohrfeige versetzen)*
- eemə aahnd auswiSCHə – jemandem eins auswischen *(= jemandem eine Niederlage beibringen)*
- eemə də MarSCH bloosə – jemandem den Marsch blasen *(= jemandem die Meinung sagen)*
- eemə eass schleeschd – jemand ist schlecht *(= übertragen: jemandem geht es gesundheitlich sehr schlecht)*
- eemə əd Fell fərsoolə – jemandem das Fell versohlen *(= jemanden verprügeln)*
- eemə ən Lassd uffloarə – jemandem eine Last aufladen *(= jemandem eine schwierige Aufgabe zumuten)*
- eemə frissd siSCH noCH sallwər – jemand frisst sich noch selber *(= jemand ist besonders unleidlich und jähzornig)*
- eemə giehn die Gäul durSCH – jemandem gehen die Pferde durch *(= jemand hat sich nicht unter Kontrolle)*
- eemə heannə rimm heewə – jemanden hinten rum heben *(= jemanden dazu überreden, etwas zu tun)*
- eemə hohd's heannər siSCH – jemand hat es hinter sich *(= jemand ist nach schwerer Krankheit verstorben)*
- eemə iwwərd Uhr haachə – jemanden übers Ohr hauen *(= jemanden betrügen)*
- eemə leefd die Bruih – jemandem läuft die Brühe *(= jemand schwitzt stark, meist vor Aufregung)*
- eemə uff də Leim gieh – jemandem auf den Leim gehen *(= von jemandem betrogen werden)*

- eemə uff die Schibb nummə – jemanden auf die Schippe nehmen *(= jemanden veralbern)*
- eemə uff die SchliSCH kummə – jemandem auf die Schliche kommen *(= jemanden enttarnen)*
- eemə uffd Korrn nummə – jemanden aufs Korn nehmen *(= jemanden veralbern)*
- eemə uh|paggə wie ə roh Aijj – jemanden wie ein rohes Ei anpacken *(= jemanden ganz vorsichtig behandeln)*
- eemə umm Schlawwiddschjə paggə – jemanden beim Kragen packen *(= jemanden zur Rechenschaft ziehen)*
- eemə wie aus'm Gə|siSCHd gəschnierə sei – jemandem wie aus dem Gesicht geschnitten sein *(= jemandem sehr ähnlich sehen)*
- eemə zər Minna maCHə – jemanden zur Minna machen *(= jemanden gehörig ausschimpfen)*
- eemə zər Resonng brinngə – jemanden zur Räson bringen *(= jemanden zur Vernunft bringen)*
- eisch winnschd, dər Herrgudd dee meisch hullə – ich wünschte, der Herrgott würde mich holen *(= jemand der schwerkrank ist, bittet um Erlösung)*
- əm gəschinngdə Gaul guggd mər neadd inns Maul – einem geschenkten Gaul schaut man nicht ins Maul *(= Geschenktes wird nicht kritisch beäugt)*
- ən aalə Baam fərplanndsd mər neadd – einen alten Baum verpflanzt man nicht *(= ein Wohnungswechsel eignet sich nicht mehr für alte Leute)*
- ən Eggsdra|wurrschd gəbroorə kräih – eine Extrawurst gebraten bekommen *(= eine Sonderbehandlung erhalten)*
- ən Fimməl huh – einen Fimmel haben *(= eine sonderbare Angewohnheit haben)*
- ən Furds krimm leihə huh – einen Furz krumm liegen haben *(= wehleidig sein)*
- ən Kerrl wie ən Baam sei – ein Kerl wie ein Baum sein *(= groß und stark sein)*
- ən Nool imm Heu|haafə suCHə mussə – eine Nadel im Heuhaufen suchen müssen *(= eine schwierige Aufgabe erledigen müssen)*
- ən Rabbəl huh – einen Rappel haben *(= verrückt sein)*
- ən Sadds maCHə – einen Satz machen *(= einen Sprung machen, abhauen)*
- ən Schloag geewə – einen Schlag geben *(= Auftreten eines plötzlichen lauten Knalls)*
- Fanngə schbillə – Fangen spielen *(= Fangspiel der Kinder)*
- feinə / fiernehmə Leuh – feine / vornehme Leute *(= Personen aus der gesellschaftlichen Oberschicht)*
- fier die Kadds sei – für die Katze sein *(= vergeblich sein)*
- fier ən Abbəl eann ə Aijj – für einen Apfel und ein Ei *(= für etwas Wertloses, unter Wert)*
- fiernehm schweddsə – vornehm reden *(= sich in gewähltem Hochdeutsch ausdrücken)*
- fill Gedeeh imm en SaCH maCHə – viel Aufheben um eine Sache machen *(= eine Sache unnötig aufbauschen)*
- fill Weannd imm ən SaCH maCHə – viel Wind um eine Sache machen *(= Aufheben um etwas machen)*
- firruh maCHe – voran machen *(= sich beeilen)*
- freersə wie ən ScheunədreSCHər – fressen wie ein Scheunendrescher *(= sehr großen Appetit haben)*
- fuu naud kimmd naud – von nichts kommt nichts *(= ohne Einsatz kein Lohn)*
- ganndss aus'm Häusjə sei – ganz aus dem Häuschen sein *(= aufgeregt sein)*
- gə|liwwərd sei – geliefert sein *(= verloren sein)*
- gə|riSCHd sei – gut zurechtgemacht sein *(= elegant bzw. gut aussehen)*
- gə|schiedənə Leuh sei – geschiedene Leute sein *(= nach einem Streit nichts mehr miteinander zu tun haben)*
- Gelld wie Heu huh – Geld wie Heu haben *(= sehr reich sein)*
- goud imm Fourər sei – gut im Futter sein *(= wohlgenährt sein)*
- häijj laijjd dər Wadds bəgroawə – hier liegt der Watz *(männl. Schwein)* begraben *(= hier ist nichts los)*
- häijj säihd əd aus, alls hedd'n Bommb ie|gəschloah –

hier sieht es aus, als hätte eine Bombe eingeschlagen *(= hier sieht es wüst aus)*

- heannərm Oarəm sei – außer Atem sein *(= erschöpft sein)*
- heannər'm Plugg eass gəaggərd – hinter dem Pflug ist geackert *(= daran lässt sich nichts mehr ändern)*
- heannərSCHd də fierərSCHd – das Hinterste zuerst *(= verkehrt herum)*
- ie aahnər Duur – in einer Tour *(= ununterbrochen)*
- ie də Krimmələ suCHə – in den Krümmeln suchen *(= Kleinigkeiten beanstanden)*
- ie dər Noachd sei allə Kaddsə groo – in der Nacht sind alle Katzen grau *(= im Dunkeln gleicht sich vieles)*
- ie dər Nuud frissd dər Deiwəl Fläijjə – in der Not frisst der Teufel Fliegen *(= in der Not ist man genügsam)*
- ie dər Reih sei – in der Reihe sein *(= in Ordnung sein)*
- ie die|sellb Kerb schloahə – in dieselbe Kerbe schlagen *(= dieselbe Meinung vertreten)*
- ie|paggə kunnə – einpacken können *(= eine Auseinandersetzung verloren haben)*
- imm die Egg guggə – um die Ecke gucken *(= schielen)*
- imm ə poar Eggə meaddənannər fərwannd sei – um ein paar Ecken miteinander verwandt sein *(= weitläufig miteinander verwandt sein)*
- innərschd də oowərSCHd – das Unterste nach oben *(= verkehrt herum)*
- iwwər|haabd neadd bei sisCH sei – überhaupt nicht bei sich sein *(= verrückt oder zerstreut sein)*
- kaa Bload fier də Munnd nummə – kein Blatt vor den Mund nehmen *(= nicht mit seiner Meinung zurückstehen)*
- kinn Weerd huh – keinen Wert haben *(= zwecklos sein)*
- klaa uh|fanngə – klein anfangen *(= mit bescheidenen Mitteln beginnen)*
- kreed dər Hahn uff'm Meassd, innərd sisCH'd Weerər odər'd bleid wie'd eass – kräht der Hahn auf dem Mist, ändert sich's Wetter, oder's bleibt wie's ist *(= Nonsens-Bauernweisheit)*
- Kubbs Zorrn eass Bauchs Schoarə – Kopfes Zorn ist Bauches Schaden *(= wer vor Wut das Essen verweigert, bestraft sich selbst)*
- kweer durrsch də Goardə – quer durch den Garten *(= kreuz und quer, speziell als Bezeichnung für Gemüseeintopf)*
- läib Herrguddschje, schdieh mər bei – lieber Herrgott, steh' mir bei! *(= Gebetsbitte um Beistand)*
- läijjə, dodd sisCH die Ballgə bieschə – lügen, dass sich die Balken biegen *(= exzessiv und ständig lügen)*
- meadd dər Dier ied Haus fallə – mit der Tür ins Haus fallen *(= mangelnde Zurückhaltung)*
- meadd ebbəs sinn Schaff huh – mit etwas seinen Schaff haben *(= mit etwas Probleme haben)*
- meadd eemə eass neadd goud Kierschə eersə – mit jemandem ist nicht gut Kirschen essen *(= mit jemandem ist nicht zu spaßen)*
- meadd eemə innər aahnər Degg schdeggə – mit jemandem unter einer Decke stecken *(= mit jemandem gemeinsame Sache machen)*
- meadd KaraCHO – mit Karacho *(= mit viel Schwung und hoher Geschwindigkeit)*
- meaddənannər gieh – miteinander gehen *(= ein Liebespaar sein)*
- mər nimmd naud meadd – man nimmt nichts mit *(= im Tod sind alle gleich)*
- Mumm ie də KnoCHə huh – Mumm in den Knochen haben *(= Mut haben)*
- naud Hallwəs eann naud Ganndsəs – nichts Halbes und nichts Ganzes *(= unentschlossene Zwischenposition)*
- naud zə kauhə huh – nichts zu kauen haben *(= arm sein und Hunger leiden)*
- naud zə laCHə huh – nichts zu lachen haben *(= jemandem geht es schlecht)*
- naud zə mellə huh – nichts zu melden haben *(= kein Mitspracherecht haben)*
- neadd gannds disCHd sei – nicht ganz dicht sein *(= verrückt sein)*

- neadd gannds fuSCHbər sei – nicht ganz gescheit sein *(= verrückt sein)*
- neadd uff simm Meassd gə|woahsə sei – nicht auf seinem Mist gewachsen sein *(= nicht seine Idee sein)*
- neadd uffd Maul gəfallə sei – nicht aufs Maul gefallen sein *(= aufgeweckt und redegewandt sein)*
- neewərm Häusjə sei – neben dem Häuschen sein *(= aufgeregt sein)*
- noCH Heef dofuu huh – noch haufenweise davon haben *(= noch viel von etwas vorrätig haben)*
- noCH mieh Eisə imm Fauhhər huh – noch mehr Eisen im Feuer haben *(= noch andere Möglichkeiten haben)*
- noCH neadd heanne wearrər sei – noch nicht hinten wider sein *(= noch nicht hoffnunglos am Ende sein)*
- oah|gəbrannd sei – abgebrannt sein *(= mittellos sein)*
- oah|gəmelld sei – abgemeldet sein *(= nicht mehr beachtet werden)*
- Orrdər kräijj – Order kriegen *(= eine Weisung erteilt bekommen)*
- Pagg schleed sich, Pagg fərdreed sich – Pack schlägt sich, Pack verträgt sich *(= Streit unter Gesindel ist kurz)*
- schdinng|gə wie ən Fuggs – stinken wie ein Fuchs *(= unangenehm riechen)*
- schwier gəloarə huh – schwer geladen haben *(= stark betrunken sein)*
- sə nimmi all (uff dər Ladd) huh – sie nicht mehr alle (auf der Latte) haben *(= spinnen)*
- sei Fedd wegg kräijj – sein Fett weg kriegen *(= einer verdienten Strafe zugeführt werden)*
- sei Maless meadd ebbəs huh – eine Malaise mit etwas haben *(= Probleme mit etwas haben)*
- sei Scheefschjər ied Droijjə gəbroochd huh – seine Schäfchen ins Trockene gebracht haben *(= sicher vorgesorgt haben)*
- sei Uhrn iwwərall huh – seine Ohren überall haben *(= neugierig sein)*
- sinn Uuds meadd eemə treiwə – seinen Uz mit jemandem treiben *(= jemanden verspotten)*
- siSCH bəschnubbərn – sich beschnuppern *(= sich kennenlernen)*
- siSCH dinn maCHə – sich dünn machen *(= einer Auseinandersetzung bzw. Pflicht aus dem Weg gehen)*
- siSCH ə Dierschje uff loosə – sich ein Türchen offen lassen *(= sich eine Ausweichmöglichkeit sichern)*
- siSCH ə Minnsch uhschaffə – sich eine Frau anschaffen *(= eine Liaison eingehen)*
- siSCH ebbəs neadd zaubərn kunnə – sich etwas nicht zaubern können *(= etwas nicht aus dem Stehgreif besorgen können)*
- siSCH ied eigənə Fleisch schneirə – sich ins eigene Fleisch schneiden *(= sich selbst schaden)*
- siSCH neadd lummbə loosə – sich nicht lumpen lassen *(= großzügig sein)*
- siSCH noCH ən Scheib fuu ebbəs oahschneirə kunnə – sich noch eine Scheibe von etwas abschneiden können *(= sich eine Sache zum Vorbild nehmen können)*
- siSCH schreiwə – sich schreiben *(= mit amtlichem Familiennamen heißen)*
- siSCH uffd Uhr haachə – sich aufs Ohr hauen *(= Schlafen gehen)*
- siSCH umm Räime reisə – sich am Riemen reißen *(= sich mäßigen)*
- uff də Pott mussə – auf den Pott müssen *(= auf die Toilette müssen)*
- uff die Frei gieh – auf die Frei gehen *(= auf Brautschau aus sein)*
- uff əm Damm sei – auf dem Damm sein *(= wieder genesen sein)*
- uff əm Hulldsweeg sei – auf dem Holzweg sein *(= auf der falschen Fährte sein)*
- uff jeedəs Dibbschjə bassd ə Deggəlschjə – auf jeden Topf passt ein Deckel *(= für jeden Menschen gibt es einen geeigneten Partner)*

- uh də Reih kummə – an die Reihe kommen *(= in der Reihenfolge dran sein)*
- uh sisch haalə – an sich halten *(= sich zusammenreißen)*
- uh|geewə wie'n Sagg full Miggə – angeben wie ein Sack voller Mücken *(= sich aufspielen)*
- wearrər gourə Leuh meaddənannər sei – wieder gute Leute miteinander sein *(= sich wieder vertragen)*
- wer ən Abbəl scheelə kaa, dee kaa heiroadə – wer einen Apfel schälen kann, der kann heiraten *(= ist gerüstet für die Ehe)*
- wie seehd mər daa? – wie sagt man denn? *(= rhetorischer Formulierungseinwurf)*
- wodd dər Bauhhər neadd kinnd, dodd frissd ə neadd – was der Bauer nicht kennt, isst er nicht *(= nur auf Vertrautes setzen)*
- zəm aalə Eisə gəhiern – zum alten Eisen gehören *(= nicht mehr zeitgemäß sein)*

Zeitangaben und Zahlwörter

Die gebräuchlichen **Tagesangaben** lauten *fiergeassdərn* (vorgestern), *geassdərn* (gestern), *hauh* (heute), *muurn* (morgen) und *iwwərmuurn* (übermorgen). Die Tageszeiten werden analog zur Hochsprache gebildet, wobei bei Bezug auf den aktuellen Tag eine Verkürzung stattfindet: *heute Morgen* heißt schlicht *də Moijjə*, dementsprechend wird von *də Mədoag* (heute Mittag), *də Unnərn* (heute Nachmittag), *də Oowənd* (heute Abend) und *də Noachd* (heute Nacht) gesprochen. Die zugehörigen Adverben lauten entsprechend *moins*, *mədoans*, *unnərns*, *oowənds*, *noachds*. Die Tagesangaben der zurückliegenden bzw. folgenden Tage werden analog gebildet, also beispielweise *fiergeassdərn moijjə* oder *geassdərn unnərn*, bei *muurn* und *iwwərmuurn* wird noch die Genitiv-Bindesilbe *-sə* ergänzt: *morgen früh* heißt dementsprechend *muurnsə moijjə* (der Morgen des nächsten Tages). Als Entsprechung zum hochsprachlichen *nächste Woche* bzw. *nächstes Jahr* existieren neben *neegsd Wuch* bzw. *neegsd Juhr* auch die älteren Alternativbezeichnungen *annər Wuch* bzw. *annər Juhr*. Für *nächsten Monat* ist *ie fäijjər Wuchə* (in vier Wochen) gebräuchlich, für nächste Woche auch *ie ochd Doah* (in acht Tagen). Die Zeitspanne zwischen zwei Wochenenden heißt *innər dər Wuch*. Zeitangaben wie *am Sonntag* oder *sonntags* etc. kann man auch durch die Wendung *meadd Sunndoag* etc. ausdrücken: *Mər giehn meadd Sunndoag ie də Kiersch* (Wir gehen am Sonntag in die Kirche).

Für die **Beschreibung kürzerer Zeitabstände** sind die herkömmlichen hochsprachlichen Begriffe vertreten, teilweise in Abwandlungen: *gerade* wird so etwa zu *groad*, *eben* zu *eewə*. Für *bald* kann neben *baal* auch die ältere Gebrauchsform *horrdisch* (hurtig) stehen: *Eisch gieh horrdisch iekaafə. Brauchs də wodd?* (Ich gehe bald einkaufen. Brauchst du was?). Eine besonders schöne Platt-Form für *jetzt* ist neben der herkömmlichen Abwandlung *jedds* bzw. *eddsə groad* (jetzt gerade) das Wort *alləweil*. Es stammt ursprünglich aus dem Mittelhochdeutschen, hatte dort allerdings noch die Bedeutung von *immer*. Sehr nützlich ist das kleine Wörtchen *alls*, das im Westerwälder Dialekt wahlweise *andauernd* oder *ab und zu* heißt, Variationen im ersten Sinne sind *allsfordd* oder auch *alls'n alls*, im zweiten Sinne *allsəmool*. Darüber hinaus ist *alls* – teilweise auch variiert zu *add* – auch ein Füllwort, das oft in Kombination mit *schon* / *schuu* verwendet wird: *Eisch gieh alls / add schuu mool naus* (Ich gehe schon mal hinaus). Wiederholen sich Ereignisse häufiger, dann kommen sie *deaggər* vor. Zur inhaltlichen Verstärkung kann man – wie in jedem anderen Kontext auch – das Adverb *aarisch* (sehr) verwenden: *aarisch offd* bedeutet so etwa *sehr oft*. Bei einmaligen Ereignissen verwendet man – je nach Satzzusammenhang wahlweise betont oder unbetont – *aahmool* oder *əmool*. Neben dem schriftsprachlich heute standardisierten *donooh* (danach) wird gelegentlich auch *hernooh* (hernach = später) gebraucht. Eine Besonderheit betrifft noch das Adverb

dann, das im Wäller Platt in der Regel als *daa* auftritt, zur Beschreibung vergangener Ereignisse aber zu *du* abgewandelt wird: *Ich fahre dann nach Limburg* heißt so *Eisch foahr daa nooh Leammberrsch*, *Ich fuhr dann nach Limburg* wird hingegen zu *Eisch fouhhər du nooh Leammbərsch*.
Uhrzeiten werden im Westerwälder Dialekt grundsätzlich nur von eins bis zwölf und generell im Plural angegeben: *aah Auhhərn* (= ein Uhren) wird beispielsweise sowohl für *ein Uhr nachts* als auch für *ein Uhr mittags* (Hochsprache: *13 Uhr*) gebraucht. *12.30 Uhr* heißt *halb aah*, *12.45 Uhr* heißt *Ferrdəl fier aah* (Viertel vor eins), *13.15 Uhr* heißt *Ferrdəl nooh aah* (Viertel nach eins). *Mitternacht* heißt *Meaddərnoachd*. Für Zeitangaben pünktlich zur vollen Stunde ist zudem die Formulierung *Gloggəschloag aah* (Glockenschlag ein Uhr) etc. gebräuchlich.
Die **Zahlwörter** lauten im Dialekt wie folgt: *eins / aahns, zwei / zwaa, drei / drei, vier / fäijjər, fünf / fümmf, sechs / seggs, sieben / siwwe, acht / oCHd, neun / nuih, zehn / zeehə, elf / ellf, zwölf / zwuillf, dreizehn / dreizeeh, vierzehn / ferrdzeeh, fünfzehn / fuffzeeh, sechzehn / seSCHzeeh, siebzehn / sibbzeeh, achtzehn / oCHdzeeh, neunzehn / nuihnzeeh, zwanzig / zwannsiSCH, dreißig / dreisiSCH, vierzig / ferrdsiSCH, fünfzig / fuffdsiSCH, sechzig / seSCHdsiSCH, siebzig / sibbdsiSCH, achtzig / oCHdsiSCH, neunzig / nuihnsiSCH, hundert / hunnərd, tausend / dausənd, eine Million / aah Milljoon*. Die sogenannten Ordinalzahlen entstehen – wie in der Hochsprache – zum Teil durch Umlautung: *ierschdəns, zwaadəns, driddəns, fäijjərdəns* usw. In Verbindung mit einer vorstehenden Präposition oder einem nachstehenden Substantiv gelten die üblichen Regeln *(umm ierschdə Oggdoowər* usw.).
Eine legendäre Besonderheit des Wäller Platt ist die Existenz von drei unterschiedlich lautenden **Varianten des Wortes *zwei***: Neben *zwaa*, das im direkten Gebrauch bei Zahlenreihen (*aahns, zwaa, drei ...*) gebräuchlich ist, stehen noch *zwie* und *zwuu*. Die Zuweisung erfolgt in Abhängigkeit vom Geschlecht des nachfolgenden Substantivs: *zwuu* steht bei weiblichen, *zwie* bei männlichen und *zwaa* bei Substantiven mit neutralem Geschlecht: *zwuu Auhhərn* (zwei Uhr bzw. zwei Uhren), *zwie Mannsleuh* (zwei Männer), *zwaa Keann* (zwei Kinder).
Die **Monatsnamen** weisen abgesehen von den typischen regionalen Konsonantenabrundungen keine speziellen Lautabweichungen auf. Die Namen der Wochentage lauten: *Montag / Moondoag, Dienstag / Diesdoag, Mittwoch / MeaddwuCH, Donnerstag / Dunnərschdoag, Freitag / Freidoag, Samstag / Sammsdoag, Sonntag / Sunndoag.*

Ortsangaben

Wie bei den Zeitangaben gibt es auch bei den **Beschreibungen örtlicher Gegebenheiten** einige Finessen zu beachten. Diese betreffen vor allem einige sehr ähnlich klingende Wörter, bei denen die Sprechsituation eine große Rolle spielt: Unterschieden werden etwa *innə* und *dinnə, iwwə* und *diwwə, jeann* und *deann, jausə* und *dausə* sowie *doo* und *loo*. Bezeichnet die Ortsangabe die eigene Position des Sprechers, dann kommt jeweils die erste Variante dieser Wortpaare zum Einsatz. Wird die Angabe zur Bezeichnung eines anderen Ortes benutzt, wählt man die zweite. Ein Beispiel: Sitze ich unten im Erdgeschoss eines Hauses in der Küche und unterhalte mich mit jemandem über einen verlegten Gegenstand, der irgendwo im Raum liegen muss, dann muss dieser Gegenstand *häijj innə* (hier unten) noch irgendwo sein. Sitze ich oben im Schlafzimmer und jemand kocht unten in der Küche, so kocht er *dinnə* (dort unten). Rufe ich *Ich bin hier drüben,* so heißt es im Dialekt *Eisch sei häijj iwwə*. Sage ich hingegen *Mein Vater ist drüben* (= im Nachbarzimmer), dann heißt es: *Minn Foarər eass diwwə!* Ebenso kann sich ein Gegenstand *häijj jeann* (hier drinn, wenn ich selber drin bin) oder *deann* (da drinn, wenn ich selber draußen bin) bzw. *häijj jausə* oder *dausə* befinden. Analog dazu stehen *raus* (heraus) und *naus* (hinaus), *rie*

(herein) und *nie* (hinein), *ruff* (herauf) und *nuff* (hinauf), *roah* (herunter) und *noah* (hinunter) sowie *riwwər* (herüber) und *niwwər* (hinüber). *Ich bin da* (= gerade hier angekommen) heißt *Eisch sei doo*, während *Mein Vater ist dort* (= da drüben) zu *Minn Foarər eass loo* wird. Eine Spezialform ist die Wendung *dribb dər BaCH eann hibb dər BaCH* = *diesseits des Baches und jenseits des Baches*. Der hochsprachliche Wortbestandteil *-wärts* wird mit *-zous* wiedergegeben: *nuffzous* (bergauf / aufwärts), *noahzous* (bergab / abwärts), *heimzous* (heimwärts) etc. Bei Auskünften nach der Herkunft wird das Wörtchen *dann* (vgl. die hochsprachliche Wendung *von dannen*) eingesetzt: *fuu häijj dann giehd's luus* (ab hier geht's los).
Auch **Orte der Region** haben ihre eigene mundartliche Namensentsprechung. Nachfolgend eine kurze Übersicht für die Limburger Region:

Ahlbach	→	*UhlwoCH*
Bad Camberg	→	*Kammberrsch*
Diez	→	*Däidds*
Dietkirchen	→	*DiggərSCH*
Dorchheim	→	*Duurschəm*
Dorndorf	→	*Duurnəf*
Ellar	→	*Ellər*
Eschhofen	→	*ESCHoofə*
Frickhofen	→	*Frigghoofə*
Fussingen	→	*Fussinngə*
Gemünden	→	*Gəminnə*
Hadamar	→	*Hoarəmər*
Hangenmeilingen	→	*Maalinngə*
Hausen	→	*Hausə*
Heckholzhausen	→	*Hegghulləssə*
Heuchelheim	→	*Heuschlimm*
Hintermeilingen	→	*Heannərmaalingə*
Irmtraud	→	*Errndərd*
Katzenelnbogen	→	*Kaddsəelləbuuhə*
Lahr	→	*Luhr*
Langendernbach	→	*Lanngədeermoach*
Limburg	→	*Leammbərsch*
Lindenholzhausen	→	*Leannəhulləssə*
Linter	→	*Linndər*
Malmeneisch	→	*WollmənaCH*
Mengerskirchen	→	*Menngerskierschə*
Mühlbach	→	*Millmoach* (1937 in Elbgrund aufgegangen)
Niederbrechen	→	*NirrərbreSCHe*
Niederhadamar	→	*MannəbaCH*
Niedertiefenbach	→	*Nirrərdäifəmoach*
Niederweyer	→	*Nirrərwaijjər*
Niederzeuzheim	→	*Nirrərzeuzəm*
Oberbrechen	→	*OowərbreSCHe*
Obertiefenbach	→	*Oowərdäifəmoach*
Oberweyer	→	*Oowərwaijjər*
Oberzeuzheim	→	*Oowərzeuzəm*
Offheim	→	*Uffəm*
Rennerod	→	*Rennəruuh*
Steinbach	→	*Schdannmoach*
Thalheim	→	*Doaləm*
Waldernbach	→	*Walldeermoach*
Waldmannshausen	→	*Walldmannshausə* (1937 in Elbgrund aufgegangen)
Wallmerod	→	*Wallməruuh*
Weroth	→	*Weerruuh*
Wilsenroth	→	*Willsəruuh*
Winnen	→	*Winnə* etc.

Andere landschaftliche Ortsbezeichnungen wie Gebirge, Flüsse oder Regionen werden zum Teil ebenfalls leicht mundartlich abgewandelt: Der *Rhein* wird beispielsweise zum *Rhei*, die *Alpen* zu den *Allbə*, die lokale Erhebung *Heidenhäuschen* zu *Haarəhäusjə* und das Bundesland *Hessen* zu *Hessə*. Deutsche Städtenamen werden entsprechend den dialektalen Aussprachereglen leicht variiert: *Frankfurt* / *Franngfurrd*, *Gießen* / *Gäisə*, *Hamburg* /

HammburSCH, *Köln* / *Kellə*, *Leipzig* / *LeibziSCH*, *Mannheim* / *Mannəm*, *Siegen* / *Siehə*, *Wiesbaden* / *Wiss|boarə* etc. Auch hier dringen hochsprachliche Lautelemente (zum Beispiel das *ü* in Düsseldorf, München oder Nürnberg) zunehmend in den Dialekt ein.

Eigennamen

Der Westerwälder Dialekt kennt für standardsprachliche **Vornamen** zuweilen regionale Ruf-Varianten. So kann der amtliche Vorname *Elisabeth* wahlweise als Rufname *Ellsjə*, *Lilli*, *Liss*, *Lissbedd* oder *Lissjə* erscheinen. Bis auf die erste Form sind alle anderen aber auch für den Vornamen *Anneliese* denkbar, sodass auf den eingetragenen Passnamen nicht immer unmittelbar geschlossen werden kann. Generell sind die weiblichen Verniedlichungsformen auf *-jə* besonders häufig. Nachstehend eine kleine Auswahl charakteristischer Vornamen, mit denen man als Plattsprecher im 20. Jahrhundert vertraut war:

Alice	→	*Aliedsə*
Alois	→	*Allwiss*
Anna	→	*Ann* oder *Anni*
Anneliese	→	*Annəlie* oder *Annəlies*
Anton	→	*Tooni*
Cecilia	→	*Zillja*
Charlotte	→	*Loddə*
Christine	→	*Krissda, Krissdəl*
Eleonore	→	*Elli*
Elfriede	→	*Ellfi*
Erhard	→	*Errard*
Frieda	→	*Friedschjə*
Friedrich	→	*Fridds*
Georg	→	*Schorrsch*
Gerhard	→	*Gerrd*
Gertrud	→	*Gerrdie*
Günter	→	*Günndər*
Hedwig	→	*HeddwiSCH*
Helene	→	*Leenschjə*
Helmuth	→	*Hellmuud*
Hermine	→	*Mienschjə*
Hildegard	→	*Hilldə*
Hubert	→	*Hubbərd*
Jakob	→	*Jaakubb*
Joachim	→	*Joachiem* oder *Joggəl*
Johannes	→	*Hannəs*
Josef	→	*Jubb*
Karl	→	*Kall*
Katharina	→	*Katt* oder *Kaddrein* oder *Keddschjə*
Konrad	→	*Kunnroad*
Lieselotte	→	*Loddə* oder *Loddi*
Lucie	→	*Luddsie*
Ludmilla	→	*Milla*
Ludwig	→	*LuddwiSCH*
Margarethe	→	*Maggreed, Greed, Greedəl, Greedschjə, Gridd* oder *Griddschjə*
Margot	→	*Maggodd*
Maria	→	*Marrie* oder *Ria*
Martha	→	*Madda*
Martin	→	*Maddin*
Mathilde	→	*Tilldschjə*
Michael	→	*MiSCHəl*
Ottilie	→	*Tilldschjə*
Peter	→	*Peedər*
Rosemarie	→	*Roosəmie*
Roswitha	→	*Rosswidda*
Rudolf	→	*Ruudi*
Theodor	→	*Teeduur*
Therese	→	*Rees*
Ursula	→	*Urrsəl*
Veronika	→	*Frooni*
Viktor	→	*Figgduur*
Vincenzia	→	*Zennsa*

Walter → *Walldər*
Wilhelm → *Willi*
Wilhelma → *Hellma*
Wilhelmine → *Mienschjə* etc.

Ein sprachliches Charakteristikum der Region ist die bis in die Gegenwart überlieferte Existenz sogenannter **Haus- oder Sippennamen**, die mit den amtlichen Eintragungen im Personalausweis keineswegs übereinstimmen müssen. Stattdessen wurden Kinder früher – gelegentlich noch heute – von den anderen Dorfbewohnern automatisch nach der vor Ort gebräuchlichen Familienbezeichnung für deren Eltern, Großeltern oder sonstigen Vorfahren benannt. Dies ermöglichte eine eindeutige Zuordnung auch bei weitverbreiteten amtlichen Nachnamen sowie gleichzeitig eine feste räumliche Verortung im Dorf – vor allem, da die Zahl der Vornamen früher bei Weitem nicht an den Abwechslungsreichtum heutiger Tage heranreichte: Während bei den Männernamen die drei großen Js – Josef, Jakob und Johann – dominierten, waren die Mädchen meist nach bekannten katholischen Namenspatroninnen wie Maria, Magdalena, Elisabeth, Katharina oder Therese getauft. Folglich war es durchaus möglich, dass es gleich mehrere Bewohner im Dorf gab, die dem Pass nach Jakob Müller oder Maria Schmidt hießen – eine Verwechslungsmisere, bei der die Hausnamen Abhilfe schafften. Auch Grundbesitz und Eigentumsverhältnisse ließen sich auf diesem Wege schnell klären. Die Hausnamen, die ursprünglich mit der um sich greifenden Zweinamigkeit im ausgehenden Mittelalter aufkamen, konnten sich auf die ursprüngliche Herkunft einer Familie beziehen (Beispiel etwa: *Menngerskierschər'sch Rees*, deren Familie einst aus Mengerskirchen kam), auf den Berufsstand, der oft unter den Generationen weitervererbt wurde (Beispiel etwa: *Schouhmachər'sch Schorrsch* aus einer Schumacherfamilie), auf den Standort des Wohnhauses (Beispiel etwa: *Heannərgassə Ria*, die in der Hintergasse wohnte) sowie sonstige charakterliche oder physiognomische Eigenarten (Beispiel etwa: *Seanngər'sch Hubbərd*, dessen Familie sich im dörflichen Gesang hervorgetan hat). Dies führte dazu, dass sich bestimmte Hausnamen (wie zum Beispiel *Schullhannəsə*, wohl entweder die Dialektbezeichnung für die früheren Ortsverwalter, die Schultheißen, oder die Nachkommen eines früheren Dorfschullehrers namens (Jo-)hannes) bis heute in vielen Dörfern des Westerwaldes finden – ganz ohne verwandtschaftliche Beziehungen untereinander. Auch Spitznamen für Einzelpersonen sind bis in die Gegenwart verbreitet. Der Kreativität, die sich mitunter auch von Haustiernamen oder TV-Serien inspirieren lässt, sind hier kaum Grenzen gesetzt. Ebenso können einzelne Straßennamen im Volksmund von ihren amtlichen Bezeichnungen abweichen. Ein in der Region weithin bekanntes Beispiel ist etwa der Abschnitt der Bundesstraße 49 zwischen Beselich-Obertiefenbach und Limburg, für den sich die Bezeichnung *die Meil* (angelehnt an das Längenmaß einer preußischen Meile, ca. 8 Kilometer) eingebürgert hat.

Die dörflichen Sippennamen sind erblich und im traditionellen dörflichen Leben viel häufiger gebräuchlich als die formalen Namen, die oft erst durch Überlegung oder Nachfragen (*wie schreiwə die sisch?* = wie lautet der amtliche Familienname?) bestimmt werden können. Ein Wechsel der Hausnamenzugehörigkeit trat früher für gewöhnlich ein, wenn Töchter heirateten oder mitunter auch Söhne mit vielen Brüdern andernorts einen eigenen Hausstand gründeten. Innerhalb der Familie wurde die Zugehörigkeit einzelner Mitglieder mit Possessivpronomen verdeutlicht: *uusərm Jaakubb eass neadd goud* (unserem Jakob geht es nicht gut), *uusər Leenschjə hood gəheiroad* (unsere Helene hat geheiratet) etc. Generell werden Eigennamen im Wäller Platt ausnahmslos mit zugehörigem Artikel (*dər Johann, əd Lissjə* etc.) benutzt. Eine sprachliche Sonderbehandlung widerfährt allerdings Damen aus der gesellschaftlichen Oberschicht: Sie werden mit ihrem bürgerlichen Nachnamen bezeichnet, dem jedoch zuweilen die (leicht ironisch anmutende) abschließende Zusatzsilbe *-sən* angehängt wird: *Die Kaisərsən eass immər gərisCHd* (Frau Kaiser kann sich immer sehen lassen). Parallel zu den Sippennamen sind im Westerwald auch sogenannte **Uznamen** für die Einwohner der einzelnen Dörfer bekannt, die sich – zuweilen mit gutmütigem Spott – auf vermeintliche dörfliche Charakter-Eigenarten beziehen (vgl. Jung 1982). Obgleich der Gebrauch solcher Bezeichnungen schon aus der Zeit der Kelten und Germanen überliefert ist, dürften die heute bekannten Titulierungen jüngeren Datums sein. Vermutlich sind sie zur Hochzeit des mittelhessischen Eisenerzbergbaus Ende des ausgehenden 19. Jahrhunderts entstanden: Bergleute wollten auf diese Weise wohl die Kollegen aus den Nachbarorten veralbern. Die Ursprünge einzelner Uz- oder Ortsnecknamen können sich beispielsweise auf Handelswaren beziehen, die von dort aus lange Zeit vertrieben wurden, oder auch auf ortstypische Berufsgruppen. Bekannt sind etwa die *Diggərischər Subbədibbə* (Dietkirchener Suppentöpfe), die *Menngerskierschər Noalbouwə* (Mengerskirchener Nagelbuben) oder die *Weyərər Plassdərbauhhər* (Weyerer Pflasterer). Auch die regionale Tierwelt stand – oft in Form von anekdotischen Herleitungen – häufig Pate. Beispielhaft verwiesen sei hier etwa auf die *Duurnəfər Esəl* (Dorndorfer Esel), die *Lanngədeermoachər Gaasəbegg* (Langendernbacher Geisböcke), die *Schdaffələr Wedds* (Staffeler Eber) oder die *Uffəmər Beern* (Offheimer Bären). In der Region besonders populäre Tierarten wie etwa die *Roawə* (Raben) sind die Uz-Patrone gleich mehrerer Dörfer (u. a. Dehrn, Hangenmeilingen, Hintermeilingen, Probbach, Winkels). Unter den vielen, zum Teil schon in Vergessenheit geratenen Bezeichnungen ragen einige im öffentlichen Bewusstsein heraus, etwa die *Ellsər BlecHkibb* (Elzer Blechköpfe) – eine Typisierung, die trefflich zur langen Blasmusiktradition des Dorfes passt.

IV. Dodd hierd sisch goud uh! Textproben in Wäller Platt

Die Mundartliteratur zum Wäller Platt ist aufgrund der Vielzahl der einzelnen Ortsmundarten sehr vielfältig und kleinteilig. Der Großteil wird im Selbstverlag oder in Sammelbänden zur regionalen Brauchtumspflege, etwa in den jährlich erscheinenden Jahrbüchern des Westerwaldkreises und des Kreises Limburg-Weilburg, veröffentlicht. Eine Schwierigkeit ergibt sich durch den Umstand, dass jeder Autor sein eigenes lautliches Transkriptionssystem verwendet, sodass nur eingeweihte Sprecher die Texte auch korrekt vorlesen können. Eine kompakte Einführung in die Materie gibt Horst R. Becker in seinem – inzwischen schon älteren – Überblick „Hessische Mundart- und Heimatdichtung“ (vgl. Schanze, S. 109–206). Unter den Autoren namentlich erwähnt werden soll an dieser Stelle Martin Dietz (1901–1955), der in seinen Mundart-Gedichten den Wandel von der ländlichen Dorfgemeinschaft zur modernen Welt sensibel beschrieben hat. Obwohl Dietz in Bergen-Enkheim (Wetterau) geboren wurde und lebte, sind seine Gedichte lautlich für Sprecher des Wäller Platt sehr gut lesbar. In der Hadamarer Region war vor allem der Elzer Willi Schoth (1917–2012) für seine Mundartveröffentlichungen in Büchern und der Regionalpresse bekannt.

Ein Wort sei an dieser Stelle noch über die zwei berühmtesten sprachlichen Schöpfungen des Westerwaldes verloren: Da wären zum einen der populäre Westerwälder Wandergruß „Hui! Wäller?“ und dessen Erwiderung „Allemol!“, die auf den Westerwälder Landwirt und Heimatdichter Adolf Weiss (1860–1938) zurückgehen. Der Ausruf entstand im Jahr 1913 anlässlich eines Preisausschreibens des Westerwald-Vereins Bonn, der auf diesem Wege um die Einsendung einer griffigen Erkennungsparole für die Westerwald-Wanderer gebeten hatte. Weiss, der unter 60 Bewerbern als Gewinner hervorging, konnte sich über die ausgelobten zwölf Flaschen Moselwein freuen. Zur Erklärung des Grußes ließ er in Reimform verlauten:

„Hui! Wäller?“ – „Allemol!“, so tönet der Ruf,
den in meiner Sehnsucht nach Wein ich schuf.
Das „Hui“, das hat mich der Sturmwind gelehrt,
wenn wild über unsere Heide er fährt.
Und „Wäller“ wir ja „allemol“ sind,
wir trotzen dem Regen, dem Schnee und dem Wind!

Wohl noch bekannter ist der eingängige „Westerwaldmarsch“, der auf ein altes Westerwälder Volkslied zurückgeht. Der Verfasser des Textes ist unbekannt. Der in Oberbrechen bei Limburg geborene Blas- und Marschmusikkomponist Joseph Neuhäuser (1890–1949) gab dem Stück 1935 seine heute bekannte musikalische Form. Populär wurde es vor allem als Soldatenlied im Zweiten Weltkrieg. Eine eigens erstellte Adaption in Wäller Platt gleicht den Original-Text aus Gründen der Reimstruktur behutsam an:

Original

1. Heute wollen wir marschieren,
   Einen neuen Marsch probieren.
   In dem schönen Westerwald,
   Ja, da pfeift der Wind so kalt.

Dialektversion

Hau, doo w<u>u</u>llə mir marsch<u>äi</u>jjərn,
Eann ən n<u>au</u>hə Marsch prow<u>ai</u>jjərn.
Ie deem sch<u>ie</u>nə W<u>e</u>ssdərwalld,
Joo, do peifd dər Weannd su kalld.

(Refrain:) O du schöner Westerwald,
Über deine Höhen pfeift der Wind so kalt.
Jedoch der kleinste Sonnenschein
Dringt tief ins Herz hinein.

2. Und die Gretel und der Hans
Geh'n des Sonntags gern zum Tanz
Weil das Tanzen Freude macht
Und das Herz im Leibe lacht.

3. Ist das Tanzen dann vorbei,
Gibt's gewöhnlich Keilerei
Und vom Bursch, den das nicht freut,
Sagt man: „Der hat keinen Schneid."

Oh, dau schienər Wessdərwalld,
Iwwər deinə Berrjə peifd dər Weannd su kalld.
DoCH wenn əmool də Sunn kurdds scheind,
Da eass əd Herrds bəfreid.

Eann die Greedəl eann dər Hanns
Giehn meadd Sunndoag gern zəm Dannds,
Weil əd Danndsə Schbass'n brinngd
Eann əd Herrds fier Freudə sinngd.

Eass əd Danndsə da forbei,
Gidd's gəwöhnlISCH Priejəlei.
Eann fumm Bursch, dee dodd neadd freud,
Seed mər: „Dee eass neadd gəscheud."

Im Westerwald, der keine großen Metropolen kennt, sondern nur die Beschaulichkeit des Dorf- und Kleinstadtlebens, ist die Tendenz, in ein verklärendes ländliches Heimat-Idyll zurückzufallen, in der Lyrik verständlicherweise groß. Meist entsteht diese Neigung aus der Distanz einer verlorenen Heimat aus Kindertagen, die – wenn schon nicht im Alltag – zumindest poetisch bewahrt werden soll. Grundsätzlich erscheint dieser Impuls legitim: Orten, die Menschen etwas bedeuten, sollte ein Gedicht (oder ein Lied) gewidmet sein. Viele der Westerwälder Dörfer können hier bereits entsprechende Werke vorweisen; genannt seien an dieser Stelle beispielhaft das Elzer Kirmeslied („Det Elzer Kjärmeslied", Text: Paul Blättel, Melodie: Paul Kalb) oder das Frickhofen-Lied „Ahl goldig Frickhofe" (Text: Georg Größchen, Melodie: Willy Schmidt), die mittlerweile beide auch im Internet verfügbar gemacht wurden. Ganz in dieser Tradition sei aus Anlass der 800-Jahr-Feierlichkeiten des Dorfes Dorchheim im Jahr 2015 – nicht ohne Augenzwinkern – das folgende Gedicht beigegeben:

Əd Duur fumm Wessdərwalld

Umm Duur fumm Wessdərwalld, doo laijjd,
mool sunnbeschienə, mool fərschneid
ə Duurf, dodd kinn eisch schuu seid immər,
uff'm laijjd ən leischdər Schimmər,
denn əd eass schuu zimmlISCH aal.

Fumm Haarəhäusje kaa mər säih,
wie Feel iwwər die Häusər zäijj'.
Imm də Noas, doo peifd dər Weannd,
dodd eass ən Schbass fier jedəs Keannd.
Doo maand mər fassd, die Welld weer haal.

Dodd Duurf, fuu dem eisch häijj su schweddsə,
heesd Duurschəm – eann eisch dou əd scheddsə,
weil mər doo schie leewə kaa.
Mər kinnd häijj jedən Baam eann Schdaa.
Fərlaafə kaa mər sISCH doo neadd.

Dər LassdərbaCH fläissd häijj forbei,
eann jedər kinnd die aal Abbtei,
die fruijjər haijj fill Lannd bəseersə –
Marienschdadd heesd sə, neadd fərgeersə!
DoCH aus eass'd lanngə schuu domeadd.

Umm Kierschhoob schdiehd ən aal Kapell,
die eass bəmoald uu aahnər Schdell,
ən eSCHdər Schadds, kräijjd mər fərzalld.
Eann imm əd Duurf, doo gidds fill Walld –
dodd eass su riSCHdiSCH wodd fierd Herdds.

Ie dər gruusə Welldgəschi SCHd
eass Duurschəm nur ə ganns klaa LiSCHd.
Eann doch, bəkinnə mər gəflissə,
deen mər'd wirrgliSCH schdaarg sehr fərmissə.
Dodd weer doCH eSCHd ən gruusər Schmerrds.

Also dou mər danng|gə soah,
dodd mər'd huuh, eann aach neadd kloah,
wenn uus mool wodd aijjərd häijj,
dood zwinngd uus neadd uff uusər Knäijj.

Duurchəm – dau seis uus wodd, wodd jedər brauchd,
'n Orrd, uh dem mər „Heimad!" hauchd.

Kinderverse in der Westerwälder Mundart

Die am weitesten verbreitete Form der mundartlichen Lyrik ist im Westerwald den eingängig gereimten Kinderversen vorbehalten. So wird beispielsweise auch der im ganzen deutschsprachigen Raum bekannte Kinder-Kniereitvers „Hoppe hoppe Reiter" in der Region leicht variiert:

Westerwälder Dialektversion

Hobbə, hobbə, Reirər
Wenn ə felld, daa schreid ər.
Felld ə ie də Groawə,
Freersə'n die Roawə
Felld ə ie de Summf,
MiSCHd dər Reirər blummbs.

Hochsprachliche Standardversion

Hoppe, hoppe, Reiter
Wenn er fällt, dann schreit er.
Fällt er in den Graben,
Fressen ihn die Raben.
Fällt er in den Sumpf,
Macht der Reiter plumps.

Der folgende populäre Kinderreim ist in vielen, zumeist längeren Versionen ebenfalls überregional bekannt. Die beiden Dichter Achim von Arnim und Clemens Brentano nahmen ihn 1808 in den dritten Band ihrer berühmten Volksliedsammlung „Des Knaben Wunderhorn“ auf:

Original in Dialekt

Dross, dross, drill,
Dər Bauhhər hohd ə Fill.
Dodd Fillschjə will neadd laafə,
Dər Bauhhər will'd fərkaafə.
Dodd Fillchjə will'd neadd huh,
Do eass dər Bauhhər driwwələ-drawwələ dru.

Hochsprachliche Übersetzung

Dross, dross, drill,
Der Bauer hat ein Fohlen.
Das Fohlen will nicht laufen,
Der Bauer will's verkaufen.
Das Fohlen will das nicht,
Da ist der Bauer driwwele-drawwele dran
(= angeschmiert).

Mit recht drastischer Wortwahl wartet der folgende bekannte Kindervers auf:

Original in Dialekt

Haijja Bummbaijja,
Schmeis'd Giggəlschje duud.
's leegd mər kaa Aijər
Unn frissd mər mei Bruud.

Hochsprachliche Übersetzung

Haijja Bummbaija,
Wirf das kleine Hähnlein tot.
Es legt mir keine Eier
Und frisst mir mein Brot.

Am Fastnachtsdienstag zogen die Kinder früher nach alter Westerwälder Tradition mit einem hölzernen Spieß, auf den sie Gaben steckten, und den folgenden Versen von Tür zur Tür:

Ho, ho, ho,
Də Fassənoachd eass do.
Schnei mər ə Schdigg fumm Scheanng|gə,
Loos əd Meersər seanng|gə.
Loos misch neadd su lanng häijj schdieh,
Eisch muss noch ə Häusjə weirər gieh.

Ha, ha, ha,
Die Fasstnacht ist da.
Schneid mir ein Stück vom Schinken,
Lass das Messer sinken.
Lass mich nicht so lange hier stehen.
Ich muss noch ein bisschen weiter gehen.

Ein Beispiel für Westerwälder Nonsens-Lyrik liefert der folgende Reimspruch, den Johann Hartgen (1899–1986) seinen Enkeln in Dorchheim überlieferte – und dessen Bedeutung wohl für immer sein Geheimnis bleiben wird. Am Ende des Verses werden die kleinen Kinder sanft an der Stirn „gəduddsd“, also mit der Stirn des Erwachsenen berührt.

Original in Dialekt

Innschə Gəbinnschə Dudds|manie.
Riwwələ Rawwələ Sann|danie.
Eggə|bruud Sannda|nuud – Duddsə.

Übersetzungen schriftsprachlicher Texte in die Westerwälder Mundart

Platt ist keineswegs nur die Alltagssprache von Haus und Herd. Dass der Dialekt durchaus auch für Zwecke der Weltliteratur einsetzbar ist, sollen die folgenden Dialektadaptionen bekannter literarischer Texte zeigen.

Aus der Bibel: Auszug aus Genesis 1, Einheitsübersetzung

Original

Im Anfang schuf Gott Himmel und Erde. Und die Erde war wüst und leer, und es war finster auf der Tiefe; und der Geist Gottes schwebte auf dem Wasser. Und Gott sprach: Es werde Licht! Und es ward Licht. Und Gott sah, dass das Licht gut war. Da schied Gott das Licht von der Finsternis und nannte das Licht Tag und die Finsternis Nacht. Da ward aus Abend und Morgen der erste Tag.

Dialektversion

Umm Uhfanng moach dər läiwə Herr|gudd də Himməl eann die Eer. Eann die Eer woar wuisd eann leerISCH, eann əd woar deusdər däif innə; eann dər Geisd fuum Herr|gudd schweebd iwwər'm Wassər. Eann dər Herr|gudd soahd: Alləweil sull LISCHd weern! Eann əd wouhhər LISCHd. Eann dər Herr|gudd sogg, dodd əd LISCHd goud woar. Dessweehə reass dər Herr|gudd əd LISCHd eann die Dunng|gəl|heid ausənannər eann nannd dodd LISCHd Doag eann die Dunng|gəl|heid Noachd. Eann du wouhhər aus Oowənd eann Moijjə dər ierschdə Doag.

Vaterunser-Gebet

Original

Vater unser im Himmel,
Geheiligt werde dein Name.
Dein Reich komme.
Dein Wille geschehe,
Wie im Himmel so auf Erden.
Unser tägliches Brot gib uns heute
Und vergib uns unsere Schuld,
Wie auch wie vergeben unseren Schuldigern.
Und führe uns nicht in Versuchung,
Sondern erlöse uns von dem Bösen.
Denn dein ist das Reich
Und die Kraft und die Herrlichkeit
In Ewigkeit. Amen.

Dialektversion

Foarər uusər imm Himməl,
HeiliSCH sull dinn Noamə sei.
Dei Reisch sull kummə.
Dinn Willə sull bassäijjərn,
Imm Himməl wie uff dər Eer.
Uusər teegliSCHəs Bruud gebb uus hau
Eann fərgebb uus uusər Schulld.
Aach mir fərgeewə uusərn Schullischərn.
Eann fuijjər uus neadd ie FərsuCHung,
Sonndərn ərlösə uus fuu alləm Beesə.
Denn dau hoos əd Reisch
Eann die Kraffd eann die HerrliSCHkeid
Ie EewiSCHkeid. Aamen.

Johann Wolfgang von Goethe: Der Erlkönig (1782)

Original

Wer reitet so spät durch Nacht und Wind?
Es ist der Vater mit seinem Kind;
Er hat den Knaben wohl in dem Arm,
Er fasst ihn sicher, er hält ihn war.

Mein Sohn, was birgst du so bang dein Gesicht? –
Siehst, Vater, du den Erlkönig nicht?
Den Erlenkönig mit Kron' und Schweif? –
Mein Sohn, es ist ein Nebelstreif. –

„Du liebes Kind, komm, geh mit mir!
Gar schöne Spiele spiel' ich mit dir;
Manch' bunte Blumen sind an dem Strand,
Meine Mutter hat manch gülden Gewand." –

Dialektversion

Wer reid daa su schbeed durrsch Noachd eann Weannd?
Əd eass dər Foarər meadd simm Keannd;
Deeh hohd sinn Bouh ganndS fessd imm Oarmm,
Hee helld'n fessd, hee helld'n woarmm.

Ei Bouh, gleisch giehd's dahaam ied Bedd. –
Ei Baabə, säihs dau də ErrlköniSCH neadd?
Də ErrlköniSCH meadd Kroo eann Schweif? –
Ei Bouh, dodd eass ən Neewəl|schdreif. –

„Läib Keannd, ei kumm mool heer bei meisch!
Eisch huh häijj fill schie Zeug fier deisch;
Poar schienə Bloumə sein umn Schdrannd,
Mei Muddər hohd ə schie Gəwannd." –

Mein Vater, mein Vater, und hörest du nicht,
Was Erlenkönig mir leise verspricht? –
Sei ruhig, bleibe ruhig, mein Kind;
In dürren Blättern säuselt der Wind. –

„Willst, feiner Knabe, du mit mir gehen?
Meine Töchter sollen dich warten schön;
Meine Töchter führen den nächtlichen Reihn
Und wiegen und tanzen uns singen dich ein.“ –

Mein Vater, mein Vater, und siehst du nicht dort
Erlkönigs Töchter am düstern Ort? –
Mein Sohn, mein Sohn, ich seh' es genau:
Es scheinen die alten Weiden so grau. –

„Ich liebe dich, mich reizt deine schöne Gestalt;
Und bist du nicht willig, so brauch' ich Gewalt.“ –
Mein Vater, mein Vater, jetzt fasst er mich an!
Erlkönig hat mir ein Leids getan! –

Dem Vater grauset's; er reitet geschwind,
Er hält in Armen das ächzende Kind,
Erreicht den Hof mit Mühe und Not;
In seinen Armen das Kind war tot.

Ei Baabə, ei Baabə, hier doCH mool zou
Dee Errlkönisch lissd misCH neadd ie Rouh. –
Blei doCH ruisch, blei ruisch, mei Keannd;
Durrsch die Bleerər peifd nur Weannd. –

„Ei Bouh, kumm doCH mool meadd bei meisch,
Do woardə Maarərschjər uff deisch.
Mei Maadschjər schbillə noachds imm Reih,
Fier deisch eass aach noCH'n Bladds frei.“ –

Ei Baabe, soah mər, wodd də dinngsd,
Die Maadschjər loo maCHə mər Inngsd. –
Minn Bouh, minn Bouh, eisch soah dər joo:
Die aalə Beem, die wirrgə groo. –

„Deisch mogg eisch, seis'n feinər Bouh;
Eisch numm deisch meadd eann daa eass Rouh.“
Baabə, hallf mər, dee paggd meisch uh!
Dee doud mər weeh eann will meisch huh. –

Dee Foarər kreischd: Su hallfd doCH uus.
Meadd simm Keannd, do reid ə luus.
Sinn Hoob ərreischd ə noCH meadd Nuud,
Sei Keannd imm Oarmm woar linngsd schuu duud.

Joseph von Eichendorff: Wünschelrute (1835)

Original

Schläft ein Lied in allen Dingen,
Die da träumen fort und fort,
Und die Welt hebt an zu singen,
Triffst du nur das Zauberwort.

Dialektversion

Schleefd ə Lied ie jedəm Deanngə,
Dodd do draamd fier sisCH allsfordd,
Eann die gannds Welld, die doud seanngə,
driffs dau nur əd Zaubərwordd.

Theodor Fontane: Herr von Ribbeck auf Ribbeck im Havelland (1889)

Original

Herr von Ribbeck auf Ribbeck im Havelland,
Ein Birnbaum in seinem Garten stand,
Und kam die goldene Herbsteszeit,
Und die Birnen leuchteten weit und breit,
Da stopfte, wenn's Mittag vom Thurme scholl,
Der von Ribbeck sich beide Taschen voll,
Und kam in Pantinen ein Junge daher,
So rief er: „Junge, wist' ne Beer?"
Und kam ein Mädel, so rief er: „Lütt Dirn,
Kumm man röwer, ick hebb' ne Birn."

So ging es viel Jahre, bis lobesam
Der von Ribbeck auf Ribbeck zu sterben kam.
Er fühlte sein Ende, 's war Herbsteszeit,
Wieder lachten die Birnen weit und breit,
Da sagte von Ribbeck: „Ich scheide nun ab.
Legt mir eine Birne mit in's Grab."
Und drei Tage drauf, aus dem Doppeldachhaus,
Trugen von Ribbeck sie hinaus,
Alle Bauern und Büdner, mit Feiergesicht
Sangen „Jesus meine Zuversicht"
Und die Kinder klagten, das Herze schwer,
„He is dod nu. Wer giwt uns nu 'ne Beer?"

So klagten die Kinder. Das war nicht recht,
Ach, sie kannten den alten Ribbeck schlecht,
Der neue freilich, der knausert und spart,
Hält Park und Birnbaum strenge verwahrt,
Aber der alte, vorahnend schon
Und voll Mißtraun gegen den eigenen Sohn,
Der wußte genau, was damals er that,
Als um eine Birn' in's Grab er bat,

Dialektversion

Dee aal Ribbegg fuu Ribbegg imm Hafəllannd
Dee hadd'n Birrnbaam umm Goardərannd,
Eann wouhhər'd Herrbsd, eann fluuhə də Feel,
Eann die Biernə glinnsdə feih gruih eann geel,
Do schdubbd sisch də Ribbegg, mədoans, wenn əd läud,
Sei Seggəl full Biernə – weil: Hee woar gəscheud!
Eann koam da ən Bouh meadd kurrdsə Buggsə uh,
Freed'n dər Ribbegg: „Wills də aah huh?"
Eann koam ə Maadschjə, doo räif ə: „Hey, dau!
Eisch schinng|g' dər ən Bier häijj, die mischd disch schlau!"

Su ginng əd fillə Juhrn, doch jeedər wussd,
Dodd aach dee aal Ribbegg mool schdeerwə mussd.
Ə sogg, dodd əd Zeid woar, də Herrbsd woar schuu doo,
Eann wearrər glinnsdə die Biernə neadd schroo.
Doo soad ə: „Fier meisch eass əd alləweil Zeid zə gieh.
Leed mər ən Bier ied Groab meadd nie!"
Drei Doah schbeerər hadd ə sei Rouh:
Dee aal Ribbegg moach die Aachə zou.
Die gannds Gəmaa, die koam sammd Koor,
Zəm Kierschhobganng imm Drauhhərfloor.
Eann die Keann, die kloadə laud:
„Ie Zukunnfd eass meadd Biernə naud?"

Su kloadə die Keann, doch dodd woar neadd reeschd,
Sə kanndə dee aalə Ribbegg schleeschd,
Dee nauə freilisch, dodd eass neadd schie,
Lissd neemə ie sinn Goardə nie.
Owwər dee aalə, dee wussd schuu gənau:
Sinn Bouh, dee hood'n leischdə Hau.
Dessweehə hadd ə joo drimm gəfleed,
Dodd mər'n Bier imm ied Groab meadd leed!

Und im dritten Jahr, aus dem stillen Haus
Ein Birnbaumsprößling sproßt heraus.

Und die Jahre gehen wohl auf und ab,
Längst wölbt sich ein Birnbaum über dem Grab,
Und in der goldenen Herbsteszeit
Leuchtet's wieder weit und breit.
Und kommt ein Jung' über'n Kirchhof her,
So flüstert's im Baume: „wiste ne Beer?“
Und kommt ein Mädel, so flüstert's: „Lütt Dirn,
Kumm man röwer, ick gew' Di 'ne Birn.“

So spendet Segen noch immer die Hand
Des von Ribbeck auf Ribbeck im Havelland.

Eann imm driddə Juur, su uugəfeer,
Koam ə klaa Beemschjə aus der Eer.

Eann nooh nər Zeid – doo gugg əmool hie! –,
Doud doo'n gruusə Birrnbaam schdieh.
Eann alləweil, imm Herrbsd, wie feih,
Gidd's wearrər Obsd schdadd Oarmmədei!
Eann kimmd ən Bouh iwwər də Kierschhoob gərannd,
Doo flissdərd's imm Baam: „Suu'n Bier eass kaa Schannd!“
Eann kimmd ə Maadschjə, doo hierd mər: „Hey, dau!
Kumm mool häijj riwwər, 'n Bier misCHd disCH schlau!“

Su eass ə noCH hauh als gourər Maa bəkannd,
Dee aal Ribbegg fuu Ribbegg imm Hafəllannd.

V. Verzeel mool fuu fruijjer … – Brauchtum und Dorfleben im historischen

Dorfgeschichte im Westerwald: Das Beispiel Dorchheim

Die Begutachtung einer Sprache, eines regionalen Dialekts zumal, ist unvollständig, falls sie nicht zumindest einen kurzen Blick auf die Geschichte desjenigen Ortes wirft, an dem dieser Dialekt gesprochen wird. Diese Lücke soll der folgende Abriss einer kleinen Geschichte Dorchheims und des direkten dörflichen Umlands schließen. Er soll an dieser Stelle beispielhaft für die dörfliche Entwicklung in der Westerwälder Region stehen.

Landschaftlich wird der nordwestliche Teil des heutigen Kreises Limburg-Weilburg dem sogenannten Oberwesterwald zugeordnet, einem teils bewaldeten vulkanischen Kuppenland mit größeren Basaltdecken, das vor allem im

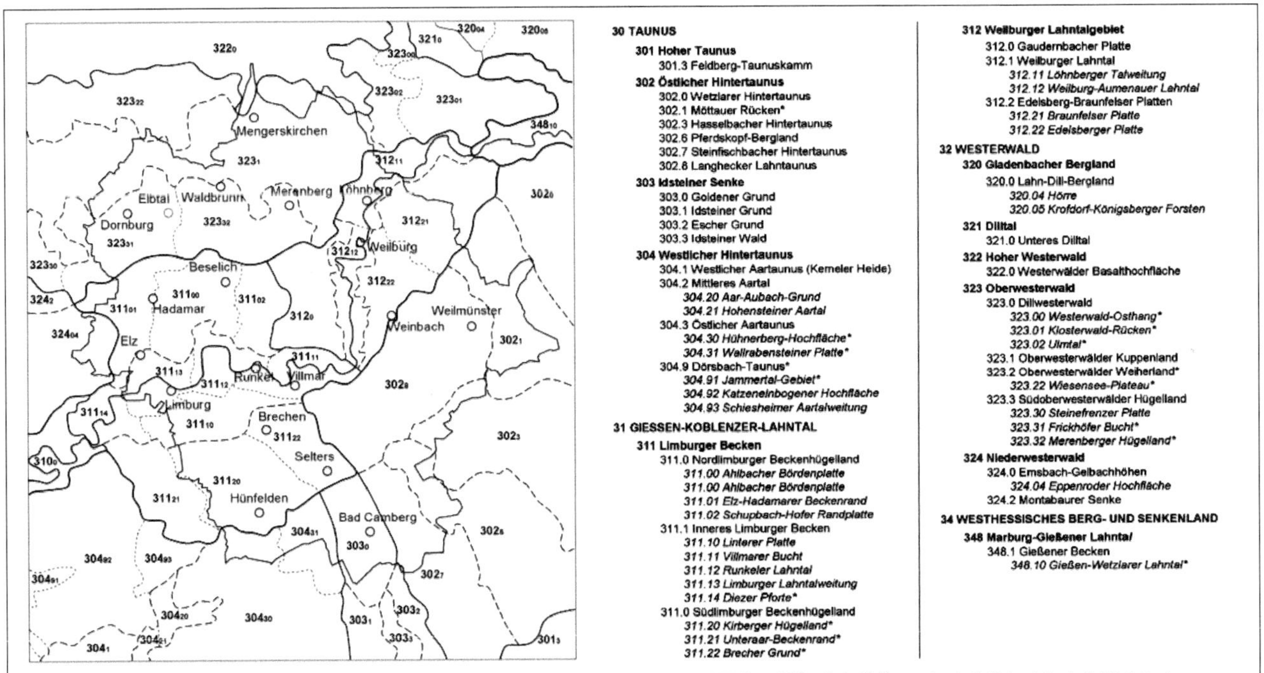

Naturräume im Limburger Raum auf Grundlage der Geographischen Landesaufnahme 1:200.000, Blätter 124 Siegen, 125 Marburg, 138 Koblenz, 139 Frankfurt a. M. (Herausgeber: Institut für Landeskunde, Bad Godesberg) mit kleineren Änderungen (*) nach Feuerstein, B.: Die Naturräume unseres Landkreises. Jahrbuch 2005 für den Kreis Limburg-Weilburg, Kreisausschuss des Landkreises Limburg, Weilburg, 2004, S. 251.

Abb. 15: Geografische Gliederung des Limburger Raumes

Bereich der Westerwälder Seenplatte (innerhalb des Städtevierecks Hachenburg, Westerburg, Montabaur und Dierdorf) auf rund 350 bis 500 Metern Höhe liegt (vgl. Abb. 15, S. 112). Als südöstlicher Ausläufer des Westerwaldes grenzt dieses Gebiet im Süden an das sogenannte Limburger Becken an, das sich im unteren Lahntal beiderseits der Lahn um die Kreisstadt Limburg erstreckt.

Dorchheim gehört zu einem Nest aus „Heim"-Orten im Limburger Becken und im Elbbachtal, das seinen Namen dem dort in Richtung Lahn fließenden Gewässer verdankt. Die Orte wurden wahrscheinlich als merowingisches Reichsgut während der frühen fränkischen Landnahme im 6. Jahrhundert angelegt bzw. entstanden durch Übernahme vorher bestehender Siedlungen der Kelten. Die Herkunft des Ortsnamens ist nicht mit Genauigkeit geklärt: Vermutlich geht er auf den Personennamen Durchilo zurück, eine Kurzform zum althochdeutschen Wortstamm „thurh" (hindurch). Der Name kann aber auch aus der geografischen Lage des seit jeher an einer wichtigen Verkehrsroute gelegenen Ortes herrühren (vgl. Förstemann Bd. 3, S. 360). Der Hadamarer Heimatforscher Peter Paul Schweitzer führt die beiden Bestandteile duro- (dorch-) und -iakum (-heim) hingegen auf die keltische Sprache zurück und übersetzt sie mit „Siedlung an der Handelsstadt". Ihm zufolge ist der Ortsname in Zusammenhang mit der Dornburg zu sehen, einer befestigten keltischen Stadtsiedlung in der heute gleichnamigen Nachbargemeinde Dorchheims, die schon im zweiten Jahrhundert vor Christus bestand (vgl. www.ippsch.de).

Insgesamt gesehen sind die Ortschaften der Region auf sehr frühe Siedlungen zurückzuführen. Bei Feldarbeiten wurden jungsteinzeitliche Geräte wie Steinbeile, aber auch das Stück eines Keulenkopfes gefunden. Aus der Eisenzeit (ca. 475 v. Chr.) stammen auch die Grabhügelfelder im Gemeindewald im Dorchheimer Nachbarort Hangenmeilingen. In der Nähe befindet sich der Gipfel des Heidenhäuschens, der höchsten Erhebung im Umkreis.

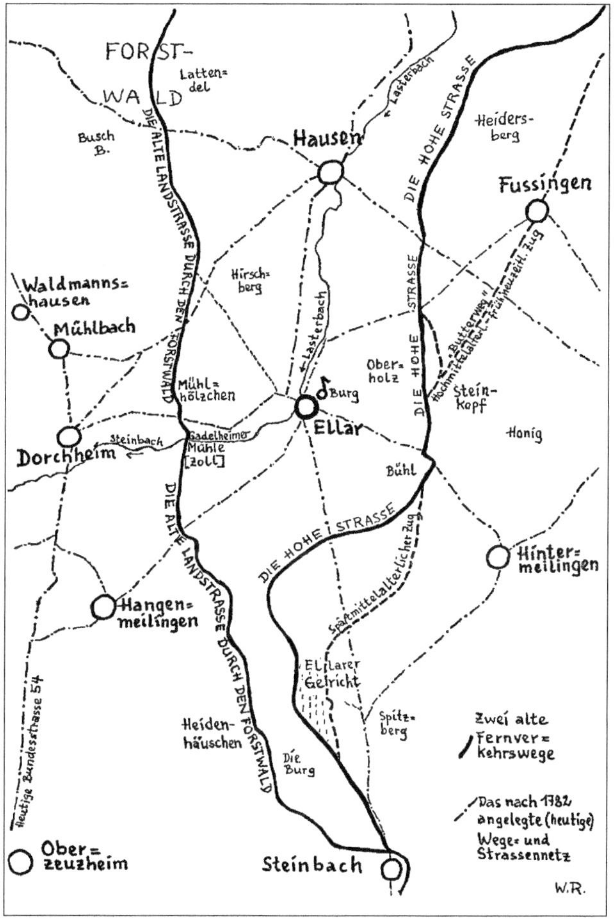

Abb. 16: Vor- und frühgeschichtliche Fernverkehrswege im Raum Ellar

Der Name leitet sich von einer ehemals dort befindlichen fränkischen Gerichtsstätte („harahus") ab.

Von Bedeutung für die Gründung von Dorchheim ist vermutlich die Lage an einer Handelsstraße (genannt die „Alte Landstraße durch den Forstwald", vgl. Rudersdorf 1967, S. 46, und Abb. 16), die aus Richtung Norden kommend über Rennerod und Irmtraut nach Limburg führte.

Abb. 17: Außenansicht der Dorchheimer Friedhofskirche St. Nikolaus, Aufnahme aus den 1980er-Jahren

Abb. 18: Altarraum der unter Denkmalschutz stehenden Nikolauskirche mit Wandmalereien aus dem 15. Jahrhundert, Aufnahme aus den 1980er-Jahren

Das älteste erhaltene Bauwerk des Dorfes – die romanische, heute als Friedhofskapelle genutzte Nikolauskirche – stammt aus dem 12. Jahrhundert (vgl. Abb. 17 und 18). Sie wurde als Filialkapelle der seit etwa dem 7. Jahrhundert bestehenden Kapelle auf dem Blasiusberg in der Nähe des Nachbarorts Frickhofen errichtet, die damals als Pfarrkirche für alle umliegenden Dörfer fungierte. Erstmals namentlich erwähnt wird Dorchheim („in grangia nostra Hademar") im Jahr 1211 im sogenannten „Oculus Memoriae", einem Güterverzeichnis des Klosters Eberbach, dessen Angaben sich auf das Jahr 1190 beziehen. Darüber hinaus weisen Urkunden aus dem Jahr 1272 auf das Weiterbestehen des Ortsteils Dorchheim hin: Zu dieser Zeit verzichteten Kuno von Weilburg, genannt „von Dorchheim", und seine Familie auf verschiedene Rechte gegenüber dem Kloster Marienstatt im Westerwald. Aus Sorge um ihr Seelenheil hatten ihre Verwandten – Kunos Nichte Imma und ihr Ehemann, der Ritter Gerlach von Gebhardshausen – den Zisterziensern zuvor einige Güter in der Gemarkung Dorchheim übereignet. Die Abtei richtete dort in der folgenden Zeit eine Kellerei ein und erwarb planmäßig weitere Liegenschaften. Insgesamt umfasste der Besitz über 200 Morgen Land. Ebenfalls erlangte die Abtei das Kirchenpatronat über die Nikolauskapelle. Heute kündet noch der sogenannte Marienstätter Hof, in der ersten Hälfte des 17. Jahrhunderts erbaut und seit 1993 Sitz der Gemeindeverwaltung, von diesem Erbe. Die Zisterzienser waren es auch, die erstmals zu einer heute bekannten Quelle im benachbarten Wald bei Oberzeuzheim pilgerten, der schon früh Heilkräfte zugesprochen wurden. Im Jahr 1885 wurde der inzwischen als „Sieben Schmerzen“ bekannte Ort durch den Bau mehrerer Bildstöcke als Wallfahrtsstätte befestigt – zum Gedenken an den früh in Afrika verstorbenen Oberzeuzheimer Jesuiten-Missionar Ferdinand Heep (1845–1881).

Bis zur frühen Neuzeit durchlebten Dorchheim und seine Nachbardörfer eine bewegte Geschichte mit oftmals wechselnden Herrschaftszugehörigkeiten, darunter die Grafschaften Diez, Nassau-Hadamar, Katzenelnbogen und Nassau-Dillenburg. Seit dem 14. Jahrhundert gehörte der Ort zum sogenannten Amt Ellar, dessen Sitz sich im gleichnamigen Nachbarort Dorchheims befand. Dieser bis 1806 bestehende Verwaltungsbereich war auch für die regionale Rechtsprechung in den zugehörigen Ortschaften zuständig. Er vereinte vier benachbarte Kleindistrikte des alten Niederlahngaus: Elsoff, Lahr, Bleseberg (= Blasiusberg) und Niederzeuzheim (vgl. Abb. 19). Diese sogenannten „Zehnten“ deckten sich in ihrer Untergliederung weitgehend mit den lokalen christlichen Pfarrbezirken („Kirchspielen“).

In Folge der Reformation fiel Dorchheim 1536 für fast 80 Jahre unter protestantische Herrschaft, bevor der damalige Landesherr Graf Johann Ludwig (1590–1653, ab 1650 Fürst) – und mit ihm zwangsweise alle seine Untertanen – im Jahr 1620 wieder zum Katholizismus konvertierte. Während des Dreißigjährigen Krieges (1618–1648) erlebte das Dorf aufgrund seiner Lage in der Nähe der strategisch wichtigen Lahnübergänge eine verheerende Phase stetiger Kriegsverwicklungen. Fast jährlich mussten die verschiedenen Kriegsparteien einquartiert werden, zudem war die Bevölkerung gezwungen, erhebliche Sondersteuern zu tragen und Bestechungsgelder aufzubringen. Nach dem Aussterben des Hauses Nassau-Hadamar 1711 wurde das Fürstentum mehrfach zwischen den übrigen ottonischen Linien des nassauischen Adelsgeschlechts aufgeteilt.

Im frühen 18. Jahrhundert setzte im Westerwald das Hausiererwesen ein, das lange Zeit zu einer wichtigen Erwerbsquelle für die landwirtschaftlich nicht übermäßig ertragreiche Region wurde. Die Handelsrouten reichten vom Rheinland bis nach Sachsen und in die Schweiz. Gehandelt wurde vor allem mit Töpferwaren, Wäsche und Kleidung, wobei die Orte der Region sich im Laufe der Zeit spezialisierten: Niederhadamar wurde durch den Handel mit Weidenkörben (auch „Mannen“ genannt) im Volksmund als „Mannebach“ bekannt, die Bewohner von Frickhofen hießen fortan „ Kochlöffel“ und Hintermeilingen avancierte im regionalen Scherzjargon zu „Koffermeilingen“. Die Obrigkeit versuchte ab 1730, dieses fah-

Abb. 19: Die Herrschaft Ellar mit den vier Zehnten bis 1717: Lahr, Elsoff, Frickhofen (alias Bleseberg) und Niederzeuzheim

rende Gewerbe mit der „Krämerzunftordnung für die Kirchspiele Frickhofen und Lahr“ in geordnete Bahnen zu lenken.
Ab 1782 begann der Bau der neuen Chaussee bzw. „Neuen Mainzer Landstraße“ (heute als B54 bekannt), die eine erhebliche Veränderung der lokalen Verkehrsrouten mit sich brachte. Da die Straße durch Besitzungen des Marienstätter Klosters führte, mussten die Dorfbewohner dem Orden Entschädigungszahlungen leisten. Der große finanzielle Trubel um die Angelegenheit brachte ihnen den dörflichen Spitz- bzw. Uznamen „Duurschəmər Weannd“ (Dorchheimer Wind) ein. Mit der Fertigstellung des Bauprojekts führte die wichtige Fernstraße von Mainz über Limburg nach Siegen nun durch Dorchheim – ein Umstand, der die Oranisch-Nassauische Regierung dazu bewog, das Dorf zu einem sogenannten zentralen Ort aufzuwerten. Zu diesem Zeitpunkt bestand die Siedlung aus 40 Häusern. Nachdem bereits 1789 eine Feuerlöschpumpe stationiert worden war, wurde zwischen 1804 und 1812 ein neues Amtsgebäude an der zentralen Durchgangsstraße errichtet, das an die Stelle des inzwischen räumlich unzureichenden Amtshauses in Ellar treten sollte (vgl. Abb. 20). Infolge der historischen Kriegswirren dieser Zeit wurde der Neubau – eine klassizistische, zur Straße geöffnete Dreiflügelanlage – allerdings nie für die geplanten Zwecke genutzt. Später ging er in Privatbesitz über.
In Zuge der sogenannten Koalitionskriege, die Frankreich in Folge der Französischen Revolution (1789) mit seinen

Abb. 20: Alter Amtshof in Dorchheim, Aufnahme aus den 1980er-Jahren

europäischen Nachbarstaaten führte, kam es ab 1792 wieder zu Truppendurchmärschen und Einquartierungen. Im Jahr 1795 plünderten französische Truppen die Orte im Amt Ellar, darunter auch Dorchheim. Im Jahre 1803 wurden alle kirchlichen Herrschaften im Zuge des sogenannten Reichsdeputationshauptschlusses zur Vergrößerung bzw. Arrondierung ihrer weltlichen Nachbarn aufgelöst. Die zu Dorchheim gelegenen Besitzungen der Abtei Marienstatt kamen an das Fürstentum Nassau-Weilburg und gehörten nach Gründung des Rheinbundes im Jahre 1806 zum neu entstandenen Großherzogtum Berg, einem französisch kontrollierten Satellitenstaat. Der Ort gehörte zur Mairie Frickhofen im Canton Hadamar. Dieser wiederum gehörte zum Arrondissement Dillenburg und damit zum Département Sieg. Während der Zugehörigkeit zum Großherzogtum Berg traten zahlreiche neue Rechtsordnungen in Kraft. Auf das Ortsbild wirkte sich das Verbot von Strohdächern im Jahr 1810 am stärksten aus. Diese Verordnung sollte im Brandfall das Überspringen des Feuers auf weitere Gebäude verhindern. Dem Brandschutz diente auch die Einsetzung von Schornsteinfegern. Mit der Schulreform im Großherzogtum Berg 1810 wurde die Schule in die Trägerschaft der Zivilgemeinde übergeben und ein ganzjähriger Schulbetrieb eingerichtet. In der Phase der napoleonischen Fremdherrschaft drangen durch die in der Region stationierten Besatzungstruppen verstärkt auch französische Sprachversatzstücke in den regionalen Dialekt ein. Es kam zu interkulturellen Kontakten. Aus Dorchheim standen am 21. November 1810 nachweislich zwei Personen in französischem Militärdienst. Nach der endgültigen Niederlage Napoleons 1815 fiel der Ort wieder an das Haus Nassau zurück, aus dessen letzten beiden walramischen Herrschaftslinien 1806 das gleichnamige Herzogtum hervorgegangen war. Das alte Amt Ellar wurde mit dem benachbarten Amt Hadamar vereinigt und der Verwaltungssitz in die ehemalige Residenzstadt verlegt. Im Jahr 1843 bestand Dorchheim aus 63 Häusern.

Abb. 21: Dorchheimer Dorfkirche von 1905 mit dem Marienstätter Hof im Vordergrund, Aufnahme aus den 1980er-Jahren

Im Oktober 1848 erreichte die Deutsche Revolution den Westerwald. Nach anfänglichen Tumulten und Steuerverweigerungen brach offener Widerstand aus, als das Militär versuchte, die Steuern zu pfänden. Am 5. Februar 1849 kam es im Amt Hadamar zu flächendeckenden Ausschreitungen, an denen sich wahrscheinlich auch Bürger aus

Abb. 22: Sogenanntes „Di̲bbchəsaudo“ (Töpfe-Auto) des Dorchheimer Gemischtwarenhändlers Heinz Schuchardt, Aufnahme aus der zweiten Hälfte des 20. Jahrhunderts

Dorchheim beteiligten. In Folge der sogenannten Zehntablösung in Nassau an Weihnachten 1848 trat eine merkliche Besserung der wirtschaftlichen Verhältnisse ein: Durch eine Zahlung des 14-fachen jährlichen Pflichtbeitrags konnten sich Bürger von nun an von der steuerlichen Abgabepflicht an die Obrigkeit befreien lassen. Dennoch schlossen sich zahlreiche Westerwälder in dieser Zeit dem europäischen Auswandererstrom nach Übersee an und gründeten in den Vereinigten Staaten von Amerika eine neue Existenz. Noch heute sind Reste mitteldeutscher Sprachkultur – das sogenannte Pennsylvania-Deutsch – dort anzutreffen.

Nach der Annexion des Herzogtums Nassau in Folge des Deutsch-Österreichischen Krieges gehörte Dorchheim seit 1866 zum Königreich Preußen. Dort wurde es dem Oberlahnkreis und ab 1886 dem neu gegründeten Kreis Limburg zugeschlagen. In den folgenden Jahrzehnten erfuhr die dörfliche Infrastruktur einen fortwährenden Ausbau: 1882/83 erhielt der Ort eine ständige Postfiliale. Seit 1886 gab es zwei niedergelassene Ärzte, eine Apotheke (als Außenstelle der Amtsapotheke in Hadamar) schon seit 1849. Zudem entstanden Gasthäuser wie beispielsweise 1872 „Zum Gambrinus“, gelegen direkt an der Mainzer Landstraße.

Am 1. November 1896 wurde Dorchheim zu einer eigenständigen Pfarrvikarie erhoben. Da die alte Friedhofskapelle der steigenden Einwohnerzahl nicht mehr gewachsen war, begann man ab 1905 – finanziert durch zahlreiche Spendenaufrufe – mit dem Bau einer neogotischen Dorfkirche. Der Limburger Bischof Dominikus Willi konnte sie schon im Folgejahr feierlich einweihen (vgl. Abb. 21, S. 117). Das bei der Kirche stehende Pfarrhaus wurde etwa gleichzeitig erbaut. 1908 erhielt der Ort ein eigenes Standesamt. Um die Jahrhundertwende entwickelte sich zudem das dörfliche Vereinsleben (u. a. Freiwillige Feuerwehr Dorchheim, 1895; Männergesangsverein „Eintracht“, 1896). Neben der noch immer dominierenden Landwirtschaft entstanden kleine Handels- und Handwerksbetriebe, die die Bürger vor Ort mit dem Nötigsten versorgten: Textil- und Lebensmittelkaufleute, Bäcker und Metzger, Friseure, Schreiner, Schumacher, Haushaltswarenhändler usw. Viele Handeltreibende – etwa der „Eiermann“ oder die „Gemüsefrau“, wie sie der Volksmund bezeichnete – waren später auch mobil unterwegs (vgl. Abb. 22). Das Pferdegespann blieb bis in die zweite Jahrhunderthälfte auf den Straßen keine Seltenheit. Gleichzeitig zogen viele Handwerker – vor allem Bauhandwerker und Monteure – oft für Wochen und Monate in industrielle Ballungszentren wie etwa das Ruhrgebiet, um dort den Lebensunterhalt für sich und ihre Familien zu verdienen.

Im Ersten Weltkrieg (1914–1918) fielen zwölf Einwohner Dorchheims bei Kampfhandlungen oder wurden als vermisst gemeldet. Das Ende der Monarchie und die revolutionären Umwälzungen in Deutschland wurden von der Landbevölkerung zunächst mit Sorge und Verunsicherung zur Kenntnis genommen. In den folgenden Jahren drangen die Errungenschaften der modernen Technik auch bis ins dörfliche Leben vor: Fahrrad (ab 1921) und Radio (ab 1924), elektrisches Licht (ab 1925), einige Jahre später dann das Auto und mit ihm die Tankstellen, ab 1939 zudem das Telefon. Gleichzeitig nahm die Arbeitslosigkeit – vor allem zu Beginn der 1930er-Jahre – dramatische Ausmaße an. Im Nachbardorf Ellar waren infolge der großen konjunkturellen Rezession fast zwei Drittel der männlichen Bevölkerung arbeitslos. Angesichts dieser Krise konnte die 1920 gegründete Partei der Nationalsozialisten (NSDAP) zunehmend beträchtliche Stimmenerfolge bei der traditionell konservativ-katholischen Wählerschaft verbuchen. Vor allem das bäuerliche Landvolk und die von der Weltwirtschaftskrise gebeutelten Arbeiter (in Dorchheim waren vor allem die Arbeiter in den nahegelegenen Steinbrüchen betroffen) erhofften sich von ihr eine Verbesserung ihrer wirtschaftlichen Lage. Den vollmundigen Wahlversprechungen folgte eine totalitäre Diktatur sowie der Zweite Weltkrieg (1939–1945), in dem 14 Einwohner starben und neun weitere als vermisst gemeldet wurden. Viele aus ihren zerbombten Häusern geflohene Großstadtfamilien fanden in dieser Zeit in den Dörfern Aufnahme, so auch in Dorchheim. In der Nacht vom 26. auf den 27. März 1945 rückten US-amerikanische Soldaten in die Ortschaft ein; für die Einwohner war der Krieg damit beendet.

Nach der offiziellen Kapitulation Deutschlands wenige Wochen später fiel Dorchheim der US-amerikanischen Besatzungszone und 1946 dem Gebiet des neu gegründeten Bundeslandes Hessen zu. In den entbehrungsreichen Nachkriegsjahren wurden zahlreiche Flüchtlinge in die dörfliche Gemeinschaft integriert, vor allem aus dem Sudentenland. In dieser Zeit wuchs die dörfliche Bevölkerung um rund die Hälfte an. Nachdem die vormalige Pfarrvikarie noch kurz vor Kriegsende in eine Pfarrei umgewandelt worden war, konnte auf Betreiben von Pfarrer Josef Göb im Jahr 1949 eine Schwesternstation im Ort eingerichtet werden. Sie bestand bis 1981. Die Schwestern von der katholischen Ordensgemeinschaft der Armen Dienstmägde Jesu Christi (die sogenannten „Dernbacher Schwestern“) waren neben der lokalen Krankenpflege auch mit der Leitung des 1950 eingerichteten katholischen Kindergartens betraut. Ein weiterer wichtiger Modernisierungsschritt wurde 1959/60 vollzogen: Als eines der letzten Dörfer im Westerwald erhielt Dorchheim eine zentrale Wasserversorgung und ein neues Kanalnetz. Die vier am Steinbach gelegenen Dorchheimer Mühlen, die lange Zeit das Dorfbild prägten (Gadelheimer Mühle, Güths Mühle, Schneidmühle, Elbmühle), stellten um die Mitte des 20. Jahrhunderts nach und nach ihren Betrieb ein. 1965 wurde – nach längeren lokalpolitischen Diskussionen – am Ortsausgang in Richtung Hangenmeilingen der Neubau einer für alle Kinder im Umkreis zuständigen Grundschule (Elbtalschule) verwirklicht.

Im Zuge der hessischen Gemeindegebietsreform schlossen sich die drei Nachbardörfer Dorchheim, Hangenmeilingen und Heuchelheim am 1. Februar 1971 zur Gemeinde Elbtal zusammen. Theo Simon wurde ihr erster hauptamtlicher Bürgermeister (1971–1991). Zwei Jahre später trat das im Norden angrenzende Dorf Elbgrund, das 1937 aus dem Zusammenschluss der beiden Orte Waldmannshausen und Mühlbach hervorgegangen war, der Gemeinde bei. 1974 wurde die Gemeinde Teil des neu geschaffenen Landkreises Limburg-Weilburg, seit 1981 zählt sie zum Regierungsbezirk Gießen. Nach der Öffnung der deutsch-deutschen Grenze und dem Ende des Kalten Krieges fanden ab 1989/90 sowohl einige nach Westen übersiedelte DDR-Bürger als auch zahlreiche deutsche Spätaussiedler aus der untergegangenen Sowjetunion in Dorchheim – teils vorübergehend, teils dauerhaft – eine neue Bleibe. Von 1991 bis 2015 amtierte Hubert Lenz als langjähriger Elbtaler Bürgermeister. Sein Nachfolger wurde Joachim Lehnert (bis 2024), gefolgt von Thomas Fröhlich.

Im Zuge einer tiefgreifenden Strukturreform des Bistums Limburg wurde die Pfarrei Dorchheim ab 2007 – dem Jahr der Entpflichtung von Bischof Franz Kamphaus – mit den anderen Pfarreien des Pastoralen Raums Blasiusberg zusammengeführt; seither gibt es vor Ort keinen eigenen Pfarrer mehr. Anfang 2020 ging die Pfarrei auch formal in der deutlich weiter gefassten neuen Pfarrei „St. Blasius im Westerwald“ auf. Zu dieser Zeit wohnten – auf einer Fläche von 2,35 Quadratkilometern – ungefähr 650 Einwohner in Dorchheim. Der Ort besitzt heute überwiegend Wohnsitzcharakter: Industrie ist nicht vorhanden, viele Arbeitnehmer pendeln in die nahegelegenen Ballungszentren, vor allem ins Rhein-Main-Gebiet. Die direkte Lage an der Bundesstraße 54 sichert eine gute Verkehrsanbindung. Der Flughafen Frankfurt/Main liegt rund 80 Kilometer entfernt. Der nächste Bahnhof befindet sich im Nachbarort Frickhofen.

Unweit von Frickhofen ist übrigens auch eine in Hessen einmalige geologische Besonderheit, das sogenannte Ewige Eis, zu besichtigen. Unter dem losen Basaltgeröll des Berges am Fuße der historischen Dornburg lassen Luftströmungen im Winter Feuchtigkeit zu Eis gefrieren. Die Luft trocknet und erwärmt sich dabei, steigt nach oben und hält so die Oberfläche der Geröllhalde schneefrei. Im Sommer kehrt sich die Luftströmung um. Dann fließt warme Luft von oben in die Halde, kühlt sich stark ab und tritt als kalter Luftstrom am unteren Ende wieder aus. Die gute Isolation durch das Basaltgeröll lässt die bis zu acht Meter tief in den Boden reichende Eisschicht auch im Sommer nie ganz abtauen. Die Entstehungsgeschichte des Ewigen Eises ist Bestandteil der regionalen Sagenkultur: Die Legende erzählt von zwölf goldenen Apostelbildern, die zum Schutz vor Raubrittern in zwei tiefe Brunnen versenkt wurden. Sofort vereisten die Brunnen und gaben die Bilder nicht mehr frei. Dort ruhen sie noch heute wohl geborgen in der eiskalten Erde.

Insgesamt ist die Gegend zwischen der Dornburg und dem Heidenhäuschen, den beiden lokalen Torpfeilern zum Westerwald, reich an altem volkstümlichem Erzählgut. So fabuliert die bekannte Dornburg-Sage von der verhängnisvollen Liebe der Dornburger Bürgermeisterstochter Hildegard zu dem Raubritter Ruprecht von Ellar. Indem sie den Eingekerkerten aus dem Gefängnis befreite, brachte sie ihrer Stadt den Untergang: Über einen Geheimpfad drangen die Spießgesellen Ruprechts in die Dornburg ein und setzen sie in Brand. Als Hildegard angesichts des dann folgenden Gemetzels erkannte, was sie angerichtet hatte, stürzte sie sich von einem Felsen in die Tiefe. Am Heidehäuschen soll wiederum einem grausamen Raubritter während eines Ritts durch den Wald ein wildes Höllenheer erschienen sein, das den Wüterich bis zum Jüngsten Tag strafend verfolgt. In der Gegend am Lasterbach zwischen Dorchheim und Ellar schließlich trieb früher der Legende nach das ominöse „Muhkalb“ sein Unwesen, eine regionale Sagenfigur mit dem Kopf einer ausgewachsenen Kuh und glühenden Augen. Freie lyrische Bearbeitungen örtlicher Sagenstoffe finden sich unter anderem in Gedichten der beiden Heimatdichter Joseph Rühl (1810–1890) und Alois Henninger (1814– 1862).

Regionale Feste und Bräuche im Jahreslauf

Die Gemeinden nördlich von Limburg sind traditionell durch ihre jahrhundertealte römisch-katholische Religionszugehörigkeit geprägt. Dementsprechend kam den christlichen Hochfesten im kirchlichen Jahreslauf seit jeher eine große Bedeutung zu. Die Kirchturmglocken strukturierten gewissermaßen den Tages- und den Lebensrhythmus der örtlichen Bevölkerung. Neben den Geburtstagen wurden in den Familien gelegentlich auch die Namenstage als liturgische Gedenktage der Heiligen festlich begangen. Leider lässt sich – parallel zum Zurückdrängen des Dialekts – in jüngerer Vergangenheit auch eine Aushöhlung der alten Bräuche feststellen. Die althergebrachten Feste schwinden in ihrer Bedeutung für das Zusammenleben in der Gemeinde. Wer um den bleibenden Eindruck einer prall gefüllten abgedunkelten Kirche an Heiligabend oder in der Osternacht weiß, um die Blumenpracht an Fronleichnam oder das imposante Martinsfeuer, der kann das nur aufrichtig bedauern. Ursprung und Sinn vieler Hochfeste und Feiertage, die früheren Generationen noch bekannt und wichtig waren, sind heute bereits weitgehend vergessen (Pfingsten, Mariä Himmelfahrt, Buß- und Bettag etc.).

Alle beweglichen christlichen Feste werden vom Ostersonntag aus berechnet. In der folgenden Übersicht werden als Bezugsdaten jeweils die kalendarisch benachbarten Feste genannt. Da die alte Westerwälder Gemeindekultur untrennbar verbunden ist mit dem regelmäßigen gemeinsamen Zusammentreffen in der Kirche, sollen zumindest die populärsten und stimmungsvollsten Kirchenlieder nachstehend kurz Erwähnung finden. Unerreicht ist der Eindruck, wenn die gesamte Gemeinde sie unter donnernder Orgelbegleitung in der Kirche intoniert.

1. Januar:	Neujahr: Überbringung von Neujahrswünschen (Dialektausdruck: „Naujuhr winnschə“)
6. Januar:	Heilige Drei Könige: Sternsinger gehen von Haus zu Haus, singen christliche Lieder und sammeln Kollekte für hilfsbedürftige Menschen auf der Welt, die Häuser werden mit dem abgekürzten Kreide-Schriftzug C+M+B („Christus Mansionem Benedicat“ = Christus segne dieses Haus) und der jeweils aktuellen Jahreszahl versehen; populäre Sternsingerlieder: „Wir kommen daher aus dem Morgenland“, „Seht ihr unsern Stern dort stehen“
2. Februar:	Maria Lichtmess: Ende der Weihnachtszeit, Entsorgung der Weihnachtsbäume und Abbau der Krippen
14. Februar:	Valentinstag: Verschenken kleiner Aufmerksamkeiten an den Partner bzw. die Partnerin
6. Tag vor Aschermittwoch:	Altweiberfastnacht: u. a. Hexenkessel-Umzug in Elz, Maskenball im Dorfgemeinschaftshaus Frickhofen; weiblicher Brauch des Abschneidens von Krawatten (der Dialektausdruck für Fastnacht lautet „Fassənoachd“, zu dieser Jahreszeit gibt es beim Bäcker traditionell den „Fassənoachdskrebbəl“)
2. Tag vor Aschermittwoch:	Rosenmontag (regional zum Teil schulfreier Feiertag)

1. Tag vor Aschermittwoch:	Fastnachtsdienstag: traditioneller Fastnachtsumzug in Waldbrunn-Lahr
46. Tag vor Ostersonntag:	Aschermittwoch: strenger christlicher Fastentag, morgendlicher Gottesdienst mit der Verleihung des Aschkreuzes; danach Beginn der 40-tägigen Fastenzeit (die Sonntage werden nicht mitgezählt)
1. April:	Erster April: Brauch des Aprilscherzes, des Hereinlegens von Freunden, Kollegen und Bekannten
7. Tag vor Ostersonntag:	Palmsonntag: Segnung von Palmzweigen (Palmweihe) als Symbol des ewigen Lebens und der Auferstehung; diese werden zu Hause – oft an Kruzifixen befestigt – zum Schutz der Bewohner aufbewahrt
3. Tag vor Ostersonntag:	Gründonnerstag: gottesdienstliche Zeremonie des letzten Abendmahls mit Fußwaschung; populäres Kirchenlied: „Beim letzten Abendmahle“
2. Tag vor Ostersonntag:	Karfreitag (bundesweit gesetzlicher Feiertag): Gedächtnis des Kreuztodes Jesu Christi, strenger christlicher Fastentag, Umzug in der Kirche mit Holzklappern (anstelle der normalerweise gebräuchlichen Schellen); populäres Kirchenlied: „Der am Kreuz ist meine Liebe“
1. Tag vor Ostersonntag:	Karsamstag: abends ab ca. 21 Uhr Feier der Osternacht mit Osterfeuer in der anfangs verdunkelten Kirche, in der sich im Laufe des Gottesdienstes durch reihum entzündete kleine Osterkerzen das Licht ausbreitet; Einzug des Pfarrers mit dem Ausruf „Lumen Christi“, Vortrag des Osterlobs / Exsultet; Lesungen von der Entstehung der Welt und vom Auszug aus Ägypten; populäre Kirchenlieder: „Das Grab ist leer, der Held erwacht“, „Wahrer Gott, wir glauben dir“; anschließend Zusammenkunft der Gemeinde im Pfarrheim („Agape“)
1. Sonntag nach dem Frühlingsvollmond:	Ostersonntag: morgendliches Suchen der Osternester mit vorab gefärbten Ostereiern, Dekoration der Wohnung mit einem Strauß aus Weidenkätzchen, Hochfest der Pfarrgemeinde; populäres Kirchenlied: „Das ist der Tag, den Gott gemacht“
1. Tag nach Ostersonntag:	Ostermontag (gesetzlicher Feiertag)
7. Tag nach Ostersonntag:	Weißer Sonntag: Feier der Erstkommunion; nach dem Gottesdienst private Feierlichkeiten mit Geschenken (u. a. Uhr, Rosenkranz, Gesangbuch) für die festlich gekleideten (und zur Messe eine Kommunionkerze tragenden) Kommunionkinder
1. Mai:	Maifeiertag (bundesweit gesetzlicher Feiertag): Tag der Arbeit; Verabredung junger Menschen zu Maiwanderungen, bei denen die Verpflegung (inkl. alkoholischer Getränke) auf Bollerwagen mittransportiert wird; gelegentlich weitere lokale Traditionen (Tanz in den Mai und Maibaumstellen)
2. Sonntag im Mai:	Muttertag: Verschenken von Präsenten, vor allem Blumen und Pralinen, an die Mütter

Abb. 23: *Əd gannds Duurf buddsd siSCH raus*: Straßenbeflaggung und Blumenteppich an Fronleichnam, Dorchheim 1960

Abb. 24: *Bloumə, Bloumə, iwwərall*: Pfarrer Josef Göb (l.) vor einem Außenaltar an Fronleichnam, Dorchheim 1960

40. Tag nach Ostersonntag:	Christi Himmelfahrt (bundesweit gesetzlicher Feiertag): Feier der Rückkehr Jesu Christi als Sohn Gottes zu seinem Vater in den Himmel, Prozession zur Kapelle auf dem Blasiusberg bei Dornburg-Frickhofen, dort Gottesdienst unter freiem Himmel; populäres Kirchenlied: „Kommt her, ihr Kreaturen all“ (auch an Fronleichnam); in neuerer Zeit ist der Tag auch als „Vatertag“ bekannt
50. Tag nach Ostersonntag:	Pfingstsonntag: Fest der Entsendung des Heiligen Geistes; populäres Kirchenlied: „Der Geist des Herrn erfüllt das All“
1. Tag nach Pfingstsonntag:	Pfingstmontag (bundesweit gesetzlicher Feiertag)
2. Donnerstag nach Pfingsten:	Fronleichnam (u. a. in Hessen und Rheinland-Pfalz gesetzlicher Feiertag): Feier der leiblichen Gegenwart Jesu Christi im Sakrament der Eucharistie; festliche Prozession der Pfarrgemeinde durch das Dorf samt Zwischenstopps an einzelnen mit Blumenteppichen feierlich ausgestatteten Altar-Stationen; der Prozessionsweg ist flankiert von bunten Fahnenreihen; der Pfarrer trägt eine geweihte Hostie in einer prachtvollen Monstranz unter einem Stoffbaldachin, dem sogenannten „Himmel“; die Kommunionkinder gehen dem Festzug voran, Mädchen streuen Blumen aus Körben auf die Straße (vgl. Abb. 23 und 24, S. 123).
letztes Juni-Wochenende:	Limburger Altstadtfest: Live-Musik, Attraktionen für Kinder und Verköstigungen innerhalb der Limburger Altstadt
letztes Juli-Wochenende:	Rheingauer Weintage in Limburg, im Volksmund „Limburger Weinfest“ genannt: Live-Musik, Kulinarik und Wein-Verkostung innerhalb der Limburger Altstadt
1. August-Wochenende	Burgfest in Waldbrunn-Ellar: Live-Musik, Frühschoppen und kulinarische Verköstigung in der Burganlage
15. August:	Mariä Himmelfahrt: Hochfest des Heimgangs der Gottesmutter Maria; populäre Kirchenlieder: „Wunderschön Prächtige“, „Maria, breit’ den Mantel aus“
letzter Sonntag im August:	Waldbrunn on the Road: die Straßen der Gemeinde Waldbrunn und angrenzender Gebiete sind zu Wanderzwecken für den Autoverkehr gesperrt, dazu Rahmenprogramm
1. Sonntag im September:	Limburger Flohmarkt: größter Stadtflohmarkt Hessens (seit 1970)
1. Sonntag im Oktober:	Erntedankfest: Gottesdienst mit einem mit Erntegaben festlich geschmückten Altar; populäres Kirchenlied: „Nun danket all und bringet Ehr“; seit 1934 Reiterprozession zur Sankt-Leonhard-Kapelle in der Gemeinde Salz
3. Oktober:	Tag der Deutschen Einheit (bundesweit gesetzlicher Feiertag), Nationalfeiertag zum Gedenken an die deutsche Wiedervereinigung 1990; in der Region traditioneller Termin der Ausrichtung des Hadamarer Flohmarkts

Anfang Oktober:	Steinbacher Markt: der seit 1768 bestehende Jahr- und Krammarkt in Hadamar-Steinbach findet traditionell am Dienstag nach der Steinbacher Kirmes statt, diese wiederum jedes Jahr am zweiten Wochenende nach dem Namenstag des Heiligen Michael (29. September)
2. Oktober-Wochenende:	Limburger Oktoberfest: größtes Volksfest Mittelhessens (seit 1950, jährlich über 50 000 Besucher), das sechs Tage lang mit allerlei Attraktionen auf dem Limburger Marktplatz stattfindet
31. Oktober:	Halloween: aus den USA importiertes Totenfest mit der Tradition des Umzugs verkleideter Dorfkinder von Tür zu Tür; mit dem Ausruf: „Süßes oder Saures!“ sammeln sie Süßigkeiten; Halloween rückt zunehmend an die Stelle der regionalen Tradition des herbstlichen Rummelmann-Umzugs von Haus zu Haus; hierzu wird eine Zuckerrübe („Rumməl“) ausgehölt und ein Gesicht in sie eingeschnitzt, die Rübe wird anschließend an einem Stock befestigt, eine Wachskerze darin platziert und diese angezündet
1. November:	Allerheiligen: Gedenkfest der christlichen Heiligen
2. November:	Allerseelen: Gedenkfest der Verstorbenen; abendliche Segnung der Gräber auf dem Friedhof, die mehrheitlich mit rot leuchtenden Grablichtern bestückt sind (teilweise auch schon an Allerheiligen)
11. November:	Martinstag: Gedenkfest des Heiligen Martin; Umzug mit bemänteltem Sankt-Martins-Reiter, dahinter die Kindergarten- und Grundschulkinder mit Laternen; populäre Lieder: „Ich geh mit meiner Laterne“, „Laterne, Laterne, Sonne, Mond und Sterne“, „Sankt Martin ritt durch Schnee und Wind“; nach der Prozession durch das Dorf Einzug in die verdunkelte Kirche, dort Andacht, anschließend Verteilung der Martinsbrezeln und großes Martinsfeuer auf dem Dorfplatz bzw. in der Nähe der Kirche; pünktlich zum Martinstag bieten die lokalen Bäckereien den Weckmann mit Tonpfeife zum Verkauf an, ein Hefeteiggebäck mit Rosinen; in den Fastnachtshochburgen des weiteren Einzugsgebietes (Mainz, Köln, Düsseldorf etc.) wird am 11.11. um 11.11 Uhr zusätzlich der Beginn der Fastnachs- bzw. Karnevalszeit gefeiert
2. Mittwoch vor dem 1. Adventssonntag:	Buß- und Bettag (1994 als gesetzlicher Feiertag abgeschafft): ursprünglich Feiertag der evangelischen Kirche (Aufruf zu Umkehr und Gebet); in der Region mundartlich als „Deaggər Meaddwuch“ bezeichnet
4. Sonntag vor Weihnachten:	1. Adventssonntag: Beginn der Adventszeit, Kinder erhalten einen Adventskalender mit Schokolade; Bräuche: Plätzchenbacken, Lebkuchen und Christstollen, Strohsterne basteln, Adventskranz, Lichterketten, Weihnachtspyramide, Versenden von Weihnachtskarten; während der Adventszeit Christ-

kindlmarkt in Limburg an der Lahn; populäres Kirchenlied: „Macht hoch die Tür, die Tor macht weit“

6. Dezember: Nikolaustag: am Abend vorher Hausbesuch eines maskierten Nikolaus’ bzw. Weihnachtsmanns bei Familien mit kleinen Kindern; Frage nach der Artigkeit der Kinder im vergangenen Jahr und anschließende Belohnung mit kleinen Geschenken aus dem Nikolaussack, gelegentlich getragen von einem maskierten Knecht Ruprecht als beängstigendem Begleiter des Nikolaus’; populäres Volkslied: „Lasst uns froh und munter sein“

24. Dezember: Heiligabend: Feier der Geburt Jesu Christi, Christmette ab 17 Uhr in anfangs verdunkelter Kirche, populäre Kirchenlieder: „Stille Nacht, heilige Nacht“, „Es ist ein Ros’ entsprungen“ und als Abschluss „Oh du fröhliche“, anschließend Bescherung unter dem Weihnachtsbaum im Familienkreis; die traditionelle Dialekt-Bezeichnung lautet – als Alternative zu „Weihnoachdə“ – „Kreassddoag“ („Christtag“)

25. Dezember Erster Weihnachtsfeiertag (gesetzlicher Feiertag), im Dialekt auch als „Ierschdər Kreassddoag“ bezeichnet, populäres Kirchenlied: „Nun freut euch, ihr Christen“

26. Dezember: Zweiter Weihnachtsfeiertag (gesetzlicher Feiertag), im Dialekt auch als „Zwaadər Kreassddoag“ bezeichnet

31. Dezember: Silvester: Feier des Jahreswechsels mit Feuerwerk, Bleigießen und sonstigen üblichen Bräuchen

Kirmes

Das wichtigste wiederkehrende Dorffest ist die Kirmes, das örtliche Kirchweihfest. Die Termine sind von Dorf zu Dorf verschieden, liegen aber alle in den Sommermonaten. Eröffnet wird die regionale Saison im Frühling mit der Zeltkirmes in Malmeneich, ihr Ende nimmt sie im Oktober. Jugendliche des Dorfes – die sogenannten Kirmesburschen und Kirmesmädchen – stellen den Kirmesbaum an zentraler Stelle im Ort auf (vgl. Abb. 25). Meist tragen sie dabei traditionelle Kirmeshemden und – im Falle der Burschen – hochgetürmte, mit bunten Blumen und Pfauenfedern verzierte Kirmeshüte. Im Westerwald hat sich ein traditioneller Kirmesruf etabliert, mit dem der Beginn des Festes offiziell verkündet wird. Dazu entwickelt sich auf dem Festplatz zumeist ein kurzer Dialog zwischen dem Zeremonienmeister, dem sogenannten Kirmesvater, und seinen Burschen: „Wimm eass die Kirrməs?“ – „Uus!“ – „Eann sə wirrd gə…“ – „haalə!“ – „Eann do gidd’s kinn…“ – „Hack!“ – „Ziggə zaggə, ziggə zaggə…“ – „Heu! Heu! Heu!“. Je nach Ort sind auch andere Sinnsprüche bekannt (zum Beispiel: „Allə Wellər wullə mool!“ – „Wodd wullə sə da?“ – „Bäijjər dreanng|gə!“). Als Maskottchen des Kirmesfests fungiert der sogenannte Kirmeshammel, ein aus der lokalen Landwirtschaft stammendes Hausschaf, das früher üblicherweise versteigert wurde. Nach dem Fass-

Abb. 25: *Wimm eass də Kirrməs?* Dorchheimer Kirmesburschen, 1954

Anstich folgt die Zeltkirmes mit Schaustellerbuden für die Kinder. Ein populäres Kirchenlied zu Kirmesfeiern ist „Ein Haus voll Glorie schauet". Nachstehend sind die Kirmes-Daten der Kommunen Dornburg, Elbtal, Elz, Hadamar, Limburg und Waldbrunn aufgelistet:

Ahlbach	1. Wochenende im September
Dietkirchen	1. Wochenende im August
Dorchheim	1. Wochenende vor Christi Himmelfahrt
Dorndorf	1. Wochenende nach dem 20. August (Schutzpatronin St. Margarethe)
Elbgrund	1. Wochenende nach Christi Himmelfahrt
Ellar	Pfingstwochenende
Elz	3. Wochenende im September
Eschhofen	2. Wochenende im August
Faulbach	Wochenende nahe dem 29. Juni (Schutzpatrone Peter und Paul)
Frickhofen	3. Wochenende nach Pfingsten
Fussingen	4. Wochenende nach Pfingsten
Hadamar	1. Sonntag nach 25./26. Juli (Schutzpatrone Jakob und Anna)
Hangenmeilingen	2. Wochenende im August

Hausen	1. Wochenende im August
Heuchelheim	1. Wochenende im August
Hintermeilingen	1. Wochenende nach Mariä Himmelfahrt
Lahr	2. Wochenende im September
Langendernbach	letztes Wochenende im August
Lindenholzhausen	2. Wochenende im September
Linter	4. Wochenende im Oktober
Malmeneich	3. Wochenende nach Ostern
Niederhadamar	1. Wochenende im September
Niederweyer	Pfingstwochenende
Niederzeuzheim	2. Wochenende im September
Oberweyer	4. Wochenende im September
Oberzeuzheim	1. Wochenende nach Pfingsten
Offheim	3. oder 4. Wochenende im August
Staffel	1. Wochenende im September
Steinbach	2. Wochenende nach dem 29. September (Schutzpatron St. Michael)
Thalheim	1. Wochenende im August
Wilsenroth	1. Wochenende im September

Biografische Wegmarken

Die ländlichen Regionen des Westerwalds besitzen neben der öffentlichen auch eine lange private Brauchtumstradition. Der Umstand, dass die Einheimischen früher oft ihr ganzes Leben in ihrem Heimatdorf verbrachten, führte dazu, dass die gesamte Dorfgemeinschaft auch an den wichtigen biografischen Wegmarken des Einzelnen großen Anteil nahm. Der zeremonielle Rahmen dieser Feste, die vor allem durch die katholischen Sakramente geprägt wurden, hat sich bis heute erhalten:

Geburt und Taufe:	Bei einer Neugeburt trifft sich die Verwandt- und Nachbarschaft zum sogenannten Bäumchenstellen vor dem Elternhaus, wobei man die Bäumchen mit gebrauchter Babykleidung und alten Spielsachen behängt. Oft werden statt eines Bäumchens auch Wäscheleinen gespannt. Auf großen regensicheren Plakaten wird dann in Reimform der neue Erdenbürger begrüßt. Durch die Taufe erfolgt die Aufnahme des mit Taufkerze und Taufkleid ausgestatteten Säuglings in die christliche Glaubensgemeinschaft, Salbung mit Chrisam und Segnung mit Weihwasser (populäres Kirchenlied: „Fest soll mein Taufbund immer stehn“). Die Vornamen der Taufpaten – alternativ auch der Großeltern – werden oft als Zweitvornamen an das Kind weitergegeben.
Erstkommunion und Beichte:	Der erste Kommunionempfang eines Kindes findet in der Regel im dritten Schuljahr statt, vorbereitet durch den Kommunionunterricht (populäres Kirchenlied: „Unser Leben sei ein Fest“). In Zusammenhang mit der Kommunion erfolgt die erste Beichte, durch die man nach katholischer Lehre Vergebung für begangene Sünden erlangt (vgl. Abb. 26 und 27).
Firmung:	Die Firmung markiert die selbstbestimmte Vollendung der Taufe als Heranwachsender, vorbereitet durch den Firmunterricht. Das Sakrament wird in der Regel durch den zu-

ständigen Bischof oder Weihbischof gespendet, ein Taufpate bezeugt dies.

Abb. 26 und 27: *Meadd Kierds eann GəsanngbuCH*: Dorchheimer Kommunionkinder, 1920er-Jahre

Hochzeit: Die kirchliche Hochzeit ist verknüpft mit anschließenden Hochzeitsspielen (Brautentführung, gemeinschaftliches Durchsägen eines Baumstamms, Ausschneiden eines Herzens aus einem Bettlaken, Brautstraußwerfen etc.). Am Vorabend findet in der Regel der Polterabend mit Familie und Freuden statt (Zertrümmern von Glas- und Tongegenständen nach dem Leitspruch „Scherben bringen Glück!"). Die Fertigstellung des Rohbaus zum Eigenheim der Eheleute wird traditionell mit dem Richtfest gefeiert (mit Befestigung des sogenannten Richtbaums am Dachstuhl, einer Ansprache des Zimmermanns sowie einer Schnapsrunde).

Priesterweihe: Die (heute selten gewordene) Priesterweihe und die Feier der Primiz (der ersten als Hauptzelebrant gefeierten Heiligen Messe) wird traditionell unter Anteilnahme des gesamten Dorfes mit einem Festakt gefeiert (populäre Kirchenlieder zu Dankanlässen: „Großer Gott, wir loben dich", „Lobe den Herren, den mächtigen König der Ehren", „Erde singe, dass es klinge").

Tod und Beerdigung: Der Tod eines Gemeindemitglieds wird durch die unverkennbare Lautfolge der Totenglocke – das sogenannte „Kleppen" – verkündet. Am Vorabend der Beerdigung wird das Totengebet (Rosenkranz) gebetet, nach dem Requiem in der Kirche folgt die Prozession der Angehörigen, Freunde sowie der Pfarrgemeinde zum Friedhof mit der anschließenden Grablegung (populäres Kirchenlied: „Wir sind nur Gast auf Erden"). Vier Nachbarn oder der Familie nahestehende Personen tragen für gewöhnlich den Sarg. Im Anschluss wird in der Regel zum Beerdigungskaffee („Duurəkaffee"/„DrösdəriSCH") in einer örtlichen Gaststätte geladen. Nach circa einem Monat wird der bzw. des Verstorbenen im Vier-Wochen-Amt, nach einem Jahr im Jahresamt gedacht.

Neben der regionalen Mundart gab es lange Zeit noch ein zweites Erkennungsmerkmal, das den Westerwälder sofort als solchen auswies und entscheidenden Anteil an seiner heimischen Identität besaß: die regionale Tracht. Sie ereilte allerdings schon sehr viel früher das Schicksal, das nun auch dem Dialekt droht: Als der Volkskundler Friedrich Hottenroth zu Beginn des 20. Jahrhunderts eine Geschichte der Hessen-Nassauischen Tracht zu schreiben begann, musste er sich dazu schon auf die Aussagen sehr betagter Gewährspersonen stützen. Bereits damals waren die traditionellen bäuerlichen Trachten selbst in den Dörfern aus dem Alltagsleben verschwunden. Zuvor hatten sie als Bestandteil der regionalen Kultur – seit 1800 vor allem in Abgrenzung zur industrialisierten Stadtbevölkerung – lange eine wichtige Rolle gespielt: Ähnlich wie anhand der Dialekte konnte man die heimische Landschaft auch in verschiedene Trachten-Zonen unterteilen (vgl. Abb. 28), wobei vor allem die jeweilige Religionszugehörigkeit eine große Rolle spielte. Vor allem in Folge des Dreißigjährigen Krieges schritt die modische Abgrenzung der einzelnen Regionen voran, wie Hottenroth schreibt: „Die kostümliche Absonderung begann mit

Abb. 28: Historische Übersichtskarte zur Verbreitung der nassauischen Volkstrachten

der steigenden religiösen Zerklüftung, welche allmählich in eine politische umschlug; die größere Unabhängigkeit der deutschen Fürsten von dem Kaiser, ihre durch den Westfälischen Frieden erweiterte Selbständigkeit führte naturgemäß zur Abschließung der Territorien unter sich. Die Weiterbildung der überkommenden alten Tracht, welche von Ort zu Ort in anderer Weise geschah, schuf das ‚Costüm' oder die ‚Volkstracht' der einzelnen größeren oder kleineren Landbezirke, welche sich so weit entwickelte, dass man die Bewohner eines Ländchens von jenem des Nebenländchens auf den ersten Blick unterscheiden konnte." (Hottenroth, S. 20) In der Folgezeit entfaltete sich das Trachtenwesen zu bunter Blüte. Um abschließend einen kleinen Einblick in die Kleidermode von damals zu geben und damit gleichsam Ohr und Auge zusammenzuführen, sei nachstehend ein kurzer Text von Christine Klein vom Trachtenmuseum Westerburg beigefügt, der – unter Bezugnahme auf Hottenroths Studien – einen Überblick über die historische Volkstracht der Westerwald-Region bietet (vgl. Klein, S. 89–101, und Abb. 29). Wie bereits zuvor ausgeführt wurde, haben sich begriffliche Spuren der alten Trachten – vom *Saggduch* bis zum *Wemməsjə* – bis heute im mundartlichen Wortschatz erhalten. Noch bis ins 21. Jahrhundert hinein zählte vor allem auch die *Kiddəlschierds* für viele ältere Hausfrauen zur alltäglichen Standardbekleidung. Zudem sind Traditionen wie das Tragen schwarzer Trauerkleidung nach einem familiären Todesfall zum Teil bis heute bekannt: Beim Tode des Ehepartners war im Dorf vielfach eine einjährige Trauerzeit üblich, besonders für Witwen.

Abb. 29: Bauersleute aus Bilkheim in traditioneller Tracht

Tracht ist die Kleidung oder das Gewand, das von den Bewohnern einer Siedlung, eines Ortes, einer Landschaft in einer bestimmten Zeit (Epoche) getragen wurde.
Die Volkstracht war der Mode nicht unterworfen, machte aber im Laufe der Geschichte auch einige Entwicklungen durch. Mit dem Fortschritt der Technik und der zunehmenden Industrialisierung verfeinerten sich die Stoffe und Materialien stetig. Veränderungen in der Tracht waren die Folge. Ebenso kann man bestimmte Einströmungen und Einflüsse aus dem Ausland in der Tracht erkennen. So sind zum Beispiel zeitlich bedingte Elemente, spanischer und französischer Herkunft, sowohl in der Männertracht als auch in der Frauentracht vorhanden. Aus einfachen „Beinkleidern und Umhängen" aus primitiven Materialien entwickelten sich schmucke Volkstrachten.
Die Menschen waren immer bestrebt, sich möglichst schick und zweckmäßig zu kleiden. Einheitliche Trachten gab es nicht. In jeder einzelnen Tracht verbarg sich eine

persönliche Eigenheit. Anhand der Art und Weise, wie die Tracht gearbeitet und gepflegt war, zog man Rückschlüsse zur Person oder Familie. Die Beschaffenheit der Tracht gab Auskunft über die Jahreszeit, den Anlass, den Stand (ledig oder verheiratet), Ereignisse oder Feste kirchlicher oder privater Begebenheiten. Für alle Gelegenheiten gab es die entsprechende Kleidung – Tracht.

Bis etwa zur Mitte des vorigen Jahrhunderts war der Bauer an Werktagen ganz in hausgemachtes blaues Leinen gekleidet. Universalkleidungsstück für alle möglichen Gelegenheiten – häufig auch sonntags – war der Leinenkittel. Stehbund, Halsausschnitt, Schultern und Ärmelbündchen wurden mit Stickereien ausgeschmückt. Zur Ausstattung gehörten ferner Leinenhosen mit Latz, Strickstrümpfe, Zipfelmütze („Bommelmütsch" oder „Bombelmietsch"), Schirmmütze / Kappe und ein Halstuch. Früher war der Kittel länger und weiter als heute.

Zum Marktgang band der Bauer noch einen doppelwandigen Ledergürtel um, verstaute den Einkauf im Kittel und die „Taler" im Gürtel. Bei der Feldarbeit und beim Füttern der Tiere leistete der lange, weite Kittel gute Dienste. Vorteilhaft erwies er sich auch bei „Keilereien". Bekanntlich kam es unter den Jugendlichen öfter zu tätlichen Auseinandersetzungen, Raufereien, wobei versucht wurde, dem Gegner den Kittel über den Kopf zu stülpen, um ihn somit außer Gefecht zu setzen. Dies hatte zur Folge, dass den Westerwäldern im Kittel der Besuch von Tanzveranstaltungen untersagt wurde.

An kalten Tagen wurden unter dem umfänglichen Kittel wärmende Sachen getragen. Ein weißes Hemd aus grobem Leinen gehörte selbstverständlich zu jeder Tracht. Mit gestickten Monogrammen wurden Hemd und Kittel zusätzlich verziert. Mit dem Halstuch oder „Sacktuch" wurde die Tracht abgerundet.

Seit den 1980er-Jahren sind Trachten wieder beliebt. Sie werden nach alten Vorlagen und Beschreibungen nachgearbeitet und zu verschiedenen Anlässen getragen.

An Werktagen trug die Westerwälderin ein Hemd (heute Bluse), Leibchen, Unterrock, Oberrock und Schürze. Das weiße, meist kragenlose Leinenhemd hatte kurze, dreiviertel- oder lange Ärmel (je nach Jahreszeit), Halsausschnitt und Ärmel zierten Zackenlitzen – „Mäusezähnchen". Ein meist rotgesticktes Monogramm kennzeichnete jedes Hemd. Der Rock war überwiegend aus dunkelblauem Baumwollstoff mit weißen Tupfen oder Blümchen (Blaudruck). In manchen Gegenden dominierte der blau-weiß karierte oder gestreifte Stoff. Nach der Jahrhundertwende reichte der Rock bis an die Knöchel. Er wurde in Falten gelegt und unten mit Litzen oder anderen Stoffstreifen verziert. Ein falscher Saum aus etwa 20 cm breitem Futterstoff (von anderer Farbe) sowie die dazugehörende Aufnaht „Kellertreppe" und ein oder mehrere Biesen waren sowohl dekorativ als auch notwendig, um spätere Umänderungen zu erleichtern. Das Leibchen oder Mieder war aus ähnlichem Stoff wie der Rock. Gelegentlich wurde hierfür auch schwarzes Leinen oder Cord verwendet. Vorne wurde es geknöpft oder verschnürt und mit oder ohne Schultertuch getragen.

Zu jeder Tracht gehörten mehrere Schürzen, doch wurde jeweils nur eine Schürze umgebunden. Sie wurden öfter gewechselt. Im vorigen Jahrhundert reichte die Arbeitsschürze über beide Hüften hinweg, bot so auch guten Schutz für die Tracht darunter. Heute bedeckt sie nur noch die vordere Körperseite. Die Mädchen und Frauen trugen auch immer eine angemessene Kopfbedeckung. Als Grundlage trugen alle Frauen eine Haube (sie waren buchstäblich „unter der Haube"). Darüber gehörten, je nach Anlass, verschiedene Bandhauben, Kommodchen, Mützchen, Käppchen oder unterschiedlich gebundene Tücher. Gestrickte Strümpfe und schwarze Schuhe, im Winter geschnürte Schuhe, sogenannte „Knöppche Stiefelchen", vervollständigten die Tracht. Früher waren die Trachten dauerhaft und langlebig. Sie wurden von Generation zu Generation vererbt.

Westerburg und Umgebung gehörten zu dem kurtrierischen Typus. In der Zeit um 1850 trug der Mann an Sonn- und Feiertagen ein weitärmeliges, weißes Hemd mit Klappkragen, manchmal auch nur einen „Schwindler" – einen austauschbaren Kragen, eine doppelreihige Weste, eine dunkle Latzhose und einen „Kirchenmantel oder Bratenrock" aus dunklem Tuch. Der einfache Filzhut wurde um die Jahrhundertwende zum „Dreispitz" und später vom Zylinder verdrängt. Schwarze Schnallenschuhe und Strickstrümpfe gehörten selbstverständlich dazu. Am Hals trug der Mann ein dunkles Tuch.

Die Burschen trugen noch keinen „Kirchenmantel", sondern nur eine kurze Jacke aus dunklem Tuch, im Schnitt wie der Mantel. Zu Tanz gingen die Burschen in Hemdsärmeln und ohne Kopfbedeckung.

Die Frauen nähten sich Röcke aus Lüster, Wollstoff oder Musselin. Die Sonntagsröcke wurden noch sorgfältiger verziert als die Alltagsröcke und viel weiter gearbeitet. Es wird berichtet, dass die Röcke neun Ellen weit waren. Es wurden dunkle Farben bevorzugt. Für besondere Feste und während der Trauer trugen die Frauen schwarze Röcke und Jacken. Das Hemd hatte in manchen Gegenden ein schmales Stehbündchen am Hals. Das Mieder war aus Wollstoff oder Samt. Unter oder statt der Verschnürung gab es auch einen Brustlatz mit verschiedenen Stickereien und Verzierungen aus Borten und Litzen. Darüber gehörte eine kurze enganliegende Jacke. Sie wurde „Taille", „Mötzchen" oder „Wämschen" genannt. Dazu wurde der Rockstoff oder ein zum Rock passender Stoff genommen. Eine Eigenheit des Wämschens bestand in zwei „gepitschten" Falten im Kreuz, die einem Schößchen ähnelten. Es wurde deshalb auch „Serpentinen-Schößchen" genannt. Einige Frauen versahen die Jacke vorne und hinten mir einer „Schniepe", d. h. etwas zugespitzt verlaufend. Vorne kamen über beide Brusthälften hinweg Biesen, Litzen und Börtchen, die schräg bis an die Ärmel gingen. (Früher waren es fünf Reihen.)

Die älteren Frauen trugen eine längere Jacke, die vorne und hinten gerade herabfiel. Diese „Henkjacke" war hochgeschlossen und am unteren Rand mit schweren Spitzen versehen. Auch zur Festtracht gehörten mehrere Schürzen. Sie wurden aus Kaschmir, Seide oder Brokat gefertigt. Andersfarbige Schürzenbändel waren sehr beliebt. Sie wurden vorne, auf einer Seite, oder hinten mit einer Schleife gebunden. Besonders festlich wirkten weiße oder schwarze Schürzen. Letztere auch bei Trauer.

Die Kopfbedeckung war sehr verschieden. Sie richtete sich nach Jahreszeit, Anlass und Stand. Zum Tanze ging man in Hemdsärmeln und Ledige meist auch ohne Kopfbedeckung.

Schlussbemerkung

In seiner 2009 erschienenen Chronik von Dornburg-Frickhofen, einem der größeren Dörfer des Hadamarer Landes, widmet Werner Nink auch ein Kapitel dem soziologischen Wandel der dörflichen Lebens- und Arbeitsgemeinschaft. Nicht ohne Bedauern attestiert er darin, dass sich die Einwohner mit ihrem Dorf heute immer weniger identifizieren (vgl. Nink, S. 644–654). Seine lesenswerten wie aufschlussreichen Ausführungen, die sich leicht durch eigene Erfahrungen bestätigen lassen, sollen an dieser Stelle im Detail nicht wiederholt werden. Im Fazit jedoch bleibt festzustellen: Die nach festen sozialen Regeln strukturierte Dorfgemeinschaft der Vergangenheit hat sich in den letzten Jahrzehnten zunehmend gelockert. Das Dorf ist auf dem Weg, sich langsam, aber sicher zu einer Stadt im Kleinformat zu wandeln. Die seit Kriegsende enorm gestiegene Fluktuation in der Zusammensetzung der Dorfbewohnerschaft hat zu einer zunehmenden Individualisierung geführt, die man positiv mit dem Schlagwort der Privatsphäre, negativ mit dem der Anonymität bezeichnen kann. Aus den festen verwandt- und nachbarschaftlichen Netzwerken, die für ein gemeinsames Auskommen unter strukturell schwierigen Bedingungen überlebenswichtig waren, sind heute lockere Beziehungen auf der Grundlage persönlicher Sympathie geworden. Der soziale Bannstrahl des Dorfes, der sich früher häufig in Klatsch, Tratsch und Gerede am Stammtisch oder an der Ladentheke Bahn brach, hat heute einen beträchtlichen Teil seiner Bannkraft verloren – auch, weil das Dorf inzwischen oft eine reine Wohngemeinschaft geworden ist, die jedem ein soziales Leben auch außerhalb der Ortsgrenzen zugesteht. Diese Entwicklung ist sicherlich keine schlechte, jedoch muss man erwähnen, dass auch sie – wie so vieles – eine Kehrseite hat: Das Dorf schwindet in seiner Dimension als große Familie, in der es zwar auch immer kleinere Scharmützel und individuelle, zum Teil auch leidenschaftlich gepflegte zwischenmenschliche Rivalitäten gibt, in der sich aber letztlich jeder als Teil einer Solidargemeinschaft begreift. Spuren davon zeigen sich noch heute beispielsweise an runden Geburtstagsfeiern gerade Älterer, bei denen oft die gesamte Nachbarschaft zur Gratulation vorbeischaut, ebenso bei der großen dörflichen Anteilnahe in Trauerfällen, die sich oft in Windeseile herumsprechen (*Hohs dau schuu gəhuurd? Dee XY eass gəschduurwə...*).

In der Erinnerung ließ sich vor allem als Kind von solcher Vertrautheit bestmöglich profitieren: Im ländlichen Westerwald war die Kindheit eine der bekannten Gesichter, der kurzen Wege und der Natur als unerschöpflicher Abenteuerspielplatz – ja: ein (vielleicht im Rückblick verklärtes) Idyll. Der Umstand, dass hier jeder jeden kannte, führte dazu, dass man sich schon früh innerhalb der Dorfgrenzen praktisch überall frei bewegen konnte. Etwaige Fragen nach der eigenen Identität waren meist schnell geklärt (*Ach joo. Dau seis fuu Hegersch!*) und auch in einer Zeit lange vor Handy und Internet mussten Eltern nicht fürchten, das Kind könne verloren gehen. Eine solche identitätsstiftende Verortung bleibt übrigens offenbar ein Leben lang bestehen – selbst dann, wenn man schon viele Jahre nicht mehr im Dorf lebt: Noch bei den Vor-Ort-Recherchen zu diesem Buch wurde ich gefragt, in welcher Straße denn mein Elternhaus liegt oder wie die Namen der Großeltern lauten – ein altbekannter Moment der Vertrautheit, wie ihn der deutsche Regisseur Edgar Reitz auch in seinen bekannten „Heimat"-Filmen immer wieder beschrieben hat. Im dritten Teil seines berühmten Fernseh-Mehrteilers über das fiktive Hunsrück-Dorf Schabbach

Abb. 30: Mit vertrauter Kirchturmspitze: Dorchheim von Südosten, Aufnahme aus dem Jahr 2011

gibt es eine berührende Szene, in der eine der Figuren nach langer Zeit wieder einmal an den Ort ihrer Kindheit zurückkehrt. Der zu Fuß beschrittene Weg über eine Kuppe gibt dabei nach und nach den Blick in das sich öffnende Tal mit der bereits vertrauten Kirchturmspitze frei – und ganz plötzlich vermittelt sich auch beim Zuschauer das Gefühl, wieder zu Hause zu sein (vgl. Abb. 30). Auch die Wirklichkeit kennt dieses Gefühl. Im Westerwald beschreibt man es am besten im Wäller Platt. Möge es uns noch lange erhalten bleiben.

Wu mer noogugge kaa ... – Anhang

Literaturverzeichnis

Zu Sprache und Dialekt allgemein

Deutscher Sprachatlas. Auf Grund des Sprachatlas des Deutschen Reichs von Georg Wenker. Begonnen von Ferdinand Wrede. Fortgesetzt von Walther Mitzka und Bernhard Martin. Marburg 1927–1956 (Karten- und Fragebogenmaterial inzwischen als elektronische Publikation über die Website www.regionalsprache.de im Volltext abrufbar)

Deutscher Wortatlas. Herausgegeben von Walther Mitzka, Ludwig Erich Schmitt und Reiner Hildebrandt. 23 Bde. Gießen 1951–1980

Deutsches Wörterbuch von Jacob und Wilhelm Grimm. 33 Bde. München 1984 (inzwischen als elektronische Publikation über www.dwb.uni-trier.de im Volltext abrufbar)

Dudenredaktion (Hg.): Das Herkunftswörterbuch. Etymologie der deutschen Sprache. Auf der Grundlage der neuen amtlichen Rechtschreibung. Mannheim / Zürich [4]2007

Dudenredaktion (Hg.): Die deutsche Rechtschreibung. Auf der Grundlage der aktuellen amtlichen Rechtschreibregeln. Mannheim / Leipzig / Wien / Zürich [25]2009

Dudenredaktion (Hg.): Die Grammatik. Unentbehrlich für richtiges Deutsch. Mannheim / Zürich [8]2009

Eichhoff, Jürgen: Wortatlas der deutschen Umgangssprachen. 4 Bde. Bern / München 1977–2000

Förstemann, Ernst: Altdeutsches Namensbuch. 3 Bde. Bonn / München [2]1900–1916

Hoberg, Ursula / Hoberg, Rudolf: Deutsche Grammatik. Mannheim / Zürich 2011

Kaufmann, Henning: Altdeutsches Namensbuch. Ergänzungsband. München / Hildesheim 1968

Kluge, Friedrich: Etymologisches Wörterbuch der deutschen Sprache. Bearbeitet von Walther Mitzka. Berlin [20]1967

König, Werner: dtv-Atlas Deutsche Sprache. München [16]2007

Mattissen, Johanna / Neukom, Lukas: Bedrohte Sprachen. In: http://www.unipublic.uzh.ch, 9.5.2001

Meier, Helmut: Deutsche Sprachstatistik. 2 Bde. Hildesheim [2]1967

Schirmunski, V. M.: Deutsche Mundartkunde. Vergleichende Laut- und Formenlehre der deutschen Mundarten. Berlin 1962

Siebs, Theodor: Deutsche Hochsprache. Bühnenaussprache. Berlin [18]1961

Wenker, Georg: Schriften zum Sprachatlas des deutschen Reichs. Gesamtausgabe. 2 Bde. Hildesheim / Zürich / New York 2013

Zu Wäller Platt und angrenzenden Dialektgebieten

Eine Bibliografie mit Veröffentlichungen aus dem Bereich der Westerwälder Mundart findet sich in der Reihe „Unsere Mundarten“ von Jürgen Piwowar, abrufbar als elektronische Publikation über die Universitätsbibliothek der Goethe-Universität Frankfurt am Main.

Bach, Adolf: Die Frickhöfer Krämersprache. In: Nassauische Heimatblätter. Nr. 19 (1915), Seite 95–98

Bach, Adolf: Über die lateinisch-romanischen Elemente im Wortschatz der nassauischen Mundarten. In: Nassauische Annalen. Nr. 42 (1913), S. 82–131

Bleyer, Friedrich Wilhelm: Beiträge zur Dialektgeographie des südwestlichen Westerwaldes. Diss. Bonn 1936 (Zusammenfassung in: Beiträge zur Dialektgeographie des südwestlichen Westerwaldes. Bonn 1936)

Dietz, Martin: Dehaam im Ort. Ernste und heitere Gedichte in hessischer Mundart. Bergen-Enkheim [2]1976

Dingeldein, Heinrich J.: Das Mittelhessische. Erforschung, Strukturen, Entwicklung. In: Dingeldein, Heinrich J. / Mulch, Roland / Arend, Stefan (Hg.): Hessisches. Hans Friebertshäuser zum 60. Geburtstag am 21. März 1989. Marburg 1989, S. 9–69

Dingeldein, Heinrich J.: Wortatlas zur Alltagssprache der ländlichen Räume Hessens. Tübingen 2010

Frankfurter Wörterbuch. Aufgrund des von Johann Joseph Oppel und Hans Ludwig Rauh gesammelten Materials herausgegeben von Wolfgang Brückner. Bearbeitet von Rainer Alsheimer, Rosemarie Schanze und Hans-Otto Schembs. Frankfurt am Main 1971–1985

Friebertshäuser, Hans: Das hessische Dialektbuch. München 1987

Friebertshäuser, Hans: Die Mundarten in Hessen. Husum 2004

Friebertshäuser, Hans: Kleines hessisches Wörterbuch. München 1990

Friebertshäuser, Hans: Ländlicher Raum im Wandel. Mundart und Dorfleben in Hessen. Frankfurt am Main / Leipzig 1993

Friebertshäuser, Hans: Redensarten aus Hessen. Husum [3]2002

Friebertshäuser, Hans: Sprache und Geschichte des nordwestlichen Althessen. Marburg 1961

Friebertshäuser, Hans: Sprichwörter aus Hessen. Husum [4]2007

Friebertshäuser, Hans / Dingeldein, Heinrich J.: Hessischer Dialektzensus. Statistischer Atlas zum Sprachgebrauch. Tübingen 1989

Friebertshäuser, Hans / Dingeldein Heinrich J.: Wortgeographie der städtischen Alltagssprache in Hessen. Tübingen 1988

Hain, Willy: Westerwälder Mundart-Lexikon. Wörter, Ausdrücke, Begriffe, Redensarten zwischen Rhein, Sieg, Lahn und Dill. Montabaur 2002

Hallstein, Reinhard: Sprechen Sie Hesssisch? Für Hessen und solche, die es noch werden wollen. Wien 2008

Hasselberg, Joachim: Differenzgrammatik Mittelhessisch – Hochsprache. Eine Untersuchung dialektspezifischer Kommunikationsbehinderungen von hessischen Schülern. Gießen 1979

Hering, Hermann: Zur Mundart im Raum Rennerod. Zwie, zwa en zwu. Oberrod 1996

Hessen-Nassauisches Volkswörterbuch. Aus den für ein Hessen-Nassauisches Wörterbuch von F. Wrede angelegten und verwalteten Sammlungen. Begonnen v. Luise Berthold, fortgesetzt von Hans Friebertshäuser und Heinrich J. Dingeldein. Marburg 1927ff. (inzwischen als elektronische Publikation über www.lagis-hessen.de im Volltext abrufbar)

Höfer, August: Die nassauische Sprache. In: Jacobi, Karl (Hg.): Nassauisches Heimatbuch. Bilder aus der Natur des Landes, dem geschichtlichen und kulturellen Leben seiner Bewohner. Wiesbaden 1913, S. 661–679

Hommer, Emil: Studien zur Dialektgeographie des Westerwaldes. Diss. Marburg 1910 (Zusammenfassung in: Deutsche Dialektgeographie. Nr. 4 (1915), S. 1–63)

Hummel, Volker: Des basst wie die Faust uffs Gretsche. Lauter hessische Lieblingswörter. Frankfurt am Main [2]2011

Jung, Anton: Lauder biese Wörter. Ein kleines, mundartliches Wörterbuch mit Schimpf-, Spott- und Uznamen unserer Heimat. Limburg 1982

Jung-Eisel, Ännchen / Heep, Walter: Mundart im Wandel. Ein Beitrag zur Dialektkunde im mittleren Westerwald. Limburg an der Lahn 1985

Katerbow, Matthias: Spracherwerb und Sprachvariation. Eine phonetisch-phonologische Analyse zum regionalen Erstspracherwerb im Moselfränkischen. Berlin / Boston 2013

Kehrein, Joseph: Volkssprache und Volkssitte in Nassau. Bonn [2]1872 (inzwischen als elektronische Publikation über www.archive.org und Bayerische Staatsbibliothek digital im Volltext abrufbar)

Koch, Sabine / Koch, Heiner: Langenscheidt Lilliput Hessen. Berlin / München 2012

Kroh, Wilhelm: Beiträge zur Nassauischen Dialektgeographie. Diss. Marburg 1912 (Zusammenfassung in: Deutsche Dialektgeographie Nr. 4 (1915), S. 65–382)

Krummeich, Raimund E.: Dem Wäller Volk auf's Maul geschaut. Westerburg 2008

Lausberg, Helmut / Möller, Robert: Rheinischer Wortatlas. Bonn 2000

Lenz, Alexandra N.: Moselfränkisch. Eine populärwissenschaftliche Einführung am Beispiel der Region Wittlich in der Eifel. Wittlich 2006

Lewis, Ingrid / Naumann, Bernhard: Das hessische Schimpfwörterbuch. Lauter beese Wörter. Nidderau [16]2011
Pauschert, Steffen: Sprachwandel in Elbtal-Dorchheim und Runkel-Wirbelau. In: Akademievorstand der Hessischen Akademie der Forschung und Planung im ländlichen Raum (Hg.): Akademiekalender 1997. Bad Karlshafen 1996, S. 48–66
Rheinisches Wörterbuch. Auf Grund der von J. Franck begonnenen, von allen Kreisen des rheinischen Volkes unterstützten Sammlung. Bearbeitet und herausgegeben von Josef Müller. Bonn 1928–1971 (inzwischen als elektronische Publikation über www.woerterbuchnetz.de im Volltext abrufbar)
Schanze, Rosemarie (Hg.): Sprache in Hessen. Gießen 1981
Schick, Wilhelm: Weilburger Wörderbichelche. Weilburg 1979
Schmitt, Karl Christian Ludwig: Westerwäldisches Idiotikon oder Sammlung der auf dem Westerwalde gebräuchlichen Idiotismen mit etymologischen Anmerkungen und der Vergleichung anderer alten und neuen Germanischen Dialekte. Hadamar / Herborn 1800 (inzwischen als elektronische Publikation über www.archive.org im Volltext abrufbar)
Schoth, Willi: Wo das Herz weilt, ist daheim. Poesie in Hochdeutsch und Mundart. Simmern im Hunsrück 1995
Schwing, Heinrich: Beiträge zur Dialektgeographie der mittleren Lahn. Diss. Marburg 1920 (Zusammenfassung in: Zeitschrift für Deutsche Mundarten. Nr. 16 (1921), S. 154–163)
Stangel, Wolfgang: Redensarten im Dorfleben. Feldstudien in Niederselters/Taunus. In: Hessische Blätter für Volkskunde. Bd. 57 (1966), S. 31–82
Südhessisches Wörterbuch. Begründet von Friedrich Maurer. Nach den Vorarbeiten von Friedrich Mauer, Friedrich Stroh und Rudolf Mulch, bearbeitet von Rudolf Mulch und Roland Mulch. Marburg 1965–2010 (inzwischen als elektronische Publikation über www.lagis-hessen.de im Volltext abrufbar)
Wiesinger, Peter: Die Stellung der Dialekte Hessens im Mitteldeutschen. In: Hildebrandt, Reiner / Friebertshäuser, Hans (Hg.): Sprache und Brauchtum. Bernhard Martin zum 90. Geburtstag. Marburg 1980, S. 68–148
Winter, Emil: Mittelhessisches Wörterbuch. Auf Grund der Mundart des Gießener Landes. Heuchelheim 1985
Wolf, Hans W.: Von Affezäggus bis Zabbelfillibb. Hemdsärmelisch Hessisch. Ein Intensivkurs. Frankfurt [2]2011

Zur regionalen Geschichte und Kultur

Inzwischen liegen zu zahlreichen Ortschaften nördlich von Limburg einzelne Ortschroniken vor, die sich bibliografisch leicht recherchieren lassen. Die folgende Auswahl erhebt somit keinen Anspruch auf Vollständigkeit. Der Fokus wurde primär auf Überblicksdarstellungen sowie den Bereich des historischen Amtes Ellar im nordwestlichen Teil des heutigen Kreisgebietes gelegt. Zur regionalen Kulturgeschichte sei auch auf die zahlreichen Publikationen der beiden großen Freilichtmuseen – des Hessenparks in Neu-Anspach sowie des Landschaftsmuseums Westerwald in Hachenburg – verwiesen, die hier aus Platzgründen nicht aufgeführt werden.

Überblicksdarstellungen

Ebertz, Dirk: Alltag im Westerwald. Zwischen Kaiserzeit und Wirtschaftswunder. Erfurt 2000
Feldhoff, Heiner / Gneist, Carl: Westerwälder Köpfe. 33 Porträts herausragender Persönlichkeiten. Zell 2014
Fischer, Helmut: Sagen des Westerwaldes. Montabaur [5] 2009
Gensicke, Hellmuth: Landesgeschichte des Westerwaldes. Wiesbaden [3]1999
Göttert, Karl-Heinz: Alle unsere Feste. Ihre Herkunft und Bedeutung. Stuttgart 2007
Gotteslob. Katholisches Gebet- und Gesangbuch. Ausgabe für die Diözese Limburg. Herausgegeben von den (Erz-)Bischöfen Deutschlands und Österreichs und dem Bischof von Bozen-Brixen. Stuttgart / Kevelaer 2014
Henninger, Alois: Das Herzogthum Nassau in malerischen Original-Ansichten seiner interessantesten Gegenden, merkwürdigsten Städte, Badeorte, Kirchen, Burgen und sonstigen ausgezeichneten Baudenkmäler alter und neuer Zeit. Darmstadt 1862
Henninger, Alois: Nassau in seinen Sagen, Geschichten und Liedern fremder und eigener Dichtung. 3. Bde. Bd. 3: Die Lahn und der Westerwald. Wiesbaden 1845
Hottenroth, Friedrich: Die nassauischen Volkstrachten. Wiesbaden 1905
Jahrbuch des Landkreises Limburg-Weilburg. Wetzlar 1991ff. (erscheint jährlich)

Kaiser, Erwin: Limburg-Weilburg. 1867–1990. Eine Chronik des Kreises in Bildern. Limburg an der Lahn 1991

Klein, Christine: Die Westerwälder Tracht. In: Begleitbroschüre zum Landestanztreffen 1998 in Koblenz, S. 89–101 (inzwischen als elektronische Publikation über www.trachten-museum.de im Volltext abrufbar)

Kreisausschuss des Landkreises Limburg-Weilburg / Kreissparkasse Limburg / Kreissparkasse Weilburg (Hg.): Limburg-Weilburg. Beiträge zur Geschichte des Kreises. Limburg an der Lahn 1986

Küster, Jürgen: Wörterbuch der Feste und Bräuche im Jahreslauf. Eine Einführung in den Festkalender. Freiburg im Breisgau 1985

Landesamt für Denkmalpflege Hessen / Lehmann, Falko (Hg.): Kulturdenkmäler in Hessen. Landkreis Limburg-Weilburg. 2 Bde. Braunschweig 1994

Landfrauenverband Westerwald (Hg.): Das Westerwald-Kochbuch. Zwischen Basalt und Kartoffelbrot. Clenze 2011

Roth, Hermann Josef: Der Westerwald. Vom Siebengebirge zum Hessischen Hinterland. Kultur und Landschaft zwischen Rhein, Lahn und Sieg. Köln [4]1989

Rühl, Joseph: Gedichte. Band 2: Sagen, Märchen, Balladen und Lieder. Limburg 1877

Schmitt, Josef: Das Doppelleben des Jakob von Zeus-Heim. Norderstedt 2006

Schüler, Winfried: Das Herzogtum Nassau 1806–1866. Deutsche Geschichte im Kleinformat. Wiesbaden 2006

Schulrat des Kreises Limburg (Hg.): Heimatbuch für den Kreis Limburg. Bd. 1. Neuss 1952

Staudt, Alois / Klug, Dieter / Kloft, Matthias: Die katholische Kirche im Bezirk Limburg. Hadamar 1986

Sternberg, Leo: Der Westerwald. Nachdruck der zweiten vermehrten Ausgabe von 1924. Montabaur 1977

Wäller Heimat. Jahrbuch des Westerwaldkreises. Höhr-Grenzhausen 1987ff. (erscheint jährlich)

Wehrhan, Karl: Sagen aus Hessen und Nassau. Leipzig-Hohlis 1922

Westerwald-Verein Altenkirchen (Hg.): Beiträge zur Landeskunde, Geschichte, Kultur und Wirtschaft im Raum zwischen Rhein und Dill, Sieg und Lahn. Altenkirchen 1972

Zaunert, Paul (Hg.): Hessen-Nassauische Sagen. Jena 1929

Ortschroniken

Bausch, Hermann Josef: Oberzeuzheim im Spiegel der Geschichte. Ein Beitrag zur Orts- und Heimatgeschichte. Hadamar 1987

Crone, Marie-Luise: Dietkirchen. Geschichte eines Dorfes im Schatten des St. Lubentiusstifts. Limburg 1991

Gemeinde Dornburg (Hg.): 1200 Jahre Dorndorf 772–1972. Biskirchen 1972

Gensicke, Hellmuth: Aus der Geschichte von Heuchelheim. Festschrift 1200 Jahre Heuchelheim. Heuchelheim 1972

Greiff, Karl: Westerburg. Stadt seit 1292. Westerburg 1999

Heep, Heribert: Tausend Jahre Frickhöfer Geschichte. Limburg 1950

Hörle, Josef: Langendernbach in guten und in bösen Tagen. Geschichte einer Westerwälder Dorfgemeinschaft. Langendernbach 1957

Jung, Anton: Unser Heimatbuch. Beiträge zur Geschichte des Dorfes Eschhofen. Limburg 1974

Kloft, Matthias Theodor / Gotthardt, Elmar: Niederzeuzheim. Geschichte eines Dorfes und Kirchspiels. Niederzeuzheim 1990

Kuhnigk, Armin M.: Geschichte der Stadt Weilburg 881–1971. Weilburg 1972

Nieder, Franz-Karl (Hg.): Linter – Land und Leute. Linter 1997

Nink, Werner: Frickhofen im Wandel der Zeit. Dornburg 2009

Pick, Peter: Aus der Geschichte der Elbtal-Dörfer. Chronik der Gemeinde Elbtal mit den Ortsteilen Dorchheim, Elbgrund, Hangenmeilingen und Heuchelheim im Westerwald. Dorchheim 1991

Reichwein, Paul: Dorchheim im 20. Jahrhundert. Lebensart im kleinen Westerwalddorf. Dorchheim 2000

Reitz, Wilfried: Ahlbach. Das Land und seine Bewohner. Limburg 1997

Rudersdorf, Walter: Chronik Hausen. Geschichte eines Westerwalddorfes. Waldbrunn 1998

Rudersdorf, Walter: Im Schatten der Burg Ellar. Aus der Geschichte der Herrschaft, des Amts, des Landgerichts, der Burg

und des Ortes Ellar, einschließlich Kirchen-, Kultur- und Wirtschaftsgeschichte. Frankfurt am Main 1967
Rudersdorf, Walter: Waldbrunn/Westerwald. Vom Bauerndorf zum Luftkurort. Horb 1986
Schweitzer, Peter Paul: Niederhadamar in der Geschichte unserer Heimat. Hadamar 1992
Stahl, Karl Josef: Hadamar – Stadt und Schloss. Eine Heimatgeschichte. Hadamar 1974
Stille, Eugen: Limburg an der Lahn und seine Geschichte. Kassel 1971
Verkehrs- und Verschönerungsverein Wilsenroth (Hg.): Wilsenroth und die Dornburg. Chronik eines Westerwalddorfes. Wilsenroth 2003
Waldecker, Christoph (Hg.): Limburg im Fluss der Zeit. Schlaglichter aus 1100 Jahren Stadtgeschichte. Limburg an der Lahn 2010
Weimer, Erhard: Chronik der Gemeinde Elz. Ausgewählte Kapitel aus der Geschichte von Elz und Malmeneich nach den vorgefundenen Quellen. Elz ^{2}1983

Internetquellen

Inzwischen sind mehrere lokale Sammlungen von Westerwälder Dialektbegriffen auch online verfügbar. Man findet sie leicht durch die Eingabe entsprechender Schlagwörter („Westerwald“, „Hessen“, „Dialekt“, „Mundart“ etc.) in eine Suchmaschine.

Auch das frei zugängliche Online-Wörterbuch Wiktionary enthält eine entsprechende Liste. Weitere Informationen zu Westerwälder Sprache und Kultur bieten die nachfolgend aufgeführten Websites (Zugriff: Herbst 2015):

http://www.hessenpark.de: Website des Freilichtmuseums Hessenpark in Neu-Anspach
http://www.ippsch.de: private Website mit Texten des Hadamarer Heimatforschers Peter Paul Schweitzer
http://www.geschichtsverein-frickhofen.de: Website des Kultur- und Geschichtsvereins Frickhofen
http://www.geschichtsverein-hintermeilingen.de: Website des Geschichtsvereins Hintermeilingen
http://www.lagis-hessen.de: Website des Landesgeschichtlichen Informationssystems Hessen (LAGIS)
http://www.landkreis-limburg-weilburg.de: Website des Landkreises Limburg-Weilburg
http://www.landschaftsmuseum-westerwald.de: Website des Landschaftsmuseums Westerwald
http://www.nassauischer-altertumsverein.de: Website des Vereins für Nassauische Altertumskunde und Geschichtsforschung
http://www.oberhessisch.com: Website mit umfangreicher Dokumentation der Mundart der Gießener Region
http://www.regionalsprache.de: Website mit umfangreicher digitaler Dokumentation der deutschen Regionalsprachen
http://www.trachten-museum.de: Website des Trachtenmuseums Westerburg
http://www.uni-marburg.de/de/fb09/dsa: Website des Forschungszentrums Deutscher Sprachatlas an der Universität Marburg
http://www.vemuk.de: Website des Vereins zur Erhaltung der mittelhessischen Mundart und Kultur
http://www.westerwald.info: Website des Westerwald Touristik-Service
http://www.westerwald-kreis.de: Website des Westerwaldkreises
http://www.westerwaldverein.de: Website des Westerwald-Vereins

Abbildungsnachweis

Abb. 1: J. B. Fischer: Das Herzogthum Nassau. Gießen 1828 (Ausschnitt aus der Landkarte), mit freundlicher Genehmigung der Staatsbibliothek zu Berlin

Abb. 2: www.platt-machen.info, mit freundlicher Genehmigung des Westerwald Touristik-Services, Montabaur

Abb. 3: Lexikonredaktionen des Bibliographischen Instituts (Hg.): Das neue Duden-Lexikon. Bd. 2: Bisk–Dreh. Mannheim 1984, S. 793, mit freundlicher Genehmigung der Bibliographisches Institut GmbH, Berlin

Abb. 4: Wiesinger, Peter: Die Stellung der Dialekte Hessens im Mitteldeutschen. In: Hildebrandt, Reiner / Friebertshäuser, Hans (Hg.): Sprache und Brauchtum. Bernhard Martin zum 90. Geburtstag. Marburg 1980, S. 68–148, dort Tafel 1, mit freundlicher Genehmigung des Forschungszentrums Deutscher Sprachatlas, Marburg

Abb. 5: Friebertshäuser, Hans: Das hessische Dialektbuch. München 1987, S. 53, mit freundlicher Genehmigung der Hessischen Vereinigung für Volkskunde, Marburg

Abb 6: https://kristianmitk.wordpress.com, 5. November 2013, mit freundlicher Genehmigung von Kristian Baltruweit

Abb. 7: Forschungszentrum Deutscher Sprachatlas, Marburg / www.regionalsprache.de

Abb. 8: Forschungszentrum Deutscher Sprachatlas, Marburg

Abb. 9: Friebertshäuser, Hans / Dingeldein Heinrich J.: Wortgeographie der städtischen Alltagssprache in Hessen. Tübingen 1988, Karte 48, mit freundlicher Genehmigung des A. Francke Verlages, Tübingen

Abb. 10: Friebertshäuser, Hans: Das hessische Dialektbuch. München 1987, S. 155, mit freundlicher Genehmigung des Franz Steiner Verlages, Stuttgart

Abb. 11: Schwing, Heinrich: Beiträge zur Dialektgeographie der mittleren Lahn. Diss. Marburg 1920, Anhang, mit freundlicher Genehmigung des Forschungszentrums Deutscher Sprachatlas, Marburg

Abb. 12: Friebertshäuser, Hans: Das hessische Dialektbuch. München 1987, S. 30, mit freundlicher Genehmigung der Hessischen Vereinigung für Volkskunde, Marburg

Abb. 13: Archiv Detlef Schmidt, mit freundlicher Genehmigung von Raimund Schardt

Abb. 14: Archiv Detlef Schmidt, mit freundlicher Genehmigung von Raimund Schardt

Abb. 15: Feuerstein, Bernold: Die Naturräume unseres Landkreises. Jahrbuch 2005 für den Kreis Limburg-Weilburg, Weilburg 2004, S. 251 (Feldfrei / Wikimedia Commons)

Abb. 16: Rudersdorf, Walter: Im Schatten der Burg Ellar. Aus der Geschichte der Herrschaft, des Amts, des Landgerichts, der Burg und des Ortes Ellar, einschließlich Kirchen-, Kultur- und Wirtschaftsgeschichte. Frankfurt am Main 1967, S. 47, mit freundlicher Genehmigung des Kultur- und Geschichtsvereins Ellar

Abb. 17: Landesamt für Denkmalpflege Hessen

Abb. 18: Landesamt für Denkmalpflege Hessen

Abb. 19: Rudersdorf, Walter: Im Schatten der Burg Ellar. Aus der Geschichte der Herrschaft, des Amts, des Landgerichts, der Burg und des Ortes Ellar, einschließlich Kirchen-, Kultur- und Wirtschaftsgeschichte. Frankfurt am Main 1967, S. 65, mit freundlicher Genehmigung des Kultur- und Geschichtsvereins Ellar

Abb. 20: Landesamt für Denkmalpflege Hessen

Abb. 21: Landesamt für Denkmalpflege Hessen

Abb. 22: Archiv Detlef Schmidt, mit freundlicher Genehmigung von Werner Schuchardt

Abb. 23: Archiv Detlef Schmidt, mit freundlicher Genehmigung von Raimund Schardt

Abb. 24: Archiv Detlef Schmidt, mit freundlicher Genehmigung von Raimund Schardt

Abb. 25: Archiv Detlef Schmidt, mit freundlicher Genehmigung von Lorenzo Cicero

Abb. 26: Archiv Detlef Schmidt, mit freundlicher Genehmigung von Raimund Schardt

Abb. 27: Archiv Detlef Schmidt, mit freundlicher Genehmigung von Raimund Schardt

Abb. 28: Hottenroth, Friedrich: Die nassauischen Volkstrachten. Wiesbaden 1905, Anhang, mit freundlicher Genehmigung des

Vereins für Nassauische Altertumskunde und Geschichtsforschung

Abb. 29: Hottenroth, Friedrich: Die nassauischen Volkstrachten. Wiesbaden 1905, Tafel 25, mit freundlicher Genehmigung des Vereins für Nassauische Altertumskunde und Geschichtsforschung

Abb. 30: Archiv Christian Heger

Transkription der Spracherhebungsbogen

Die nachstehenden Transkriptionen folgen originalgetreu den Schreibweisen aus den historischen Quellen. Abweichungen vom zuvor für dieses Buch festgelegten Lautsystem sind daher unvermeidlich.

DEUTSCHER SPRACHATLAS (vgl. Abb. 7)

Die 40 Wenkersätze aus dem „Deutschen Sprachatlas“ und ihre Umsetzung in Dorchheimer Dialekt durch den Lehrer Kilb, um 1870/80:

1. **Im Winter fliegen die trocknen Blätter durch die Luft.**
   Im Wenter fleie *(e-i getrennt)* d' treue Blere durch d' Luft rem.
2. **Es hört gleich auf zu schneien, dann wird das Wetter wieder besser.**
   Et hert gleich uf z' schnaue, dan *(an wie en)* wierd d't Werer wirrer besser.
3. **Thu Kohlen in den Ofen, daß die Milch bald an zu kochen fängt.**
   Tou Kohle i d' Owe *(o gedämpft nach u neigend)* dat d' Melg zu koche ufängt.
4. **Der alte Mann ist mit dem Pferde durchs Eis gebrochen und in das kalte Wasser gefallen.**
   D'r goure ale Man *(an wie en)* eß merm Gaul durchet Eis gebroche oṅ it t' kal Wasser g'falle.
5. **Er ist vor vier oder sechs Wochen gestorben.**
   A *(fr.en)* äß fir veier *(e-i getrennt)* or sechs Wuche gestorbe.
6. **Das Feuer war zu heiß, die Kuchen sind ja unten ganz schwarz gebrannt.**
   D't Fauer wohr z' haas, d' Kuche sei *(ei nicht hell, mehr gedämpft)* jo iṅe ganz schworz g'brannt.
7. **Er ißt die Eier immer nur ohne Salz und Pfeffer.**
   A' eßt d' Aier uhne Salz enn Pääver.
8. **Die Füße thun mir weh, ich glaube, ich habe sie durchgelaufen.**
   D' Fuis doṅ *(o nicht hell)* mir arig weh, eich glawe, eich huse durchg'lafe.
9. **Ich bin bei der Frau gewesen und habe es ihr gesagt, und sie sagte, sie wollte es auch ihrer Tochter sagen.**
   Eich sei bei d' Fraa g'west en hunert gesaht, en se sot, se wollet ach seierm Madge so *(gedämpft)*.
10. **Ich will es auch nicht mehr thun!**
    Eich willet ag net me wirrer dou.
11. **Ich schlage Dich gleich mit dem Kochlöffel um die Ohren, du Affe!**
    Eich schle deich gleich met d'm Kochlöffel em d' Orn, dau Aff!
12. **Wo gehst Du hin? Sollen wir mit Dir gehn?**
    Wu gehst dau hi, sann mehr meter geh?
13. **Es sind schlechte Zeiten.**
    Et sei schlegte Zeire.
14. **Mein liebes Kind, bleib hier unten stehn, die bösen Gänse beißen Dich todt.**

Mei lieb *(i-e)* Kennt, blei hei *(e-i)* inne steh, d' bese Gens' beiße dich dut.

15. **Du hast heute am meisten gelernt und bist artig gewesen, Du darfst früher nach Hause gehn als die Andern.**
Dau has hau umerste gelehrt und dau seist artig *(brav)* g'west, dau dafs früer heim geh wie d' annern.

16. **Du bist noch nicht groß genug, um eine Flasche Wein auszutrinken, Du mußt erst noch ein Ende/etwas wachsen und größer werden.**
Dau seihs noch net gruß genunk, en Flasch Wei ausz'tränke, dau mus erst noch n End wose en greser wern.

17. **Geh, sei so gut und sag Deiner Schwester, sie sollte die Kleider für eure Mutter fertig nähen und mit der Bürste rein machen.**
Ge sei sou gut en soh der Schwester s' soll d' Klarer für auer Maṁa fertig näh en met d' Bürscht flerig mache.

18. **Hättest Du ihn gekannt! Dann wäre es anders gekommen, und es thäte besser um ihn stehen.**
Hättst dau n' gekannt, da wäred anerscht g'komme, en t' thä besser em 'n stih.

19. **Wer hat mir meinen Korb mit Fleisch gestohlen?**
Wer hot mer men Korb met Flâsch g'stuhle.

20. **Er that so, als hätten sie ihn zum dreschen bestellt; sie haben es aber selbst gethan.**
E' de sou at häresem zoum Dresche bestallt; sei *(e-i)* huṅet awer salver g'doh.

21. **Wem hat er die neue Geschichte erzählt?**
Wim hore die nau G'schicht verzallt?

22. **Man muß laut schreien, sonst versteht er uns nicht.**
Mer muß hort greische, sust verstire us nit.

23. **Wir sind müde und haben Durst.**
Mir sai muih en hu Durscht.

24. **Als wir gestern Abend zurück kamen, da lagen die Andern schon zu Bett und waren fest am schlafen.**
Wie meh gestern Awend heim kome, du loke die anneren schu z. Bett en worn fest in g'schlofe.

25. **Der Schnee ist diese Nacht bei uns liegen geblieben, aber heute Morgen ist er geschmolzen.**
D' Schni eß deß Nacht bei us laie g'bliebe, ower d' Morje eß e g'schmulze.

26. **Hinter unserm Hause stehen drei schöne Apfelbäumchen mit rothen Aepfelchen.**
Henner usem Haus stih drei schine Äpelbäumcher met rure Apelcher.

27. **Könnt ihr nicht noch ein Augenblickchen auf uns warten, dann gehn wir mit euch.**
Kennt 'r net noch 'n Ageblick uf us worte, da gih mer mit auch.

28. **Ihr dürft nicht solche Kindereien treiben!**
Ihr dorft net so Kennerei treiwe.

29. **Unsere Berge sind nicht sehr hoch, die euren sind viel höher.**
Us Berje sei net ser huch d'auern sei vill heger.

30. **Wieviel Pfund Wurst und wieviel Brod wollt ihr haben?**
Wie viel Pun Wurscht en wievill Brud wollt 'r hu?

31. **Ich verstehe euch nicht, ihr müßt ein bißchen lauter sprechen.**
Eich verschti auch net, r' mußt besche hourter schwäze.

32. **Habt ihr kein Stückchen weiße Seife für mich auf meinem Tische gefunden?**
Horer ka *(a wie en)* Stückche weis Saaf für mich uf men Desch g'fune?

33. **Sein Bruder will sich zwei schöne neue Häuser in eurem Garten bauen.**
Sei Brourer will sich zwa naue Häuser i auern Gorte baue.

34. **Das Wort kam ihm von Herzen!**
Dat Wort kom vu Herze.

35. **Das war recht von ihnen!**
Dat war regt vu ihne.

36. **Was sitzen da für Vögelchen oben auf dem Mäuerchen?**
Wot setze do für Velger uwe uf d'm Mäuerche.

37. Die Bauern hatten fünf Ochsen und neun Kühe und zwölf Schäfchen vor das Dorf gebracht, die wollten sie verkaufen.
D' Bauern harre fünef Ohse, en neu Koih, en zwelef Schäfger für d't Dorf g'bracht, die *(e-i)* wolltese verkaafe.

38. Die Leute sind heute alle draußen auf dem Felde und mähen/hauen.
D' Leu sei hau all dauß auf m Feld, enn mäh.

39. Geh nur, der braune Hund thut Dir nichts.
Geh nur, der brau *(gedämpft)* Hund tut dir naut.

40. Ich bin mit den Leuten da hinten über die Wiese ins Korn gefahren.
Eich sei met d' Leu do heṅe üwer d' Wies it Korn g'fohre.

DEUTSCHER WORTATLAS (vgl. Abb.8)

Die 200 Wörter und Sätze aus dem Erhebungsbogen des Deutschen Wortatlas und ihre Umsetzung in Dorchheimer Dialekt durch den Lehrer Strunk, um 1939–1942:

1.	Ahorn (allgemein, nicht bes. Sorte)	Ahorn
2.	Ameise (die kleine Art)	Omätz
3.	Anemone (nemorosa)	Buschwendrösje
4.	Augenbraue	Abern
5.	Augenlid	Achedeckel
6.	auswringen (mit der Hand Wäsche auspressen)	auswenne (e mehr nach ö)
7.	Backenzahn	Backzuh
8.	Backtrog	Backmoul
9.	Barfuß	borves
10.	Bauchweh	Bauchweh, Leibweh
11.	sich beeilen (zum Bahnhof)	dommel dich
12.	Begräbnis	Begräbnis
13.	Beule (durch Schlag)	Heppel (p mehr nach b)
14.	es blitzt	es blitzt
15.	Brennessel	Breunessel (eu besser oi)
16.	Brombeere (Frucht)	Broberr (offenes o)
17.	Brotscheibe (bestrichen)	Boddersteck, Schellésteck
18.	bügeln (Wäsche)	biele
19.	Deichsel (beim Zweispänner)	Deisel
20.	Distel (nicht bes. Sorte)	Destel
21.	Docht (der Lampe)	Wick
22.	Eichelhäher	Heyer (ey nach oi, nicht nach ei, geschloss.)
23.	Eigelb	Dourer
24.	Elster	Atzel
25.	Ente (männliche)	Entrich
26.	Erdbeere (im Walde)	Ärber
27.	sich erkälten	verkäält
28.	ernten (Kartoffeln)	Fricht omache
29.	Euter (der Kuh)	Mämm
30.	Euter (allgemein)	Mämmr
31.	fegen (Stube)	kiern
32.	Ferkel	Farkel *(r nur undeutl.)*
33.	Fledermaus	Fledermaus
34.	Fliege (Stuben-)	Micke
35.	Frosch (allgem.)	Frosch
36.	Frühling	Fröijohr
37.	Gabeldeichsel (Einspänner)	Schier
38.	Gackern	gaagse
39.	gähnen	gibsche
40.	Gans (männliche)	Gänsert
41.	Gans (junge)	Gänsje
42.	Genick (des Menschen)	Ank
43.	Gießkanne	Geißkann *(ei nach oi, nicht nach ei)*
44.	Glühwürmchen	Gehannesmick
45.	Grasschwade (mit einem Sensenhieb umgelegt)	Mor
46.	Großmutter	Almamme
47.	Großvater	Alpape *(besser: Albabe)*
48.	Grummet (zweiter Grasschnitt)	Groumet

49.	Gurke	Kommer
50.	häufeln (die Kartoffeln)	Ärbel hafe
51.	Hagebutte	Hagebutte *(Kinder: Juckpulwer)*
52.	Hahn, Henne	Gickel – Hinkel
53.	Handwerker, der Fässer anfertigt	Kiefer
54.	Hw., der das Blech am Haus, z. B. die Dachrinne, bearbeitet	Spengler
55.	Hw., der die Bauernwagen, vor allem die Räder, anfertigt	Waaner
56.	Hw., der die Möbel anfertigt	Schreiner
57.	Hw., der die Tonwaren anfertigt	*Handwerker wird hier nicht benannt; Topfwandergewerbe:* Dä Debbema
58.	Hw., der das Vieh schlachtet	Metzjer
59.	Hw., der das Fleisch verarbeitet (identisch mit 58?)	Metzjer
60.	Hebamme	Hew-amm
61.	Heckenrose	Häckerus
62.	heiser	heiser
63.	Henne (brütende)	Gluck
64.	Heuschrecke	Großhepper
65.	Himbeere (Frucht)	Homberr
66.	Holunder (Sambucus)	Holler
67.	Hügel (kleiner Berg)	Hebbel
68.	Hühnerauge	Hoinerage *(Leuchthorn)*
69.	Hühnerhaus	Hinkelshaus
70.	Hummel (Insekt)	Hummel
71.	Igel	Ihl
72.	Iltis	Elser
73.	Käfer (allgem.)	Käfer
74.	kämmen (Haare)	Huhr kämme
75.	Kätzchen (am Haselstrauch)	Hoselkätzjer
76.	Kalb (weiblich)	Koihkalb
77.	Kamille (auf dem Felde)	Kamille
78.	Kaninchen (zahmes)	Kaneinche
79.	Kartoffel	Ärbbel
80.	Katze (männlich)	Koter *(offenes o)*
81.	Kaulquappe (Jugendform des Frosches)	Dickkäpp
82.	Kleiderhaken (z. Aufhängen v. Kleidern)	Klaaderhoge
83.	Kleiderschrank	Klaaderschank *(ohne r)*
84.	kneifen (in den Arm)	pinze
85.	Knöchel (am Fuß)	Knichel
86.	Knospe	Knoßbe
87.	Kopfweh	Koppweh
88.	Kornblume (Cyanus)	Kornblom
89.	Kreisel (Kinderspielzeug)	Denzer *(Tänzer)*
90.	Kröte (allgem.)	Mull
91.	Kruste (des Brotes)	Krost
92.	Laken (für das Bett)	Bättduch
93.	Lamm (weibl.)	Girmlamm
94.	Lappen (Wasch-)	Wäschlabbe
95.	leer	leerisch
96.	leihen (Geld an jemanden)	verlehne
97.	Lerche	Lärsch
98.	Libelli (allgem.)	Wasserwo / Bachschneirer
99.	Maiglöckchen (Convallaria)	Maiblom
100.	Larve des Maikäfers	Geiz
101.	Margerite (Chrysanthemum leuc.)	Margreteblome
102.	Maulwurf	Molderhaaf *(Eigentümlich, daß man zu dem Molder-haaf sagt. Das Tier wird so genannt, nicht etwa der Haufen.)*
103.	Meerrettich	Märrettisch
104.	Mistkäfer	Mestkäfer
105.	Mohrrübe	Muhr
106.	Motte (im Wollzeug)	Mott
107.	Mücke (Stech-, nicht bes. Art)	Schnock – Stächmick

108.	Mütze	Kapp
109.	Mutterschwein	Fagelsau
110.	nachharken (Getreide mit gr. Handrechen zusammenholen)	nohräsche *(Rächsel)*
111.	Nachharke (das Handgerät dazu)	Ernteräche *(ch wie bei lachen)*
112.	Nachmittag	Onnern
113.	Narbe (einer Wunde)	Nob
114.	neugierig	schnibbisch
115.	nicht wahr?	net wuhr
116.	Ohrwurm	Uhrnschletzer
117.	Ostern	Ustern
118.	Pate	Patt
119.	Patin	Goo
120.	Peitsche (des Wagenlenkers)	Gasel
121.	pfeifen	peifen
122.	Pflaume (nicht bes. Sorte)	Quätsch – Pramm
123.	pflügen	ackern
124.	Pflugwende (Ackerstelle, an der der Pflug gewendet wird)	Schor
125.	Pfropfen (für die Flasche)	Stobbe
126.	Pilz (allgem.)	Pilz
127.	Platzregen	Wost
128.	Preißelbeere (Vaccinium idaea vitis)	Preißelbeere
129.	Pulswärmer (aus Wolle)	Stauche
130.	Wie ist der Ausdruck für: Unkraut mit der Hand ausziehen?	jäte
131.	Wie ist der A. für: Werkzeug zum Durchstechen des Leders?	Ort – Öl – Öhl
132.	Wie ist der A. für: die Sense mit dem Hammer schärfen?	hawe
133.	Wie ist der A. für den letzten Wochentag vor dem Sonntag?	Samstog
134.	Quecke (Triticum rep.)	Quecke
135.	Rasen (Grasnarbe)	Blachplatz *(sonst wiss. Bleichplatz)*
136.	rauchen (Tabak)	raache
137.	Rauhreif	kaaler Newel
138.	Regenwurm	Rewurm
139.	Reifen (am Faß)	Raaf
140.	Rinde (des Nadelbaumes)	Renn
141.	Rinde (des Laubbaumes, gilt derselbe Ausdruck?)	Renn
142.	Roggen	Korn
143.	Rotkraut (Kohlart)	Rutkraut
144.	Sahne (süße)	Schmant
145.	Sauerklee (Oxalis)	Hoseklee
146.	Sauerkraut	Sauermous
147.	schelten	schärle – gescholle
148.	Schaufel (für Sand usw.)	Schepp *(Schebb)*
149.	Schlüsselblume (Primula, allg.)	Schlesselbloum
150.	Schneeglöckchen	Schneeglöckche
151.	Schnittlauch	Schnittlaach – Prislaach
152.	Schnürband (am Schuh)	Schohbinnel
153.	Schnupfen	Schnuppe
154.	Schornsteinfeger	Schornstefeger
155.	Schwalbe (allgem.)	Schwalweche
156.	Schwengel (Zugholz für Stränge an der Deichsel)	Silljet
157.	Schwiegermutter	Schwermourer *(e wie ie)*
158.	Schwiegersohn	Schwersonn *(e wie ei)*
159.	Schwiegertochter	Schwerdochter *(e wie ei)*
160.	Schwiegervater	Schwervorer *(e wie ei)*
161.	Seil (aus Hanf)	Sahl
162.	Sperling	Spatz
163.	Spinngewebe	Spenngeweb
164.	Stachelbeere (Frucht)	Krochel
165.	Star (Vogel)	Stor
166.	Stecknadel	Spennel

167.	Streichholz	Fixfauer
168.	stricken	strecke *(stregge)*
169.	Stricknadel	Streggstock
170.	Tasse (Ober-, Unter-)	Käppche – Schälche
171.	Tauber (männl. Taube)	Daubert
172.	Tomate	Tomaat
173.	Topf (irdener)	Äre Deppe
174.	unfruchtbar (von der Kuh)	gest
175.	Veilchen (Viola)	Veilchen
176.	veredeln (Obstbäume)	proffe
177.	Viehbremse	Bremse
178.	Wacholder (Juniperus)	Wachhecke – Wachhouler
179.	Wanze	Wanz
180.	Warze	Worz
181.	wenden (Heu)	wänne
182.	Werktag	Wärktog
183.	wiederkäuen	idersche
184.	wiehern	weiert – krüht
185.	Wimper (Augen-)	Wemper
186.	Zahnschmerzen	Ziewieh
187.	Zaunkönig	Zaunkönig

188.	Ziege	Gaas
189.	Er hat den Brief zerissen.	Bräb zeresse
190.	Voriges Jahr hat es viel Obst gegeben, dies Jahr wenig.	*Derselbe Ausdr.*
191.	Es hagelte vorgestern.	Et hot virgestern gekisselt.
192.	Er soll den Wagen ziehen.	Ä soll de Won zeije.
193.	Da war niemand zu sehen.	Do wor nämes ze seyn *(ey wie oi).*
194.	Erst gab es Tränen, dann weinte das Mädchen nicht mehr.	Erscht gob et Träne, du heult dot Madsche net mie.
195.	Junge, halt den Mund, gehorche lieber.	Boau hal de Maul – her leiwer.
196.	Das Kind ist so klein, es braucht einen Sauger.	Dot Kent es su kla – et brauch en Nuggel.
197.	Den Schornstein fegen.	Schornste (p)otze *(p wie b)*
198.	Im Nebel war keiner zu sehen.	Im Newel wor neyme zu sey *(statt neyme auch ker)*.
199.	Wir haben oft gewartet.	Mer hon degg gewoort.
200.	Zeigt mir doch den Weg zwischen den Häusern.	Weiß mer doch de Weg zwische de Hauser.